AF625698

TRAINING

Gymnasium

Mathematik 7. Klasse

Monika Muthsam
Markus Fiederer

STARK

Autorinnen und Autoren:

Monika Muthsam unterrichtete nach dem Lehrerexamen 2000 an verschiedenen Gymnasien die Fächer Mathematik und Physik. Hierbei nahm sie an Forschungsprojekten des Didaktik-Lehrstuhls der LMU München teil. Nach langjährigen Erfahrungen, auch als Nachhilfelehrerin, liegen ihr die kontinuierliche Grundwissenssicherung und die individuelle Lernförderung von Schülerinnen und Schülern besonders am Herzen. Heute ist sie Fachbereichsleiterin Mathematik am Gymnasium in Gilching.

Markus Fiederer unterrichtet seit dem 2. Staatsexamen im Jahr 2002 die Fächer Mathematik und Physik. Nach langjährigen Erfahrungen als Fachbereichsleiter Physik und als Oberstufenkoordinator am Hallertau Gymnasium in Wolnzach, ist er heute ständiger Stellvertreter des Schulleiters am Schyren-Gymnasium in Pfaffenhofen a. d. Ilm.

© 2023 STARK Verlag GmbH, Claudius-Keller-Str. 3c, 81669 München, info@stark-verlag.de
www.stark-verlag.de
1. Auflage 2021

Das Werk und alle seine Bestandteile sind urheberrechtlich geschützt. Jede vollständige oder teilweise Vervielfältigung, Verbreitung und Veröffentlichung bedarf der ausdrücklichen Genehmigung des Verlages. Dies gilt insbesondere für Vervielfältigungen, Mikroverfilmungen sowie die Speicherung und Verarbeitung in elektronischen Systemen.

Inhalt

Lösungen zu allen Aufgaben stehen online auf **www.stark-verlag.de/loesungen/900411** (siehe Hinweise im Vorwort dieses Buches).

Autorinnen und Autoren:
Monika Muthsam (Geometrie)
Markus Fiederer (Algebra)

Vorwort

Liebe Schülerin, lieber Schüler,

mit diesem auf den Lehrplan abgestimmten Trainingsbuch kannst du den **gesamten Unterrichtsstoff** für die **Geometrie** in der **7. Klasse** selbstständig wiederholen und dich optimal auf Klassenarbeiten/Schulaufgaben vorbereiten.

- Um dir bei der Herangehensweise an mathematische Probleme zu helfen, erhältst du im ersten Teil dieses Buches **Hinweise und Tipps zur effektiven Lösung von Mathematikaufgaben**.
- In den folgenden Kapiteln werden alle **unterrichtsrelevanten Themen** aufgegriffen und anhand von ausführlichen **Beispielen** veranschaulicht. **Kleinschrittige Hinweise** erklären dir die einzelnen Rechen- oder Denkschritte genau. Die Zusammenfassungen der **zentralen Inhalte** sind außerdem in blauer Schrift hervorgehoben.
- **Zahlreiche Übungsaufgaben** mit ansteigendem Schwierigkeitsgrad bieten dir die Möglichkeit, die verschiedenen Themen einzuüben. Hier kannst du überprüfen, ob du den gelernten Stoff auch anwenden kannst. Komplexere Aufgaben, bei denen du wahrscheinlich etwas mehr Zeit zum Lösen brauchen wirst, sind mit einem ✻ gekennzeichnet.
- Online unter **www.stark-verlag.de/loesungen/900411** findest du zu allen Aufgaben einen **vollständig vorgerechneten Lösungsvorschlag** mit **ausführlichen Hinweisen**, die dir den Lösungsansatz oder die jeweiligen Schwierigkeiten erläutern. Du kannst dir mithilfe der Buttons rechts oben entweder alle Zwischenschritte der Lösung anzeigen lassen oder nur das Ergebnis zum schnellen Vergleich mit deiner eigenen Lösung.
- Im Buch sind zudem **in jedem Abschnitt QR-Codes** abgedruckt, mit denen du schnell zu den Lösungen des Abschnitts gelangst. Unter dem QR-Code ist angegeben, zu welchen Lösungen er gehört. Z. B. steht „L 10 – 17" für die Lösungen zu den Aufgaben 10 bis 17.
- Begriffe, die dir unklar sind, kannst du im **Grundwissen der 5. bis 7. Klasse** nachschlagen. Dort sind alle wichtigen Definitionen zusammengefasst, die du am Ende der 7. Klasse wissen musst.

Wir wünschen dir gute Fortschritte bei der Arbeit mit diesem Buch und viel Erfolg in der Mathematik!

Monika Muthsam

Markus Fiederer

So arbeitest du mit diesem Buch

Besonders effektiv kannst du mit diesem Buch **arbeiten**, wenn du dich an den folgenden Vorgehensweisen orientierst:

- Lies dir zunächst die **Hinweise und Tipps zur effektiven Lösung einer Mathematikaufgabe** gründlich durch. Versuche dann, dich bei der Bearbeitung der Aufgaben an diese Schritte zu halten.
- Um den **Unterrichtsstoff zu trainieren**, hast du grundsätzlich zwei verschiedene Möglichkeiten:

  Methode 1:
  - Bearbeite zunächst den **Unterrichtsstoff mit den Beispielen**.
  - Löse anschließend selbstständig die **Übungsaufgaben** in der angegebenen Reihenfolge.
  - Schlage bei der **Bearbeitung der Aufgaben** erst dann in den Lösungen nach, wenn du mit einer Aufgabe wirklich fertig bist.
  - Solltest du mit einer Aufgabe gar nicht zurechtkommen, dann markiere sie und bearbeite sie mithilfe der Lösung.
  - Versuche, die Aufgabe nach ein paar Tagen noch einmal selbstständig zu lösen.

  Methode 2:
  - Beginne damit, einige **Übungsaufgaben in einem Kapitel zu lösen** und danach mit den angegebenen Lösungen zu vergleichen.
  - Wenn alle Aufgaben richtig sind, bearbeitest du die weiteren Aufgaben des Kapitels.
  - Bei Unsicherheiten oder Schwierigkeiten **wiederholst du die entsprechenden Inhalte** in den einzelnen Kapiteln.
- An die **komplexeren Aufgaben**, die du an dem ✱ erkennst, solltest du dich erst dann wagen, sobald du einige der übrigen Aufgaben gut lösen konntest. Lass dich jedoch nicht entmutigen, wenn du bei diesen Aufgaben nicht sofort auf eine Lösung kommst.
- Stolperst du in den einzelnen Kapiteln oder den Lösungen über Begriffe, die dir unklar sind, kannst du diese im **Grundwissen der 5. bis 7. Klasse** nachschlagen. Ebenfalls kannst du damit am Ende der 7. Klasse noch einmal alle wichtigen Definitionen wiederholen.

Hinweise und Tipps zur effektiven Lösung von Mathematikaufgaben

1 Methodisches Vorgehen beim Lösen von Mathematikaufgaben

Bei der Bearbeitung einer mathematischen Aufgabe helfen dir folgende Schritte:

Schritt 1: Aufgabe verstehen

- **Lies** die Aufgabe **genau** durch und **suche** alle **Informationen** heraus. Was ist gegeben, was ist gesucht? Aus welchem Themengebiet ist die Aufgabe?
- Achte dabei auch auf die **Operatoren** (siehe S. 9).
- Wenn dir Begriffe in der Aufgabenstellung unklar sind, so finde heraus, was sie bedeuten.
- **Achte** auch auf **versteckte Informationen**. Ein gleichschenkliges Dreieck z. B. hat mehr Eigenschaften als nur die, dass zwei Seiten gleich lang sind.

Schritt 2: Lösungsweg finden

- Um die Lösung zu finden, hast du prinzipiell zwei Möglichkeiten:
  - Entweder gehst du vom Gegebenen aus und versuchst, das **Gesuchte** zu **erschließen**. Überlege dir, welche Zwischenergebnisse du mithilfe des Gegebenen erreichen kannst. Mithilfe der Zwischenergebnisse erschließen sich oft neue Wege, die dir weiterhelfen.
  - Oder du gehst vom Gesuchten aus und überlegst dir „**rückwärts**“, wie du zur Ausgangssituation kommst. Dabei musst du dir die Frage stellen, welche Größen du z. B. für das Gesuchte brauchst und wie du sie aus dem Gegebenen erhalten kannst.

  Oft hilft auch eine Kombination beider Vorgehensweisen.
- Nicht jede Idee führt immer zum Ziel. Bleibe nicht bei einem Versuch hängen, wenn du nicht weiterkommst, sondern gehe zurück zum Anfang und **suche** nach einem **neuen Weg**.
- **Mache** dir **Notizen**, in welcher Richtung du vorgehst, **schreibe** vor allem auch **Zwischenschritte auf**.

Schritt 3: Aufgabe lösen

- In diesem Schritt erstellst du die Lösung der Aufgabe. Gehe dabei nach deinem erarbeiteten Plan vor.
- **Strukturiere die Lösung** entsprechend der Zwischenschritte.
- **Kennzeichne die Zwischenschritte** auch, beschreibe eventuell kurz, was du bestimmst, und mache lieber einen Zwischenschritt mehr.

Schritt 4: Ergebnis kontrollieren

- Kontrolliere dein Ergebnis. Eventuell kannst du eine **Probe machen**, meistens jedoch musst du **abschätzen**, ob ein Ergebnis von der Größenordnung her realistisch sein kann.

- Manchmal bleibt dir auch keine andere Möglichkeit, als die einzelnen **Schritte** noch einmal **kritisch** zu **durchdenken** und die Ergebnisse auf **Rechenfehler** zu **kontrollieren**.
- Findest du Fehler, so markiere sie deutlich und **verbessere die Aufgabe**.

Beispiele

1. Ein Schwimmbecken ist 12,50 m lang und 4,80 m breit. Die Tiefe steigt längs des Beckens gleichmäßig von 1,25 m auf 1,95 m an. Boden und Wände des Beckens müssen mit einer Spezialfarbe gestrichen werden. Eine Dose kostet 18,95 € und soll für $12\frac{1}{2}\text{ m}^2$ reichen.
   Wie viel muss für die Farbe ausgegeben werden?

Lösung:

Schritt 1: Aufgabe verstehen

Gegeben:	Größe des Schwimmbeckens:	12,50 m lang, 4,80 m breit 1,25 m bis 1,95 m tief
	Preis einer Farbdose:	18,95 €
	Reichweite einer Farbdose:	$12\frac{1}{2}\text{ m}^2$
Gesucht:	Kosten für die Farbe	

Schritt 2: Lösungsweg finden

Gehe hier „**rückwärts**" vor.

Um die Kosten der Farbe berechnen zu können, muss man wissen, wie viele Dosen benötigt werden. Hierfür muss in Erfahrung gebracht werden, welche Fläche gestrichen werden muss.

Fertige **Skizzen** der zu streichenden Flächen des Schwimmbads an.

Boden:

4 Wände:

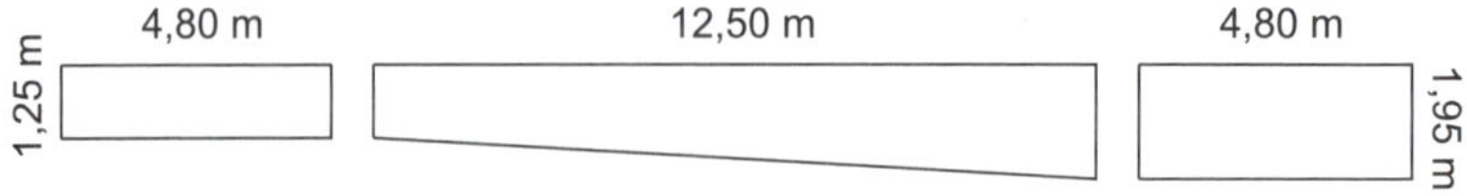

Zwei Wände sind Rechtecke, deren Flächeninhalt sich aus Breite und Länge berechnen lässt.
Eine Wand ist doppelt und hat die Form eines Trapezes. Dessen Flächeninhalt berechnet sich aus:

$A = \frac{1}{2} \cdot (a + c) \cdot h$ (mit den parallelen Seiten a und c)

Der Boden ist ebenfalls ein Rechteck, dessen Breite bekannt ist. Die Länge lässt sich mithilfe einer sauberen Zeichnung durch Messung bestimmen.

Skizze (nicht maßstabsgetreu):

Schritt 3: Aufgabe lösen

Länge des Bodens:

Die tatsächliche Länge des Bodens wird mit einer Zeichnung im Maßstab 1 : 200 bestimmt.

Die Länge des Bodens ist im Rahmen der Messgenauigkeit auch etwa **12,50 m** lang.

Zu streichende Fläche:

$A_{Boden} = 4,80\,m \cdot 12,50\,m = 60\,m^2$

$A_{Wände} = 4,80\,m \cdot 1,25\,m + 4,80\,m \cdot 1,95\,m + 2 \cdot \frac{1}{2} \cdot (1,25\,m + 1,95\,m) \cdot 12,50\,m$
$= 55,36\,m^2$

$A_{Gesamt} = 60\,m^2 + 55,36\,m^2 = \mathbf{115,36\,m^2}$

Anzahl der benötigten Dosen:

$115,36\,m^2 : 12,5\,m^2 = 9,2288$

9 Dosen reichen nicht aus, es müssen also **10 Dosen** gekauft werden.

Kosten der Farbe:

$10 \cdot 18{,}95\ € = 189{,}50\ €$

Antwort:

Für die Farbe müssen **189,50 €** ausgegeben werden.

Schritt 4: Ergebnis kontrollieren

Eine grobe Schätzung ergibt:

$A_{Boden} = 5\ m \cdot 12\ m = 60\ m^2$

$A_{Wände} = 5\ m \cdot 1\ m + 5\ m \cdot 2\ m + 2 \cdot \frac{1}{2} \cdot (1\ m + 2\ m) \cdot 12\ m = 51\ m^2$

$A_{Gesamt} \approx 110\ m^2$

Anzahl der benötigten Dosen: $110\ m^2 : 12\ m^2 \approx 9$

Kosten der Farbe: $9 \cdot 20\ € = 180\ €$

Die **Größenordnung stimmt** also.

2. Jede Seite des Quadrates VIER ist 6 cm lang. Der Punkt A ist der Mittelpunkt der Seite $\overline{RV}$ und der Punkt L ist der Mittelpunkt der Seite $\overline{VI}$. Berechne den Flächeninhalt des Dreiecks LEA und gib an, welchen Bruchteil der Quadratfläche das Dreieck LEA einnimmt.

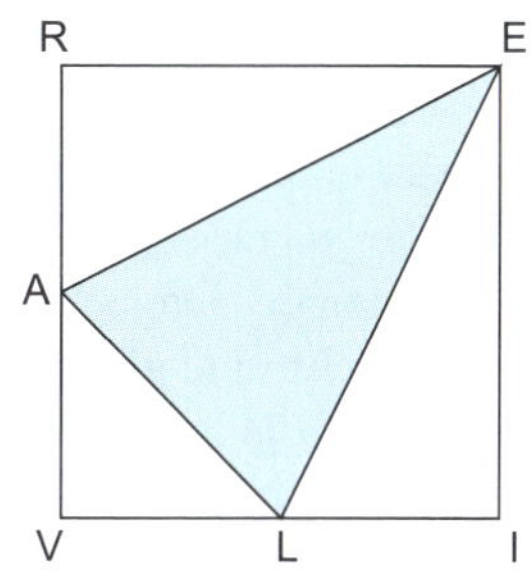

Lösung:

Schritt 1: Aufgabe verstehen

Gegeben:

Trage die aus der Aufgabe herausgelesenen Informationen am besten in eine Skizze ein.

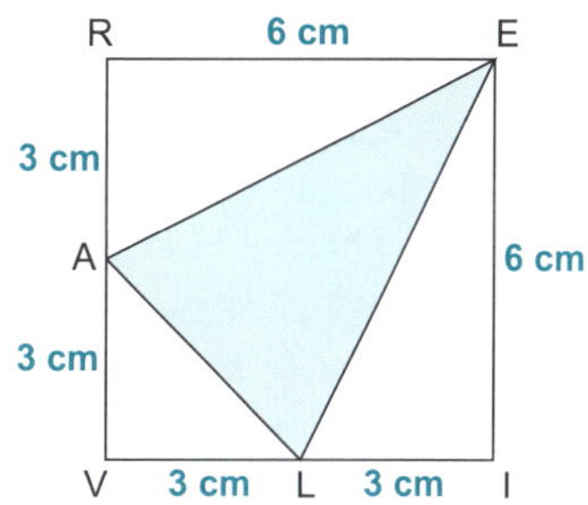

Gesucht:

- Flächeninhalt des Dreiecks
- Bruchteil an der Gesamtfläche

Schritt 2: Lösungsweg finden

Flächeninhalt des Dreiecks:

Versuch 1: Fläche des Dreiecks LEA direkt berechnen mit der Formel $A = \frac{1}{2} \cdot g \cdot h$. Die Grundseite und die Höhe sind nicht bekannt. Anhand einer maßstabsgetreuen Zeichnung wären sie ermittelbar, dies ist aber ungenau.

Versuch 2: Die Fläche des Dreiecks wird mithilfe des Flächeninhalts des Quadrates berechnet, wovon die Flächeninhalte der kleinen Dreiecke abgezogen werden.

Bruchteil an der Gesamtfläche:
Der Bruchteil ist der Quotient aus Dreiecksfläche und Gesamtfläche, also der Quadratfläche.

Schritt 3: Aufgabe lösen
Flächeninhalt des Dreiecks:

$$A = 6\,\text{cm} \cdot 6\,\text{cm} - \frac{1}{2} \cdot 3\,\text{cm} \cdot 3\,\text{cm} - 2 \cdot \frac{1}{2} \cdot 3\,\text{cm} \cdot 6\,\text{cm} = \mathbf{13{,}5\,cm^2}$$

Bruchteil an der Gesamtfläche:

$$\frac{13{,}5\,\text{cm}^2}{36\,\text{cm}^2} = \frac{135}{360} = \frac{27}{72} = \mathbf{\frac{3}{8}}$$

Schritt 4: Ergebnis kontrollieren
Zur Kontrolle teilt man das Quadrat am besten in kleinere Anteile auf, in Achtel oder noch besser in 16tel. Nimmt das Dreieck 6 der 16tel ein, so sind dies $\frac{3}{8}$ der Gesamtfläche. **Teile das Quadrat** dabei so, dass du möglichst entlang der Kanten des Dreiecks schneidest. Die **Teildreiecke** sind **gleich groß**, weil sie dieselbe Grundseite (ein Viertel der Länge des Quadrates) und dieselbe Höhe (die Hälfte der Länge des Quadrates) besitzen.

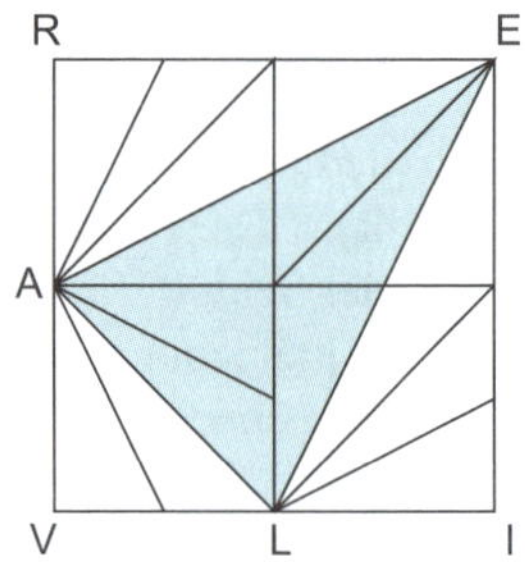

Bemerkung:
Prinzipiell kann die Aufgabe auch über den zweiten Teil der Aufgabenstellung bearbeitet werden. Bestimme zuerst den Anteil der Gesamtfläche und daraus dann den Flächeninhalt.
Das Quadrat lässt sich in 16 gleiche Dreiecke zerlegen. Die Teildreiecke sind gleich groß, weil sie dieselbe Grundseite (ein Viertel der Länge des Quadrates) und dieselbe Höhe (die Hälfte der Länge des Quadrates) besitzen.

Der **Anteil** des Dreiecks **an der Gesamtfläche** beträgt:

$$\frac{6}{16} = \mathbf{\frac{3}{8}}$$

Berechnung der **Fläche des Dreiecks**:

$$A_{\text{Quadrat}} = 6\,\text{cm} \cdot 6\,\text{cm} = 36\,\text{cm}^2$$

$$A_{\text{Dreieck}} = \frac{3}{8} \cdot 36\,\text{cm}^2 = 3 \cdot \frac{36}{8}\,\text{cm}^2 = 3 \cdot \frac{9}{2}\,\text{cm}^2 = \frac{27}{2}\,\text{cm}^2 = 13\frac{1}{2}\,\text{cm}^2$$

$$= \mathbf{13{,}5\,cm^2}$$

2 Allgemeines zum Konstruieren

Beim Konstruieren werden ausschließlich Zirkel und Lineal ohne Maßstab verwendet. Das Geodreieck darf benutzt werden, sofern weder dessen Form noch die Hilfslinien zum Erstellen eines rechten Winkels verwendet werden. Außerdem dürfen keine Winkel und Längen gemessen werden.

- Die zu konstruierenden Figuren werden nicht „ungefähr" gezeichnet, sondern das Vorgehen wird genau geplant und Exaktheit spielt eine große Rolle.
- Bei strenger Auslegung der Regeln zum Konstruieren werden alle gegebenen Längen vorgezeichnet und nur mithilfe von Zirkel und Lineal übertragen.
- Sofern nicht anders verlangt, dürfen parallele Geraden mithilfe der entsprechenden Hilfslinien des Geodreiecks gezeichnet werden.
- Achte darauf, dass Bleistift und Zirkel gut gespitzt sind.

In der Konstruktionsbeschreibung wird das Vorgehen bei der Konstruktion beschrieben. Hier hast du verschiedene Möglichkeiten, wie ausführlich du vorgehst. Beschränke dich auf die notwendigen Schritte, die du möglichst kurz und exakt beschreibst. Für bestimmte Grundkonstruktionen musst du nicht jeden einzelnen Schritt beschreiben, hier reicht die Angabe der Grundkonstruktion. Beispielsweise musst du beim Fällen eines Lotes nicht beschreiben, wo du einstichst und welche Kreisbögen du ziehst. Hier reicht es anzugeben, durch welchen Punkt das Lot verlaufen und zu welcher Geraden es senkrecht sein soll (z. B. Lot zu g durch P).

Übertrag einer Strecke

Eine gegebene Strecke soll übertragen werden.

Konstruktionsbeschreibung:
Zeichne eine Halbgerade mit Anfangspunkt C, wobei C der Anfangspunkt der zu übertragenden Strecke sein soll.

Stich in den Punkt A ein und stelle den Zirkel so ein, dass der andere Schenkel des Zirkels genau auf B zeigt.

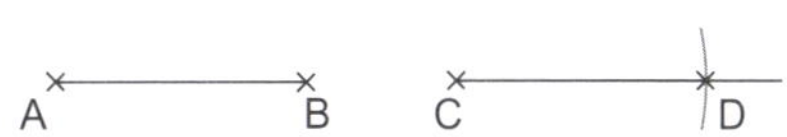

Stich nun in C ein und ziehe einen Kreisbogen mit diesem Radius um C. Der Schnittpunkt des Kreisbogens mit der Halbgeraden ist D.

Übertrag eines Winkels

Ein Winkel gegebener Größe soll übertragen werden.

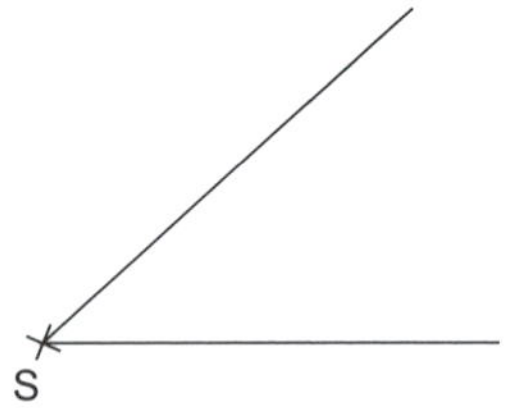

Konstruktionsbeschreibung:
Zeichne eine Halbgerade mit Anfangspunkt T, wobei T der Scheitel des übertragenen Winkels sein soll.

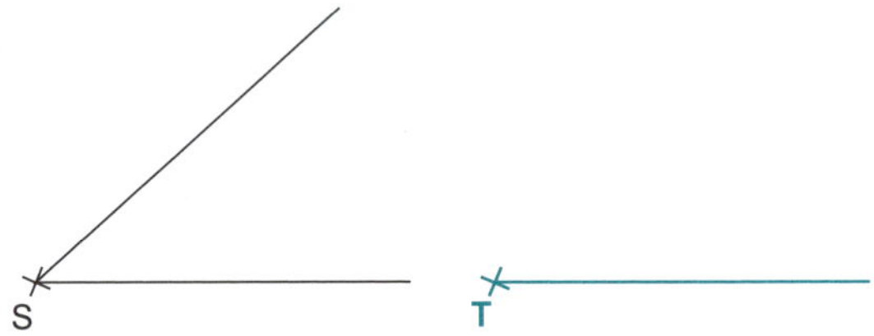

Ziehe je einen Kreisbogen um S und T mit beliebigem aber gleichem Radius.
Die Kreisbögen schneiden die Schenkel des Winkels in A und B bzw. die Halbgerade in C.

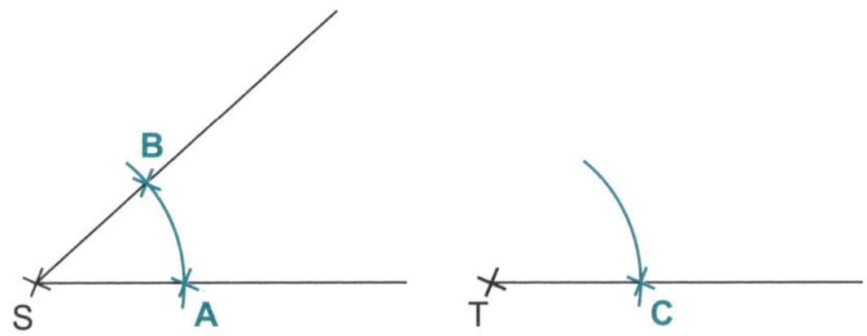

Ziehe einen Kreisbogen um C mit Radius $|\overline{AB}|$.
Der Schnittpunkt mit dem vorher gezogenen Kreisbogen ist D.

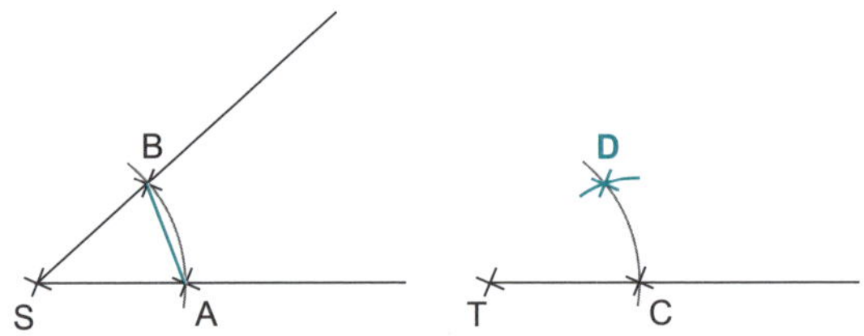

Zeichne die Halbgerade [TD.

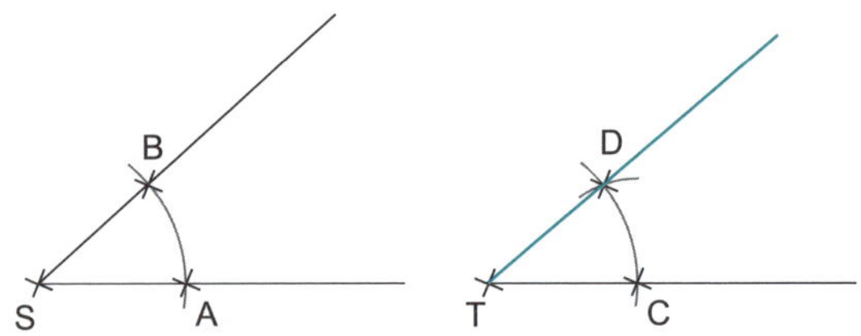

Zur Kontrolle kannst du den Originalwinkel und den übertragenen Winkel messen. Hierfür darfst du natürlich die Winkelskala des Geodreiecks verwenden.

3 Übersicht zu den Operatoren

Bei der Formulierung von Aufgaben werden Handlungsanweisungen, sogenannte Operatoren, benutzt. Diese geben an, was in der Lösung von dir erwartet wird. Die folgende Tabelle gibt dir einen Überblick über oft verwendete Operatoren.

Begründe / Zeige	Du musst entweder eine wahre Aussage **bestätigen** (z. B. mithilfe von **Argumenten**, **Rechnungen** oder **Skizzen**) oder eine falsche Aussage **widerlegen** (z. B. durch Angabe eines **Gegenbeispiels**).	vgl. Aufgaben 16 a, 83, 119 a
Berechne	Stelle deinen Lösungsweg mithilfe einer nachvollziehbaren **Rechnung** dar.	vgl. Aufgaben 1, 117, 193
Beschreibe	Stelle ein Vorgehen oder Ähnliches in **Worten** dar.	vgl. Aufgaben 17 a, 74, 82
Bestimme / Ermittle	Stelle deinen Lösungsweg nachvollziehbar dar. Du kannst dazu **Rechnungen**, **Erklärungen**, **Skizzen** oder **Zeichnungen** benutzen.	vgl. Aufgaben 61, 112, 202
Entscheide	Wähle aus den gegebenen Möglichkeiten die passenden aus. Du musst **keine Begründung** angeben, außer sie wird zusätzlich gefordert.	vgl. Aufgaben 126, 184
Erläutere	Liefere Informationen, um ein Vorgehen oder einen **Sachverhalt nachvollziehbar** zu **machen**.	vgl. Aufgaben 23 a
Gib an / Nenne	Es wird nur das Ergebnis erwartet. Du musst **keinen Lösungsweg** und **keine Begründung** liefern.	vgl. Aufgaben 85, 99, 170 a
Untersuche	Erkunde den Sachverhalt und stelle dein Vorgehen nachvollziehbar dar. Du kannst dein **Vorgehen** dabei **frei wählen**, sofern nichts anderes angegeben wird.	vgl. Aufgaben 42, 118, 200 c
Zeichne	Fertige mithilfe von **Geodreieck**, **Zirkel usw**. eine möglichst genaue Zeichnung an.	vgl. Aufgaben 80, 93, 214

Terme und ihre Umformungen

1 Berechnen von Termwerten

Im Jahr 1822 gelang es Jean-François Champollion, die Hieroglyphen der alten Ägypter zu entziffern und in moderne Sprachen zu übersetzen. Ähnlich rätselhaft erscheinen mathematische Terme im ersten Moment. Aber du wirst sehen, dass Terme eine logische Symbolik sind, die du zu übersetzen lernst.

Bevor du mit Termen rechnest, solltest du eine in der Mathematik übliche Vereinbarung wiederholen. Werden Buchstaben oder eine Zahl und Buchstaben durch ein Malzeichen verbunden, lässt man dieses Rechenzeichen meist weg:
$2 \cdot a \cdot b \cdot x \cdot y = 2abxy$

Platzhalter oder **Variablen** spielen in allen Naturwissenschaften eine große Rolle. Mithilfe von Variablen werden Aussagen verallgemeinert und Gesetze aufgestellt.
So kannst du beispielsweise statt des Volumens $V = (3\text{ cm})^3 = 27\text{ cm}^3$ eines Würfels mit der Kantenlänge 3 cm Folgendes schreiben:
Volumen eines Würfels mit der Kantenlänge a: $\mathbf{V = a^3}$
Für a kannst du nun eine beliebige Kantenlänge einsetzen. Als Ergebnis erhältst du sofort das Volumen des Würfels.

> Jede sinnvolle **Zusammenstellung** aus **Zahlen** und **Variablen** mithilfe von Rechenzeichen nennt man einen **Term**. Die Definition des Terms wird um den Begriff Variable erweitert.

Beispiele

1. $x + 1$ — ist ein sinnvoller Term.
2. $18 : 3 - (2 : 5) \cdot 1\frac{1}{3}$ — ist ein sinnvoller Term.
3. $\frac{2 + b}{2 \cdot c}$ — ist ein sinnvoller Term.
4. $18 - + \cdot 5$ — ist **kein** sinnvoller Term, da drei Rechenzeichen hintereinander stehen.

Terme werden abkürzend mit T bezeichnet. Treten in einem Term Variablen auf, gibst du diese nach dem T in runden Klammern an: $T(x) = x + 1$

> Setzt man für die **Variable x** in einem Term eine **Zahl** ein, so erhält man den **Termwert T(x)** zu dieser Zahl.

Beispiele

1. Berechne für $x = \mathbf{2}$ den Wert des Terms $T(x) = 3x + 11$.

   Lösung:

   $T(\mathbf{2}) = 3 \cdot \mathbf{2} + 11 = 17$

   Anstelle der Variablen x wird die Zahl 2 eingesetzt.

2. Berechne den Wert des Terms $\mathbf{T(a; b)} = 7a^2 - 6b^2 + \frac{a+3}{b-3}$ für $a = 3$ und $b = 4$.

   Lösung:

   $T(\mathbf{3}; b) = 7 \cdot \mathbf{3}^2 - 6b^2 + \frac{\mathbf{3}+3}{b-3}$

   $T(3; \mathbf{4}) = 7 \cdot 3^2 - 6 \cdot \mathbf{4}^2 + \frac{3+3}{\mathbf{4}-3}$

   $= 7 \cdot 9 - 6 \cdot 16 + \frac{6}{1}$

   $= 63 - 96 + 6 = -27$

   Gehe **schrittweise** vor: Anstelle der Variablen a wird die Zahl 3 eingesetzt. Im zweiten Schritt ersetzt du b durch die Zahl 4. Wenn du sicher bist, kannst du auch sofort beide Zahlen gleichzeitig einsetzen.

1 Berechne jeweils den Wert des Terms $T(x) = 25x^2 - 24x + 12$ für $x = 2$, $x = 4$ und $x = -3$.

L 1–9

2 Berechne jeweils den Wert des Terms $T(x) = \frac{2x^3 - 5x^2 + 23x - 4}{2x^2 + 4x + 1}$ für $x = -2$, $x = -1$, $x = 0$, $x = 1$ und $x = 2$. Ordne die Termwerte anschließend der Größe nach.

3 Berechne jeweils den Wert des Terms $T(x) = x^{-2} + \frac{1}{x} + 3$ für $x = -1$ und $x = 2$.

4 Gegeben ist der Term $T(x; y) = x^2 - y^2 + 2xy$.
Berechne die Termwerte $T(1; 2)$, $T(-1; 2)$, $T(0; -1)$, $T\left(-\frac{1}{2}; -\frac{1}{2}\right)$ und $T\left(\frac{1}{3}; 0\right)$.

5 Gegeben ist der Term $T(x; y) = xy + xy^2 - x^y$.
Berechne die Termwerte $T(1; 1)$, $T(2; 1)$, $T(1; 2)$, $T(0; 5)$, $T(-1; 5)$, $T(0; 1)$, $T(-2; 1)$, $T(-1; 2)$, $T\left(\frac{1}{5}; 4\right)$ und $T\left(-\frac{1}{3}; 3\right)$.

6 Berechne für folgende Terme die Werte $T(1; -1; -1)$ und $T\left(\frac{1}{4}; -\frac{1}{2}; -1\right)$.

a) $T(c; d; f) = (cd) : f - c : \frac{d}{2f}$

b) $T(x; y; z) = 1 : [x \cdot (y : z)]$

7 Gegeben ist der Term $T(k; \ell; m) = (-k)^3 \cdot \ell : \left(\frac{k}{m}\right)^{\ell}$. Berechne die Termwerte $T\left(\frac{1}{2}; 2; \frac{1}{3}\right)$, $T(2; 2; 3)$, $T\left(-\frac{1}{3}; 3; 1\right)$, $T\left(-\frac{1}{2}; 5; 2\right)$ und $T(-1; 153; 1)$.

8 Überprüfe, welcher der angegebenen Terme I bis VI

a) beim Einsetzen der Zahl 5 für die Variable den Wert 16 ergibt.

b) nie negativ wird.

c) über der Grundmenge $\mathbb{N}$ nur ungerade Zahlen ergibt.

(I) $T(x) = x^2 + 4$ (II) $T(s) = 5s + 1$ (III) $T(y) = (2y + 2) \cdot \frac{4}{3}$

(IV) $T(t) = 2^t - 1$ (V) $T(z) = z^{-1} + z$ (VI) $T(u) = u^3$

9 Ordne jeder Aussage einen Term zu.

a) Daniel schießt in einer Saison doppelt so viele Tore wie Lukas.

$\ell = 2 \cdot d$ $\ell = d + 2$ $\ell = \frac{1}{2} d$

(Anzahl der Tore von Daniel: d, Anzahl der Tore von Lukas: ℓ)

b) In Lisas Klasse sind 4 Schülerinnen und Schüler mehr im Vergleich zur Klasse von Maryam.

$\ell = 4 \cdot m$ $\ell + 4 = m$ $\ell - m = 4$

(Anzahl der Schülerinnen und Schüler in Lisas Klasse: ℓ,
Anzahl der Schülerinnen und Schüler in Maryams Klasse: m)

c) Der halbe Schulweg von Peter und Ludwig zusammen ist dreimal so lang wie der Schulweg von Christian.

$\frac{1}{2} + (p + \ell) = 3 + c$ $p + \ell = 6 \cdot c$ $3 \cdot (p + \ell) = 2 \cdot c$

(Schulweglänge von Peter: p, Schulweglänge von Ludwig: ℓ,
Schulweglänge von Christian: c)

2 Aufstellen und Interpretieren von Termen

Eine Formel beschreibt Sachverhalte kurz und treffend. Um eine Formel aufzustellen, musst du eine Aussage in die Sprache der Mathematik übersetzen.

> **Regeln zur Termaufstellung**
> Nimm dir die Zeit, den Text **mehrmals intensiv** zu lesen. Du hast den Text verstanden, wenn dir die gegebenen und gesuchten Größen bewusst sind.
> Gehe dann in den folgenden Schritten vor:
> 1. Notiere die gesuchten und die gegebenen Größen. Verwende dabei Abkürzungen, sogenannte mathematische **Parameter**.
> 2. Formuliere die zum Problem **passenden Formeln** und ersetze die gegebenen Parameter durch ihre jeweiligen **Werte**.
> 3. Ersetze den Parameter einer veränderlichen (variablen) Größe durch die **freie Variable x**.
> 4. Ersetze bei der Formel für die gesuchte Größe alle offenen Parameter durch Ausdrücke **in Abhängigkeit von x**.

Wenn du dagegen begründen sollst, dass ein gegebener Term einen gewissen Sachverhalt beschreibt, dann hilft es oft, anhand eines Beispiels vorzugehen. Hiermit kannst du die Bedeutung der freien Variablen besser verstehen.

Beispiele

1. Gib einen Term an, mit dem man zu jeder beliebigen **Breite** eines Rechtecks mit **9 m Umfang** den zugehörigen **Flächeninhalt** dieses Rechtecks ermitteln kann.

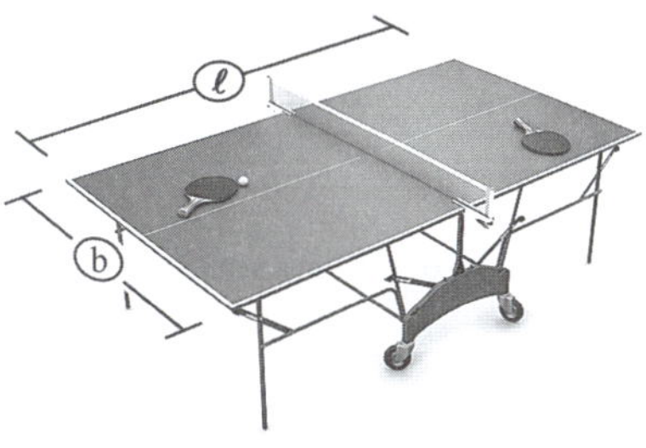

Lösung:

Schritt 1:

Für die **Länge** wählst du den Parameter **ℓ**, für die **Breite** des Rechtecks **b**, für den **Umfang U = 9 m** und für den **Flächeninhalt A**.

Schritt 2:

Wie wird der Umfang eines Rechtecks berechnet?

$$U = 2 \cdot b + 2 \cdot \ell$$
$$9\text{ m} = 2 \cdot b + 2 \cdot \ell$$
$$9\text{ m} = 2 \cdot (b + \ell)$$
$$4{,}5\text{ m} = b + \ell$$

Formel für den Umfang; Einsetzen der gegebenen Parameter. Wende das Distributivgesetz an, um die Formel zu vereinfachen: $2 \cdot b + 2 \cdot \ell = 2 \cdot (b + \ell)$

Wie wird der Flächeninhalt eines Rechtecks berechnet?

$$A = b \cdot \ell$$

Schritt 3:
Der **Parameter b ist frei wählbar** und damit die variable Größe im Term. Ersetze b durch die **Variable x**.

Beim Umfang:
$4{,}5\text{ m} = x + \ell$
$\ell = 4{,}5\text{ m} - x$

Beim Flächeninhalt:
$A = x \cdot \ell$

Schritt 4:
Ersetze alle offenen Parameter beim Flächeninhalt durch Ausdrücke **in Abhängigkeit von x**.

$A = x \cdot \ell$
$A = x \cdot (4{,}5\text{ m} - x)$
$A(x) = x \cdot (4{,}5\text{ m} - x)$

Ersetze ℓ durch $\ell = 4{,}5\text{ m} - x$ nach der abgeleiteten Formel.
Da der Flächeninhalt von x abhängt, wird die Abhängigkeit durch die Notation A(x) (sprich A von x) verdeutlicht.

Ergebnis: Der Term $A(x) = x \cdot (4{,}5\text{ m} - x)$ beschreibt den Flächeninhalt des Rechtecks, wobei x in m die Breite des Rechtecks ist.

2. Magdalena spielt in der Handball-Landesliga. In der Staffel spielen n Mannschaften. Jede Begegnung findet mit Hin- und Rückspiel zweimal statt. Begründe, dass der Term $T(n) = n \cdot (n-1)$ die Anzahl der Begegnungen in einer Saison beschreibt.

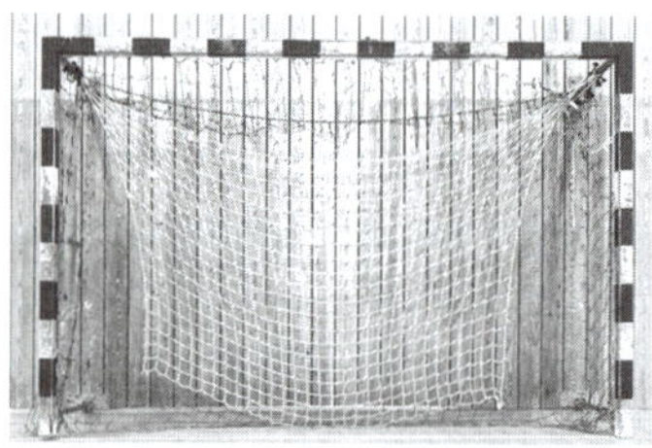

Lösung:
Wir gehen anhand eines Beispiels mit 6 (**n**) Mannschaften vor.
An jedem Spieltag gibt es 3 ($\frac{n}{2}$) Begegnungen.
In der Vorrunde gibt es 5 (**n – 1**) Spieltage.
Insgesamt ergibt das $2 \cdot 3 \cdot 5 = 30$ ($2 \cdot \frac{n}{2} \cdot (n-1)$) Begegnungen pro Saison.

Umformen ergibt: $2 \cdot \frac{n}{2} \cdot (n-1) = n \cdot (n-1)$

Der Term beschreibt die Anzahl der Spiele pro Jahr, falls n Mannschaften in einer Liga sind.

10 Gib einen Term an, mit dem man zu jeder beliebigen Länge eines Rechtecks mit 30 cm Umfang die zugehörige Breite dieses Rechtecks berechnen kann.

L 10–17

11 Gib einen Term für den Volumeninhalt eines quaderförmigen Schwimmbeckens in der Einheit Liter an, wenn das Schwimmbecken 10 m lang, 5 m breit und x m tief ist.

12 Ein Auto verbraucht auf 100 km Strecke durchschnittlich 7,2 Liter Benzin. Beschreibe einen Term für den Benzinverbrauch, wenn man die Strecke x gefahren ist.

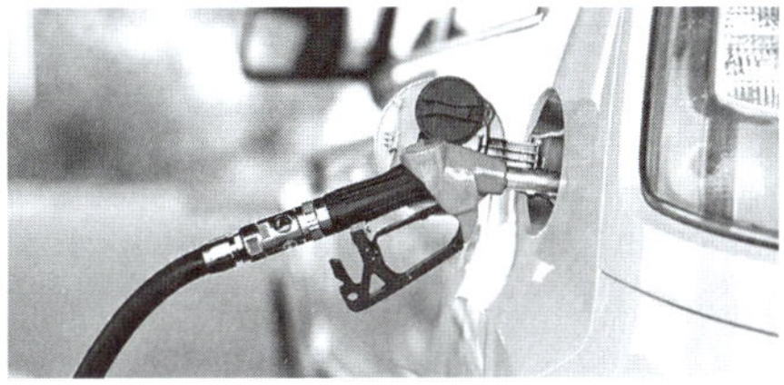

13 In einer Klasse gibt es x Mädchen.
Stelle den Term für die Anzahl der Schülerinnen und Schüler der Klasse auf, wenn die Anzahl der Jungen um fünf größer ist als die Anzahl der Mädchen.

14 Stelle zu folgenden Vorschriften die Terme auf:

a) Zu 1,5x ist 2y zu addieren.

b) Vom Produkt aus x und y ist die Differenz aus x und y zu subtrahieren.

c) Der Quotient aus 0,5x und $(x-y)$ ist von der Differenz aus 2y und x zu subtrahieren.

15 Herr Habermayr verdient momentan 2 325 € pro Monat. Mit seinem Arbeitgeber hat er eine regelmäßige Lohnerhöhung vereinbart. Zu Beginn eines Jahres wird sein alter Lohn mit 1,02 multipliziert (entspricht einer Lohnerhöhung um 2 %). Beschreibe einen Term, mit dem man den Lohn von Herrn Habermayr in x Jahren berechnen kann.

16 a) Begründe, dass der Term $T(b) = 5b^2$ den Flächeninhalt der Figur beschreibt.

b) Gib an, um welchen Faktor die Seitenlänge b vergrößert wird, wenn sich der Flächeninhalt vervierfacht, und begründe deine Antwort.

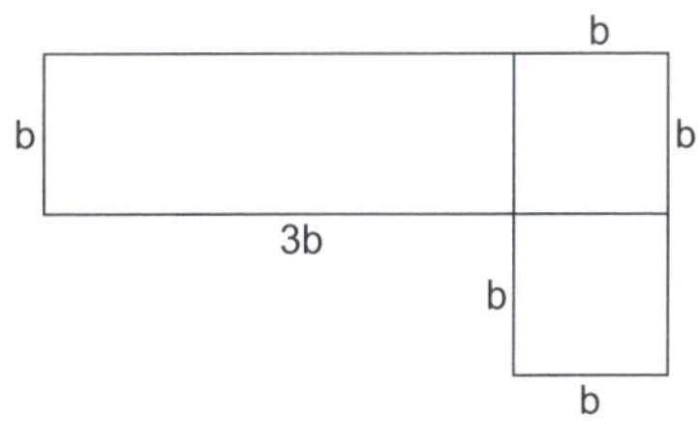

17 Im Parkhaus der Allianz Arena stehen 9 800 Parkplätze zur Verfügung.
Die Leerung des Parkhauses nach einem Spiel kann durch den Term
$T(t) = -2t + 9\,800$
in Abhängigkeit von der Zeit t in Sekunden beschrieben werden.

a) Beschreibe, was mit dem Term berechnet werden kann. Gehe dabei auf die Platzhalter T und t ein.

b) Berechne die Zeit in Minuten, nach der das Parkhaus leer ist.

3 Gliederung von Termen

Genau wie beim Rechnen mit Zahlen berechnest du Termwerte nach vereinbarten Regeln in einer bestimmten Reihenfolge. Die festgelegte Reihenfolge der Rechenoperationen ist die gleiche wie bei Zahlen. Du musst also zuerst Klammern von innen nach außen, dann Potenzen und schließlich die Punktrechnung vor der Strichrechnung ausführen.

> Die **letzte Rechenoperation**, die nach den Regeln der Reihenfolge auszuführen ist, bestimmt die Art des Terms oder den **Namen des Terms**.
> Es gibt die **Summe** mit den **Summanden**, die **Differenz** mit **Minuend** und **Subtrahend**, das **Produk**t mit den **Faktoren** und schließlich den **Quotienten** mit **Dividend** und **Divisor**.

Beispiele

1. $-4:3=-\frac{4}{3}$

   -4 ist der Dividend, 3 ist der Divisor des **Quotienten**; $-\frac{4}{3}$ ist sein Wert.

2. $8-(-3)=11$

   8 ist der Minuend, -3 der Subtrahend der **Differenz**. 11 ist der Wert der Differenz.

3. Bestimme den Namen des Terms $(8x+y):6+z\cdot 5$ und gliedere ihn.

   Lösung:
   Der Term ist eine **Summe**, da zuerst die Klammer und dann Punkt vor Strich ausgeführt wird. Also ist die Addition die Rechenoperation, die als letzte ausgeführt wird.
   Der erste Summand ist ein Quotient mit dem Dividenden gleich der Summe aus 8 x und y und dem Divisor 6.
   Der zweite Summand ist ein Produkt mit den Faktoren z und 5.

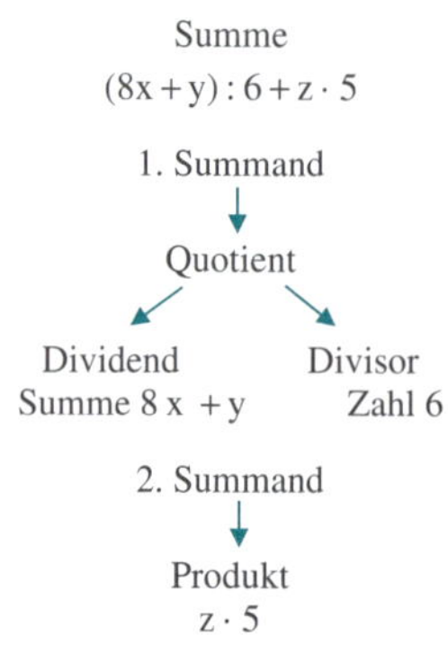

18 Gliedere die folgenden Terme in Worten und bestimme den Namen des Terms. Berechne anschließend den Termwert für $x=1$ und $y=-3$. L 18

a) $T(x;y)=(x+y):2-1$
b) $T(x;y)=(x+y:2):4$
c) $T(x)=(x-4):4+4(x+2)$
d) $T(x;y)=(x+y)\cdot(4x-y)-2xy$
e) $T(x;y)=[x\cdot y-2]\cdot[(x+y)\cdot 4]$
f) $T(x;y)=x:(27y-x:5)$
g) $T(x)=(x-2)^2+(x-3)\cdot(x+4)$
h) $T(x;y)=\dfrac{(x-4)\cdot(x+3)}{y+1}$

4 Umformen von Summen und Differenzen mithilfe der Rechengesetze

Enthält ein Term Variablen, kannst du wie bisher rechnen, denn die **Rechengesetze** für rationale Zahlen gelten auch für das **Rechnen mit Variablen**.

- **Kommutativgesetz** der Addition (K-Gesetz)
  $a+b=b+a$ für $a, b \in \mathbb{Q}$
- **Assoziativgesetz** der Addition (A-Gesetz)
  $(a+b)+c=a+(b+c)=a+b+c$ für $a, b, c \in \mathbb{Q}$
- **Distributivgesetz** (D-Gesetz)
  $au+bu+cu=u(a+b+c)$ für $a, b, c, u \in \mathbb{Q}$
- Beachte, dass das **K-Gesetz** und das **A-Gesetz nicht** für die **Subtraktion gelten**.

Durch Anwenden der Rechengesetze auf einen Term entsteht ein **äquivalenter** Term, d. h., das Einsetzen gleicher Zahlen in die Variablen der beiden Terme liefert gleiche Termwerte.

Beispiele

1. $4x+3x+8x=x(4+3+8)=$
   $x\cdot 15=15x$
   Ausklammern mithilfe des D-Gesetzes
   Die Terme $4x+3x+8x$ und $15x$ sind äquivalent.

2. $2x-6-12x+17-6{,}8x=$
   $2x-12x-6{,}8x+(-6)+17=$
   $[2\mathbf{x}-12\mathbf{x}-6{,}8\mathbf{x}]+[-6+17]=$
   $[2-12-6{,}8]\,\mathbf{x}+[-6+17]=$
   $-16{,}8x+11$
   Die Terme $2x-6-12x+17-6{,}8x$ und $-16{,}8x+11$ sind äquivalent.
   In einer Summe dürfen die Summanden unter Mitnahme ihres Vorzeichens und des Rechenzeichens beliebig umgestellt werden (K-Gesetz). Sortiere nach Summanden mit Variablen und ohne Variablen. Setze Klammern um die Summanden mit und ohne Variablen (A-Gesetz). Klammere nach dem D-Gesetz die Variable aus. Berechne die beiden Summen.

3. $\mathbf{2x}-6\mathbf{-12x}+17\mathbf{-6{,}8x}=$
   $\mathbf{-16{,}8x}+11$
   Das ist nochmals das zweite Beispiel. Du kannst schneller rechnen, wenn du gleichartige Glieder zusammenfasst, ohne sie zuerst umzustellen. Damit kein Glied vergessen wird, kannst du bereits berücksichtigte Glieder markieren.

4. $10ab-7a+3a-17ab-3y=$
   $\mathbf{10ab}-7a+3a\mathbf{-17ab}-3y=$
   $-7ab-4a-3y$
   Glieder der gleichen Variablen werden zusammengefasst.
   Die Terme $10ab-7a+3a-17ab-3y$ und $-7ab-4a-3y$ sind äquivalent.

19 Fasse so weit wie möglich zusammen.

L 19–25

a) $2x+\frac{1}{2}-4$

b) $0,5-3a-4,7-\frac{1}{8}$

c) $6a-14,08-7,4a+8,02-5,12-a$

d) $-x+1\frac{1}{2}-3\frac{1}{3}-\frac{1}{6}$

20 Vereinfache.

a) $4t-5t+3t-2t+7t$

b) $r+a-4r+2a-3r+s$

c) $x+y+z-2x-2y-2z+3x+3y+3z$

21 Berechne.

a) $-3x+4,8x-6,8x$

b) $-\frac{2}{3}a-\frac{1}{6}a-3\frac{1}{3}a$

c) $x^2+\frac{6}{5}x^2-\frac{3}{5}x^2-3x^2$

d) $2ab-1-3ab+a-4$

e) $\frac{1}{3}z^2-\frac{2}{9}zy+y^2-3^{-2}y^2+2^{-2}\cdot z\cdot z-\frac{1}{3}yz$

f) $13,4aba-12,5aab+23,4abb-7,3aab-46,5bab$

22 Fasse zusammen.

a) $8t-5-3t+2t^2-6-4t^2$

b) $2x-3y-2x+3y-x-2x$

c) $\frac{1}{2}a-2b+2,5c-2\frac{1}{2}a+3b-5c$

d) $-4\frac{5}{8}x+xy+3,5y-5\frac{2}{3}x+1\frac{17}{24}x-xy-4\frac{3}{4}$

e) $6^{-1}a^2-2^{-1}ab+3^{-1}b^2-3^{-1}a^2-4^{-1}ab+6^{-1}b^2$

23 a) Erläutere, welche Überlegungen zu den drei Termen zur Berechnung der Oberfläche der Figur führen.

(I) $x\cdot 6x+x\cdot 6x+4x\cdot x$

(II) $7x\cdot x+2x\cdot x+7x\cdot x$

(III) $4x\cdot 7x-2x\cdot 6x$

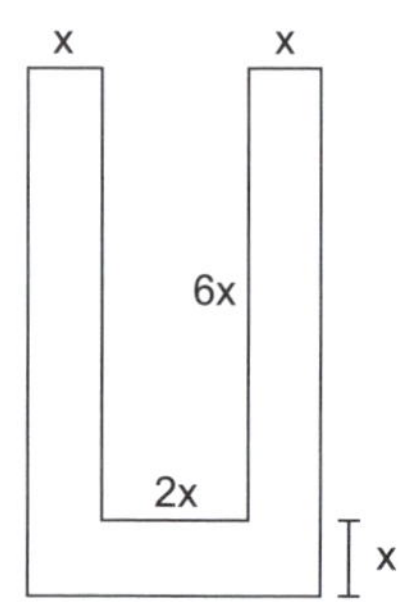

b) Zeige durch Rechnung, dass alle drei Terme äquivalent zueinander sind.

c) Bestimme den Faktor, um den sich der Flächeninhalt vergrößert, falls man alle Angaben (für x) verdoppelt (2x).

24 Von den folgenden Termen sind jeweils zwei äquivalent. Ordne diese Terme einander zu.

(1) $\frac{1}{2}ab + \frac{1}{4}a^2b - 0,3ab^2 + \frac{1}{3}ab - \frac{1}{8}a^2b + \frac{3}{10}ab^2$

(2) $\frac{1}{2}a^2b - \frac{1}{6}ab + \frac{1}{3}ab + 0,3aba + 3bba - 2\frac{1}{3}ab^2$

(3) $2\frac{1}{3}a^2b^2 - 1\frac{1}{2}ab^2 + 2\frac{1}{2}a^2b - 3ab - 1\frac{1}{2}a^2b^2 + \frac{1}{3}ab - \frac{2}{3}ab^2 - \frac{3}{5}bab$

(4) $-2^{-1}ab - 2^{-2}a^2b + 0,3a^2b^2 + 3^{-1}ab - 2^{-3}a^2b + \frac{3}{10}a^2b^2$

(A) $3,7a^2b^2 - 1\frac{1}{2}ab^2 - 2,1abab - \frac{23}{30}b^2a^2 - 1\frac{4}{15}ab^2 - \frac{5}{2}a^2b + 3\frac{1}{5}ab +$
$+ 5a^2b - 5\frac{13}{15}ab$

(B) $2ab - 2\frac{1}{2}a^2b - 1\frac{1}{6}ab + 2\frac{5}{8}a^2b - \left(\frac{3}{4}ab\right)^2 + \frac{9}{16}a^2b^2$

(C) $2ab - 2\frac{1}{2}a^2b + 2\frac{1}{8}aba + \frac{3}{4}a^2b^2 - 1\frac{7}{6}ba - \frac{3}{20}abba$

(D) $-2\frac{1}{3}a^2b + 3\frac{2}{3}ab + \frac{14}{15}abb \cdot \frac{5}{7} + 3\frac{2}{15}a^2b - 3\frac{1}{2}ab$

(1)	(2)	(3)	(4)

25 Beschreibe, wie sich der Flächeninhalt eines Parallelogramms ändert, falls man die Grundlinie verfünffacht und die Höhe halbiert.

5 Umformen von Produkten und Quotienten

Genau wie bei Summen und Differenzen kannst du mit Produkten und Quotienten, die Variablen enthalten, rechnen wie mit Zahlen.

- Die **Vorzeichen** der Faktoren (bzw. des Dividenden und des Divisors) entscheiden über das Vorzeichen des Produkts (bzw. des Quotienten).
- Das **K-Gesetz** erlaubt, bei der **Multiplikation** die Faktoren in eine beliebige Reihenfolge umzustellen und erst dann zu multiplizieren.
- Weiter dürfen bei einem Produkt Klammern beliebig gesetzt oder weggelassen werden. Dies gewährt das **A-Gesetz**.
- Bei der Division gilt weder das A-Gesetz noch das K-Gesetz.

Beispiele

1. $-5y \cdot (-13) \cdot x =$

Bestimme das Vorzeichen:

$$\underbrace{(-)\cdot(+)}_{(-)}\cdot\underbrace{(-)\cdot(+)}_{(-)} = (-)\cdot(-) = (+)$$

$5y \cdot 13 \cdot x =$

Setze das Vorzeichen vor das Produkt, alle Vorzeichen im Term lässt du dann weg.

$5 \cdot 13 \cdot x \cdot y = 65xy$

Sortiere nach Zahlen und Variablen, bringe die Zahlen an die erste Stelle und multipliziere.

2. $-ab : [3 \cdot (-b) \cdot (-a)] =$

Schreibe den Term als Bruch und stelle dann das Vorzeichen fest:

$$\frac{(-)\cdot(+)}{(+)\cdot\underbrace{(-)\cdot(-)}_{(+)}} = \frac{(-)}{(+)} = (-)$$

$$\frac{-ab}{3\cdot(-b)\cdot(-a)} =$$

$$-\frac{\cancel{a}b}{3b\cancel{a}} = -\frac{\cancel{b}^{1}}{3\cancel{b}} = -\frac{\mathbf{1}}{3}$$

Kürze den Bruch: Werden dabei **alle Faktoren** im Zähler oder Nenner **gekürzt**, so bleibt eine **1** stehen.

3. $(4z) \cdot a \cdot \left(-\frac{5}{6}b\right) : (-z) =$

Ersetze die Division durch einen Bruch und stelle dann das Vorzeichen fest:

$$\frac{(+)\cdot(+)\cdot(-)}{(-)} = \frac{(-)}{(-)} = (+)$$

$$\frac{(4z)\cdot a\cdot\left(-\frac{5}{6}b\right)}{-z} =$$

$$\frac{4z\cdot a\cdot\frac{5}{6}b}{z} = \frac{4\cdot a\cdot\frac{5}{6}\cdot b}{1} =$$

$$4\cdot a\cdot\frac{5}{6}\cdot b = 4\cdot\frac{5}{6}\cdot a\cdot b = \frac{\cancel{4}^{2}\cdot 5}{\cancel{6}_{3}}ab$$

$$= \frac{2\cdot 5}{3}ab = \frac{10}{3}ab = 3\frac{1}{3}ab$$

Wegen des A-Gesetzes darfst du beim Produkt im Zähler die Klammern weglassen. Kürze den Faktor z. Schließlich kannst du mithilfe des K-Gesetzes die Reihenfolge der Faktoren verändern: Schreibe dabei die Zahlen nach vorne.

26 Vereinfache.

L 26 – 30

a) $6\frac{1}{4} \cdot 3\frac{2}{3}a$

b) $-1{,}5r \cdot 2{,}5a \cdot 4t \cdot (-3s)$

c) $-\frac{3}{2} \cdot \left(-\frac{5}{4}t\right) \cdot 4s \cdot \left(5\frac{1}{3}r\right)$

d) $\left(-\frac{5}{4}a\right) \cdot \left(-\frac{3}{7}b\right) \cdot c \cdot \left(-\frac{4}{3}d\right) \cdot \left(-\frac{7}{5}e\right)$

27 Schreibe die folgenden Quotienten mithilfe eines Bruchstrichs und kürze so weit wie möglich.

a) $(24xy) : (3x)$

b) $-2xz : [7 \cdot (-x)\,(-1)]$

c) $-2pq : \left(\frac{1}{2}pqr\right)$

d) $-4xyz : \left(-\frac{1}{4}xz^2\right)$

28 Vereinfache.

a) $27ax : \left(18ax \cdot \frac{x}{a}\right)$

b) $6ab : [(3ab) \cdot (-a) \cdot b]$

c) $\frac{2{,}2xy \cdot (-z) \cdot (-z)}{xy \cdot (-11x \cdot z)}$

d) $\frac{-\frac{1}{2}x \cdot (4{,}25 \cdot y) \cdot x}{\frac{1}{6}y \cdot (-x) \cdot \frac{1}{3} \cdot (-x)}$

29 Fasse zunächst Zähler und Nenner getrennt voneinander zusammen und kürze dann so weit wie möglich.

a) $\frac{2\frac{1}{3} \cdot a \cdot \left(-\frac{2}{7}b\right) \cdot \left(-\frac{7}{5}c\right)}{4\frac{1}{5}b \cdot \left(-2\frac{1}{2}c\right) \cdot 0{,}3a}$

b) $\frac{12 \cdot \left(5\frac{1}{4}a\right)}{4\frac{1}{5} \cdot \frac{12}{3} \cdot b \cdot \left(2\frac{1}{5}a\right)}$

c) $\frac{-0{,}2r \cdot 1{,}8s \cdot (-0{,}4t)}{1{,}3s \cdot (-2{,}1t) \cdot (0{,}15s)}$

d) $\frac{\left(-\frac{2}{3}\right) \cdot (-a) \cdot (-b) \cdot \left(-\frac{5}{7}c\right)}{\left(-\frac{3}{5}b\right) \cdot \frac{7}{5} \cdot c \cdot (-a) \cdot \left(-\frac{5}{4}\right)}$

e) $\frac{\frac{1}{2}x \cdot \frac{2}{3}y \cdot \left(-\frac{3}{4}\right) \cdot (-0{,}75z)}{\left(-\frac{3}{4}y\right) \cdot \left(-\frac{5}{6}x\right) \cdot (-0{,}8)}$

f) $\frac{b \cdot (-2{,}5a) \cdot a \cdot \left(-4\frac{1}{5}\right) \cdot b}{\left(-5\frac{1}{4}\right) \cdot b \cdot (-a) \cdot (-a)}$

30 Fasse so weit wie möglich zusammen.

a) $\left(-1\frac{1}{3}\cdot a\right)\cdot\left(\frac{3}{8}\cdot b\right)\cdot(-1)\cdot(-1{,}2\cdot c)\cdot(-5{,}1\cdot d)$

b) $1{,}1\cdot x\cdot(-1{,}2y)\cdot(1{,}3\cdot z)\cdot(-1{,}4)$

c) $\left(-1\frac{4}{5}\right)\cdot y\cdot(-z)\cdot(-1{,}7\cdot x)\cdot(-1)$

d) $(-9acb):\left[-\frac{1}{3}\cdot(-c)\cdot(-b\cdot a)\right]$

e) $(y\cdot 13x):[26x\cdot(-y)]$

f) $[-3b\cdot(-a)\cdot(-1)]:[9\cdot a\cdot(-1)]:\left(-\frac{1}{3}b\right)$

6 Umformen von Potenzen

$a^4 \cdot b^4$ und $x^6 \cdot x^7$ sind zwei verschiedene Arten von Potenzprodukten. Bei $a^4 \cdot b^4$ haben beide Faktoren den gleichen Exponenten und verschiedene Basen. Das zweite Potenzprodukt $x^6 \cdot x^7$ besteht aus zwei Faktoren mit gleicher Basis und verschiedenen Exponenten.

In beiden Fällen kann man die Potenzprodukte zu einer Potenz zusammenfassen.

Indem du die Potenzen ausschreibst, kannst du …

1. Potenzen mit gleichem Exponenten multiplizieren und dividieren:

$$a^4\cdot b^4=\underbrace{a\cdot a\cdot a\cdot a}_{\text{4 Faktoren}}\cdot\underbrace{b\cdot b\cdot b\cdot b}_{\text{4 Faktoren}}=\underbrace{\overset{\frown}{a\cdot b}\cdot\overset{\frown}{a\cdot b}\cdot\overset{\frown}{a\cdot b}\cdot\overset{\frown}{a\cdot b}}_{\text{4 Faktoren der Form } a\cdot b}=(a\cdot b)^4$$

$$\frac{a^3}{b^3}=\frac{a\cdot a\cdot a}{b\cdot b\cdot b}=\frac{a}{b}\cdot\frac{a}{b}\cdot\frac{a}{b}=\left(\frac{a}{b}\right)^3$$

2. Potenzen mit gleicher Basis multiplizieren und dividieren:

$$x^6\cdot x^7=\underbrace{\underbrace{x\cdot x\cdot x\cdot x\cdot x\cdot x}_{\text{6 Faktoren}}\cdot\underbrace{x\cdot x\cdot x\cdot x\cdot x\cdot x\cdot x}_{\text{7 Faktoren}}}_{6+7=13\text{ Faktoren}}=x^{13}$$

$$\frac{x^5}{x^3}=\frac{x\cdot x\cdot \cancel{x}\cdot\cancel{x}\cdot\cancel{x}}{\cancel{x}\cdot\cancel{x}\cdot\cancel{x}}=\frac{x\cdot x}{1}=x^2$$

eispiele

1. $2^3 \cdot 2^{-2} = 2^3 \cdot \frac{1}{2^2} = \frac{2^3}{2^2} = \frac{\cancel{2} \cdot \cancel{2} \cdot 2}{\cancel{2} \cdot \cancel{2}} = 2$

Schreibe Potenzen mit negativen Exponenten als Bruch und stelle anschließend die Potenzen als Produkt dar, damit du kürzen kannst.

2. $a^4 \cdot 7^4 = a \cdot a \cdot a \cdot a \cdot 7 \cdot 7 \cdot 7 \cdot 7 =$
$\overset{\frown}{7 \cdot a} \cdot \overset{\frown}{7 \cdot a} \cdot \overset{\frown}{7 \cdot a} \cdot \overset{\frown}{7 \cdot a} = (\overset{\frown}{7 \cdot a})^4 = (7a)^4$

Indem du die Faktoren mithilfe des Kommutativgesetzes sortierst, erhältst du vier „7 · a“-Päckchen.

3. $\frac{(a-b)^5}{(a-b)^2} =$
$\frac{\cancel{(a-b)} \cdot \cancel{(a-b)} \cdot (a-b) \cdot (a-b) \cdot (a-b)}{\cancel{(a-b)} \cdot \cancel{(a-b)}} =$
$(a-b)^3$

Schreibe die Potenzen als Produkt und kürze.

4. $\frac{(x-y)^2}{z^2} \cdot \frac{z^2 a}{(x-y)^3} \cdot \frac{az^2}{za^2} =$
$\frac{(x-y)^2 \cdot \cancel{z^2} \cdot z^2 \cdot a \cdot a}{(x-y)^3 \cdot \cancel{z^2} \cdot z \cdot a^2} =$

Schreibe alle Faktoren nach gleichen Variablen geordnet auf einen Bruchstrich und kürze.

$\frac{\cancel{(x-y)} \cdot \cancel{(x-y)} \cdot z \cdot \cancel{z} \cdot \cancel{a} \cdot \cancel{a}}{\cancel{(x-y)} \cdot \cancel{(x-y)} \cdot (x-y) \cdot \cancel{z} \cdot \cancel{a} \cdot \cancel{a}} = \frac{z}{x-y}$

Schreibe die Potenzen als Produkt und kürze.

Auch Potenzen von Potenzen können durch Ausschreiben zu einer Potenz zusammengefasst werden:

$(x^2)^3 = \underbrace{x^2 \cdot x^2 \cdot x^2}_{\text{3 Faktoren der Form } x^2} = \underbrace{\overset{\frown}{x \cdot x} \cdot \overset{\frown}{x \cdot x} \cdot \overset{\frown}{x \cdot x}}_{3 \cdot 2 = 6 \text{ Faktoren der Form } x} = x^6$

3 Faktoren der Form x^2 **$3 \cdot 2 = 6$ Faktoren der Form x**

Beispiel

5. $\frac{(a^2)^2}{a^3} = \frac{a^2 \cdot a^2}{a \cdot a \cdot a} = \frac{a \cdot \cancel{a} \cdot \cancel{a} \cdot \cancel{a}}{\cancel{a} \cdot \cancel{a} \cdot \cancel{a}} = a$

Schreibe die Potenzen im Zähler und Nenner aus und kürze.

31 Stelle die Potenzen als Produkt dar und fasse anschließend zu einer Potenz zusammen.

L 31–35

a) $x^3 \cdot 11^3$

b) $(a^2)^2 \cdot a^2$

c) $\frac{(x-y)^2}{(x-y)^5}$

d) $\frac{(w+v)^3}{y^2} \cdot \frac{ya}{y^2a^2} : \frac{(w+v)}{a^3y}$

32 Vereinfache.

a) $\frac{1}{2}x \cdot \frac{2}{3}y \cdot \frac{3}{4}x^2y^2$

b) $xy \cdot (-x^2) \cdot (-2y^2) \cdot \frac{1}{2}x^3 \cdot (-y^3)$

c) $2^{-1}a^3b^2 \cdot (-4ab^5) \cdot \left(-2^{-3}a^3\right) \cdot (-5b^3) \cdot (-3)$

33 Lukas geht heute Nachmittag weg. Weißt du, zu wem er geht?
Beginne mit der Rechnung im Kasten nach dem ersten Pfeil und ermittle die Lösung. Ist das angegebene Ergebnis richtig, so folge dem Pfeil „wahr“, ist das Ergebnis falsch, so folge dem Pfeil „falsch“. Damit gelangst du zu einem neuen Kasten, bei dem du analog vorgehst. Am Ende erreichst du den Namen der Person, zu der Lukas gehen wird.

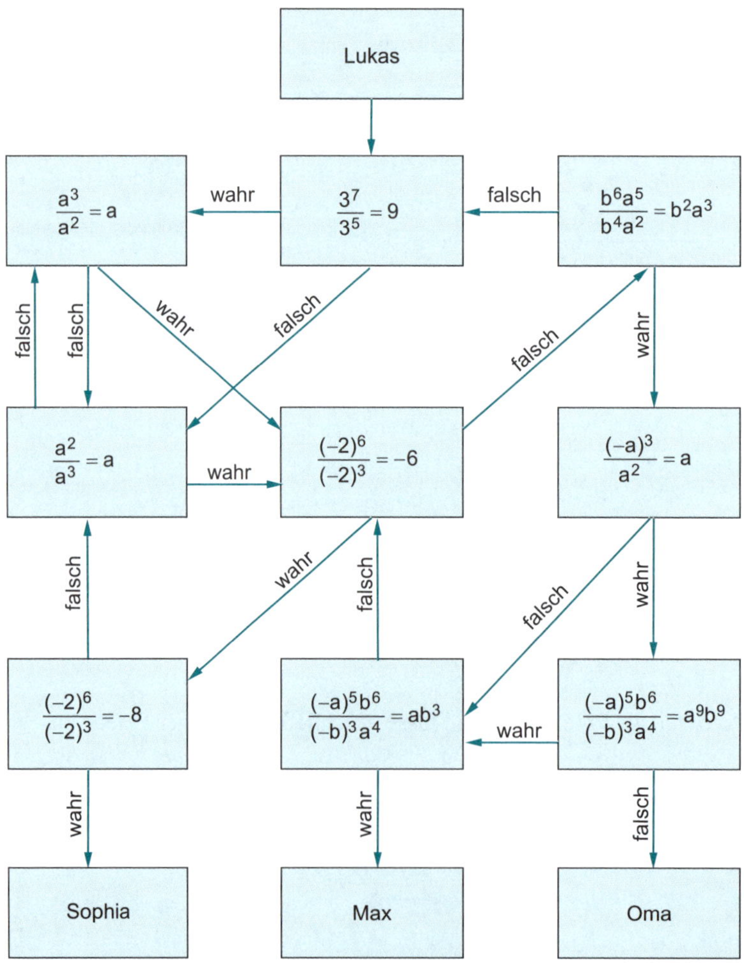

34 Vereinfache.

a) $3x^2 \cdot 4x^3$ b) $(-2x^2y)^2 \cdot (-4xy)$

c) $(3x^2y)^2 \cdot (-x)^2$ d) $(2 \cdot 3^{-1}ab^3) \cdot (-3 \cdot 2^{-2}bc^2) \cdot (-2^2 \cdot 5^{-1}ca^3)$

e) $[(3s^2t)^2 \cdot (-ts)^2]^2$ f) $[(-x)^2]^3 + [(-2x)^3]^2$

g) $(-2ab)^3 \cdot (a^{-1})^2 \cdot (2{,}5ba^2)^1$ h) $(1^{-1}xy^2)^2 \cdot (-1)^7 \cdot [(xy^2)^2]^3$

i) $(2x^3)^2 + (5x^2)^3 - (2^3)^{-1} \cdot x \cdot x^5$

j) $(3 \cdot 2^{-1}xy)^2 \cdot (-2 \cdot 3^{-1}yz^2)^1 \cdot (-2^3 \cdot 3 \cdot 5xyz)^0$

35 Welche Puzzleteile gehören zusammen?
Verbinde die entsprechenden Teile.

7 Vermischte Aufgaben

36 Vereinfache.

L 36 – 37

a) $2a \cdot 3b + 6ab$

b) $7b - 7ab : a + b^2 : 2b$

c) $-3x : 3 + 7 - 8x : x$

d) $3y + 17x^2y : x^2$

e) $-5c + 2c : c + c - c^2 : 4c - \frac{1}{2}c^2 : \left(c : \frac{1}{c}\right)$

f) $4a - 4b \cdot 4 + 16b + \left(4a : \frac{1}{a^2}\right) : (-a^2) - b \cdot 15$

g) $\left\{[12d^2 - 12e] \cdot d + 18 \cdot (-d)^3 : (-d) - d^2 \cdot \left[\frac{1}{2} \cdot \frac{e}{d} + 3e : (e^2d^2)\right]\right\} : d$

h) $[4 \cdot (-a)]^2 \cdot \left(\frac{1}{2} \cdot \frac{1}{b}\right)^4 + (-a)^3 \cdot 3^3 \cdot \left[\frac{1}{(-b)^2}\right]^2 \cdot \left(\frac{1}{4}\right)^3 : a$

i) $\left(y : \frac{1}{y}\right) : \left(\frac{1}{y^2} : \frac{1}{y^4}\right) + (-a)^3 \cdot \frac{1}{(2a + a)^2} \cdot (-1)^{265} : \left[\left(\frac{1}{a}\right)^3 : \left(\frac{1}{a^2} \cdot \frac{1}{a} \cdot a\right)\right]$

37 Vereinfache.

a) $-4{,}5r \cdot (-s) - (-r) \cdot (-s) - rs + [5 : (-2)] \cdot rs$

b) $\frac{13}{15} \cdot \left(-\frac{5}{52}\right) \cdot (-x) \cdot (-2y) - \left[\frac{5}{6} : (-5)\right] \cdot xz - \frac{1}{3}x \cdot 0{,}5 \cdot (-z) - \frac{1}{6}y \cdot (-x)$

c) $-4x^2y : (-3x) - 4xz + 4x \cdot \frac{1}{3}y + 8x^2z : (-3x)$

d) $35abc : (-7c) - [25a \cdot (-3b)] : (-150) - 15ab^2 : (-5ab)$

e) $a^3b^3 \cdot (-4)^2 + (ab)^3 \cdot 2 - \frac{a^3b^5}{b^2 \cdot (-2)}$

f) $42x^2yz : (-7xz) + \left[32\frac{x}{y} \cdot \frac{1}{8}y^2\right] \cdot (-5) + \frac{12x^3y^2z^2}{x^2yz^2} \cdot \left(-\frac{1}{3}\right)$

g) $r^2s^3 \cdot (-4r) + \frac{1}{2}(rs)^3 - (-5)^2 \cdot r \cdot (rs)^2 \cdot s$

h) $a^2b^2 \cdot \left(a \cdot \frac{1}{b}\right)^3 \cdot (-2)^3 + aba \cdot (ab)^2 \cdot \left(\frac{1}{4}\right)^2 \cdot \frac{a}{b^4} - \left(-\frac{1}{2}ab\right)^3 \cdot \left(\frac{1}{b}\right)^4 \cdot a^2$

Der Umgang mit Klammern

1 Die Summe als Faktor

Wer hat Vorfahrt? Die „Vorfahrtsregeln" in der Mathematik geben die Reihenfolge der Berechnung in einem Term an. Je mehr du übst, desto übersichtlicher erscheint dir der mathematische „Schilderwald".

Berechnest du das Produkt $7 \cdot 19$ im Kopf, so kannst du die Zahl 19 in die Summe $10+9$ zerlegen. Anschließend multiplizierst du jeden Summanden mit der Zahl 7:
$7 \cdot 19 = 7 \cdot (10+9) = 7 \cdot 10 + 7 \cdot 9 = 70 + 63 = 133$

> Das **Distributivgesetz** lautet: Eine Zahl wird mit einer Summe multipliziert, indem man die Zahl mit jedem Summanden multipliziert und die Produkte addiert.
> $\mathbf{c} \cdot (a+b) = \mathbf{c} \cdot a + \mathbf{c} \cdot b = (a+b) \cdot \mathbf{c}$ mit $a, b, c \in \mathbb{Q}$

Beispiele

1. Multipliziere den Term $2 \cdot (12x^2 - 24r + 3y^2)$ aus.

   Lösung:

   $\mathbf{2} \cdot (12x^2 - 24r + 3y^2) =$
   $\mathbf{2} \cdot 12x^2 - \mathbf{2} \cdot 24r + \mathbf{2} \cdot 3y^2 =$
   $24x^2 - 48r + 6y^2$

   Multipliziere jeden Summanden in der Klammer mit dem Faktor 2.

2. Schreibe den Term $5a \cdot (-2a + 3b - 4c)$ ohne Klammer.

   Lösung:

   $\mathbf{5a} \cdot (-2a + 3b - 4c) =$
   $\mathbf{5a} \cdot (-2a) + \mathbf{5a} \cdot 3b + \mathbf{5a}(-4c) =$
   $-10a^2 + 15ab - 20ac$

   Multipliziere jeden Summanden in der Klammer mit dem Faktor 5a.

38 Multipliziere und fasse so weit wie möglich zusammen.

L 38–42

a) $x \cdot (1+x)$

b) $\frac{1}{2}x^2 + x \cdot (1+x)$

c) $x^2 + x \cdot (1{,}2x + 0{,}4x)$

d) $x^2 + (1+x) \cdot 0{,}1x$

e) $13a \cdot \left(a + \frac{1}{2}b + 0{,}2a^2\right) + a^2 \cdot \left(1 + 4\frac{b}{a} - 1{,}3a\right)$

f) $x \cdot (x+y) + y \cdot (x+y) - \frac{1}{2}x^2 + \frac{1}{2}y \cdot (y-x)$

g) $e \cdot (e^2 - f) + f \cdot (e - f^2) + e \cdot (e^2 + f^2) + f \cdot (e^2 - f^2)$

h) $x \cdot (x-y) + y \cdot (y-x) + 3 \cdot 2^{-2} \cdot (-x^2 - y^2) + 2x \cdot (-1+y)$

39 Multipliziere und fasse, wenn möglich, zusammen.

a) $3\cdot\left(5x-2-\frac{1}{3}y\right)$

b) $2y\cdot(2x-y)$

c) $(17a-4{,}7b)\cdot 3a+1{,}5b\cdot(-0{,}6a-1{,}5b)$

d) $6u\cdot(2u+3v-2)+2v\cdot\left(-v+2-\frac{1}{2}u\right)+12\cdot\left[-3u+\left(\frac{1}{3}v\right)^2-\frac{1}{6}\right]$

e) $\left[3^{-1}x\cdot\left(2^{-1}x-0{,}2y+1\frac{1}{3}xy\right)\cdot 2^{-1}y+1{,}3xy^2\cdot\left(-1-\frac{1}{2}\cdot\frac{x}{y}+2^{-2}x\right)\right]\cdot 3xy$

f) $a\cdot(a+b+c)+b\cdot(a+b+c)+c\cdot(a+b+c)$

40 Multipliziere und vereinfache so weit wie möglich.

a) $\left[12r+8\cdot\left(1{,}2r-\left(\frac{1}{2}\right)^2\cdot s\right)\right]\cdot\frac{1}{3}r+2\cdot[r^2+s\cdot(1-r)]$

b) $\left\{a\cdot\left[1+3\cdot\left(\frac{1}{2}b-a\right)\right]-4a^2+2\cdot\left[(1-4b-3a)\cdot a+b\cdot\left(\frac{1}{b}+3-3a\right)\right]\right\}\cdot b\cdot\frac{1}{2}$

c) $\frac{1}{2}\cdot\left\{x\cdot\left[y\cdot(z+v^2+1)+v\cdot\left(\frac{zy}{v}-yv+1\right)\right]\right.$
$\left.+3x\cdot\left[z\cdot(-y+vy-1)+y\cdot\left(-2+\left(\frac{1}{2}v\right)^2-\frac{z^2}{z}\right)\right]\right\}$

d) $\frac{1}{3}a\cdot\left(-\frac{1}{3}a+\frac{1}{2}b-\frac{1}{4}c\right)+\frac{1}{2}b\cdot\left(\frac{1}{3}a-\frac{1}{2}b+\frac{1}{4}c\right)+\frac{1}{4}c\cdot\left(-\frac{1}{3}a+\frac{1}{2}b-\frac{1}{4}c\right)$

e) $\frac{1}{2}a^2\cdot\left(\frac{1}{2}a^2+\frac{1}{3}b^3+\frac{1}{4}c^4\right)+\frac{1}{3}b^3\cdot\left(\frac{1}{2}a^2+\frac{1}{3}b^3+\frac{1}{4}c^4\right)$
$+\frac{1}{4}c^4\cdot\left(\frac{1}{2}a^2+\frac{1}{3}b^3+\frac{1}{4}c^4\right)$

f) $r\cdot\left[-r+\left(\frac{1}{2}s\right)^2+\left(\frac{1}{3}t\right)^3\right]+\frac{1}{2}s^2\cdot\left(r+\frac{1}{3}s^2-t^3\right)$
$+t^3\cdot\left(-\frac{1}{2}r+2\cdot\frac{1}{2}s^2+\frac{1}{9}t^3\right)$

41 Verbessere die Fehler.

a) $x + x = x^2$

b) $2x + 3y = 5xy$

c) $2x^2 \cdot x = 3x^2$

d) $\frac{x^2 + x}{x} = \frac{x + x}{1} = x^2$

e) $5 \cdot (x + x^2) = 5x + x^2 = 6x^2$

42 Untersuche die Terme auf Äquivalenz.

(1) $p[s(3s+5p)+p(4s^2-2s^2)]$

(2) $(3sp)^2+4s^2p-2s^2p^2+3s^2p$

(3) $s(4s+3)+2(p-2)$

(4) $6\left(s^2+\frac{1}{3}p^2\right)+2s\left(1-\frac{p}{2s}\right)$

(5) $7s^2p^2+7s^2p$

(6) $s^2(3p+4p^2)+3sp^2$

(7) $s^2[p(9p+4-2p+3)]$

(8) $2s(3s+1)+2p(p-0{,}5)$

(9) $2s(4s-1)+s(5-4s)+50\,\%\cdot(4p-8)$

2 Die Minusklammer

Steht vor einer Klammer ein Minuszeichen, so nennt man diese eine **Minusklammer**.

- Eine **Minusklammer** kannst du auflösen, indem du das **Minuszeichen** vor der Klammer durch die **Zahl –1 ersetzt**. Dann kannst du mithilfe des Distributivgesetzes die Klammer **ausmultiplizieren**.
- Noch einfacher kannst du die Minusklammern entfernen, indem du **alle** Rechen- bzw. Vorzeichen innerhalb der Klammer **änderst**.

Beispiele

1. $-(a+b)=(-1)\cdot(a+b)=$
$(-1)\cdot a+(-1)\cdot b=-a-b$

Schreibe den Faktor –1 anstelle des Minuszeichens vor die Klammer und multipliziere aus.

Kurz: $-(a+b)=-a-b$

Ändere das Vorzeichen jedes Summanden in der Minusklammer und lasse die Klammer weg.

2. $-(x+2y-3z)=-x-2y+3z$

Beim Auflösen der Minusklammer wird das positive Vorzeichen vor dem x zu einem negativen Vorzeichen, genauso bei dem Summanden 2y. Der negative Summand –3z wird positiv.

3. $2b-(a+b)+(-a+b)=$
$2b-a-b-a+b=$
$2b-b+b-a-a=$
$2b-2a$

Die erste Klammer ist eine Minusklammer; alle Vorzeichen werden geändert und die Klammer wird weggelassen. Die zweite Klammer ist eine **Plusklammer**. Du kannst die Klammer zusammen mit dem **Pluszeichen** weglassen.

43 Löse die Klammern auf und fasse zusammen.

L 43–44

a) $(4a-8)-(7a-5)$

b) $6x-3-(-6x+3)$

c) $5b-(7b-2)+(-b-1)$

d) $(3a-2b+5c)-(a+6b-c)$

e) $22x-\{17y-[6x+(31y-40x)-(-36y+62x)]\}$

f) $7u\cdot(3u+4v-6)-4v\cdot(7u-3v+14)+14\cdot(3u+4v)$

g) $-\frac{1}{2a}\cdot\left(-\frac{1}{2a}+\frac{1}{b}-\frac{1}{3c}\right)+\frac{1}{b}\cdot\left(-\frac{1}{2a}+\frac{1}{b}-\frac{1}{3c}\right)-\frac{1}{3c}\cdot\left(-\frac{1}{2a}+\frac{1}{b}-\frac{1}{3c}\right)$

44 Löse die Klammern auf und fasse zusammen.

a) $-\{-[-(-a-b)+2a]-3b+(a+b)\}$

b) $-(2a+a^2)\cdot[-b+a^3-(-5b+a^3)]$

c) $(x+2xy+y)-[x(1+y)-2y]$

d) $-\{2x-3y-[-5z+(-1)\cdot(3z+3y)-(6x^2-5x-3)]-2x\}$

e) $-[-3\cdot(p-1)+2\cdot(p+1)]+(2p+3)\cdot(-1)$

f) $[11r-8\cdot(0{,}7r+1{,}1s)]\cdot(-4r)+3r\cdot[12s+2\cdot(1{,}5r-2{,}3s)]$

g) $-a\left[1-3\cdot\left(b-\frac{2}{3}a\right)\right]-4a^2-[(1-4a-b)\cdot 3a-a\cdot(-10a-4b+3)]\cdot 3$

h) $\frac{2}{3}\cdot\left[\frac{1}{4}a-(b+2)\right]-0{,}5\cdot\left(\frac{1}{2}a-6b\right)+\frac{1}{3}\cdot(a-b+4)$

3 Multiplizieren von Summen

Bei der Multiplikation zweier Summen $(a+b)\cdot(c+d)$ wendest du zweimal nacheinander das Distributivgesetz an.

- Die allgemeine Formel zur Multiplikation zweier Summen, die du durch zweimaliges **Anwenden** des **Distributivgesetzes** erhältst, lautet:
  $(a+b)\cdot(c+d)=ac+ad+bc+bd$
- Du kannst dir merken: **„Jeder mit jedem"**, d. h., jeder Summand der ersten Klammer wird mit jedem Summanden der zweiten Klammer multipliziert. Die entstandenen Produkte werden dann **addiert**.

Beispiele

1. $(1+x)\cdot(2+y)=$
   $1\cdot 2+1\cdot y+x\cdot 2+x\cdot y=$
   $2+y+2x+xy$

Jeder Summand wird mit **jedem** Summanden der anderen Klammer multipliziert.

2. $(2+x+3y)\cdot(x-3y-2)=$
   $2\cdot x+2\cdot(-3y)+2\cdot(-2)+x\cdot x+x\cdot(-3y)$
   $+x\cdot(-2)+3y\cdot x+3y\cdot(-3y)+3y\cdot(-2)=$
   $2x-6y-4+x^2-3xy-2x+3xy-9y^2-6y=$
   $\underbrace{2x-2x}_{=0}\underbrace{-6y-6y}_{=-12y}-4+x^2\underbrace{-3xy+3xy}_{=0}-9y^2=$
   $-12y-4+x^2-9y^2=x^2-9y^2-12y-4$

Das Gesetz **„Jeder mit jedem"** ist auf **drei** (und mehr) **Summanden** übertragbar. Der erste Summand der ersten Klammer wird mit jedem Summanden der zweiten Klammer multipliziert. Der zweite Summand der ersten Klammer wird mit jedem Summanden der zweiten Klammer multipliziert. Ebenso gehst du mit dem dritten Summanden vor.

45 Multipliziere aus und fasse so weit wie möglich zusammen. L 45–46

a) $(2a+a)\cdot(a+3)$
b) $(3c-2d)\cdot(3d-2c)$
c) $\frac{1}{3}\cdot(x+y)\cdot\left(\frac{1}{2}y-\frac{1}{3}x\right)$
d) $-0{,}5\cdot(-x-a)\cdot(y+a)$
e) $(a+b+c)\cdot(-a+b+c)$
f) $(-a-b-c)\cdot(a-b+c)$
g) $(3a-2b+c)\cdot(-a+b-3c)$
h) $(x-y)\cdot(2x+3y)\cdot(-2x-3y)$

46 Lindas Wecker empfängt kein Funksignal und zeigt 00:00 Uhr.
Wie viel Uhr ist es tatsächlich?
In der Digitalanzeige am Ende der Aufgabe sind die ausmultiplizierten und zusammengefassten Ergebnisse eingetragen. Indem du die Felder anmalst, die ein tatsächliches Ergebnis der angegebenen Terme enthalten, erhältst du die gesuchte Uhrzeit.

a) $(2x-8)\cdot(x+2)$

b) $(1{,}5x+y)\cdot(-2x+3y)$

c) $(2x-1)\cdot(x+1)+(x+1)\cdot(1+2x)$

d) $(2x-3)\cdot(-x+2)-(-x+3)\cdot(-2x)$

e) $(x^2+1)\cdot(1-x^3)-(1-x)\cdot(x^2-1)$

f) $(a+4)\cdot(a^2-3a+1)-(a^2+6a-1)\cdot(a-2)-a\cdot(2-3a)$

g) $(x^2-3x+1)\cdot(x+4)-x\cdot(2-3x)-(x-2)\cdot(x^2+6x-1)$

h) $(x-1)\cdot(-x)-[x^2-(1-x)\cdot x]-\frac{1}{2}\cdot\left[\frac{1}{2}x^2-x\cdot(1-x)\right]$

i) $(ab-c)\cdot(a-bc)-(cb-a)\cdot(c-ba)$

j) $x\cdot[x^2-(x-1)]-x^2\cdot(x+1)-x\cdot(-2x)$

k) $(a+b+1)\cdot(a-b-1)-[a+(b-1)]\cdot[a-(b-1)]$

l) $\left(\frac{1}{2}x+\frac{1}{3}y\right)\cdot\left(2x-\frac{1}{y}\right)-\frac{2}{3}yx$

m) $(y^2-3y+1)\cdot\left(\frac{1}{2}y-4\right)-(y^2-1)\cdot\left(y+\frac{1}{2}\right)+\left(\frac{1}{3}y\right)^2\cdot(y-3)+\frac{y^2}{3}\left(\frac{7}{6}y+19\right)$

n) $(x+1)\cdot(x+x^2-1)-(2x-3)\cdot(x+1)\cdot(x-2)+7$

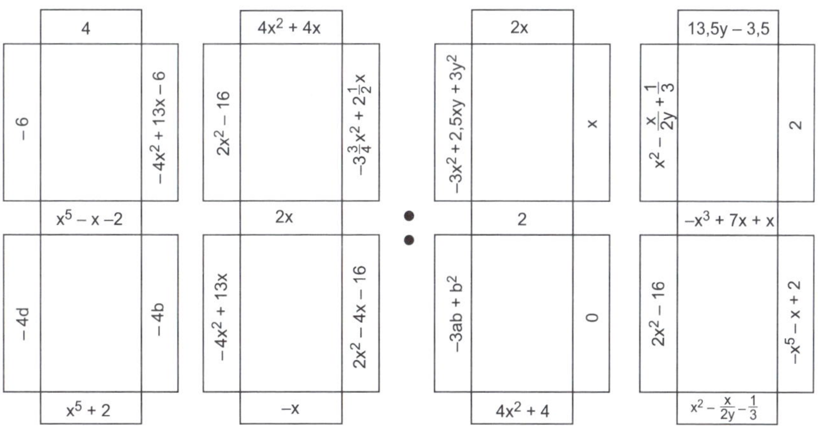

4 Faktorisieren durch einfaches Ausklammern

Die Summe $4x + x^2$ kann genauso als Produkt geschrieben werden, da der Faktor x in beiden Summanden vorkommt und folglich ausgeklammert werden kann:
$4x + x^2 = 4x + x \cdot x = x \cdot (4 + x)$

> Kommt in jedem Summanden ein gleicher Faktor vor, so kann man diesen **Faktor ausklammern** und die **Summe als Produkt** schreiben. Dies nennt man **Faktorisieren** der Summe.

Beispiele

1. $\mathbf{a}b + \mathbf{a}x + 2\mathbf{a}y = \mathbf{a} \cdot (b + x + 2y)$
2. $\underbrace{(\mathbf{a+b})}_{=e} \cdot 2 - 5c \cdot \underbrace{(\mathbf{a+b})}_{=e} =$

   Ersetzt man **a + b** durch einen **Summenwert e**, so kann man diesen Faktor e ausklammern.

   $\mathbf{e} \cdot 2 - 5c \cdot \mathbf{e} = \mathbf{e} \cdot (2 - 5c) =$
   $(\mathbf{a+b}) \cdot (2 - 5c)$

   Ersetze e wieder durch a + b. Das Beispiel zeigt, dass auch **Summen ausgeklammert** werden können.

47 Faktorisiere.

a) $3a - 6b$　　b) $a^2 - a$
c) $15x^2 + 10x + 30$　　d) $-y^4 + 4y^3 - 8y^2$
e) $3s^2t^2 + 5st$　　f) $x^2y - xy^2$

L 47–52

48 Auf welchem Gleis kommt der Zug an, wenn die Weiche richtig gestellt ist?

a) $-2ab - 13xy - 25x^2 - 18rst$

Gleis 1: $-(2ab + 13xy + 25x^2 + 18rst)$
Gleis 2: $-(2ab - 13xy + 25x^2 - 18rst)$
Gleis 3: $-(-2ab - 13xy - 25x^2 - 18rst)$

b) $-r^2 + s^2 - t^2 - 2rts$

Gleis 1: $-(r^2 + s^2 + t^2 + 2rts)$
Gleis 2: $-(r^2 - s^2 + t^2 + 2rts)$
Gleis 3: $-(r^2 - s^2 - t^2 - 2rts)$

49 Forme den Term um, indem du das Minuszeichen ausklammerst.

a) $-3x^2+y^2$

b) $-1-3ab$

c) $x^2-5x+23xy-12y^2-(-0{,}2)$

d) $5z-2\cdot(6x-3)-(8y+7)-z^2$

e) $xy-2y^2-3x^2+15x^2y^2$

f) $ab+a^2b^2+a^3b^3+ab^2$

50 Schreibe als Produkt.

a) $\frac{3}{4}x\cdot(a-b)-\frac{5}{7}y\cdot(a-b)$

b) $3{,}2a\cdot(x-3)+4{,}8b\cdot(3-x)$

c) $r\cdot(2a-b)+s\cdot(b-2a)-t\cdot(-b+2a)$

d) $u\cdot(u^2-vu)+v\cdot[u\cdot(u-v)]-uv(v-u)$

e) $(a+b)\cdot(a-b)+(b^2-a^2)\cdot 2x-y\cdot[a\cdot(a+b)-b\cdot(a+b)]$

51 Klammere einen Faktor aus und schreibe den Term als Produkt.

a) $15c+5d$

b) $8rs+16r^2$

c) $23t^4-46t^3$

d) $6u^2+24uv-12u^3v$

e) $(r+s)\cdot(u+v)+(a+b)\cdot(u+v)$

f) $36a^3b^5-42a^5b^3$

g) $16x^3y^5z^7-6x^5y^7z^3+12x^2y^3z^7$

h) $3x^6y^9z^{12}+9x^4y^8z^{10}-18x^2y^2z^3\cdot\left(\frac{1}{2}\cdot x^4y^5z^3-\frac{1}{6}\cdot x^2y^2z^4\right)$

52 Berechne das markierte Flächenstück.
Klammere bei der Berechnung geschickt aus.

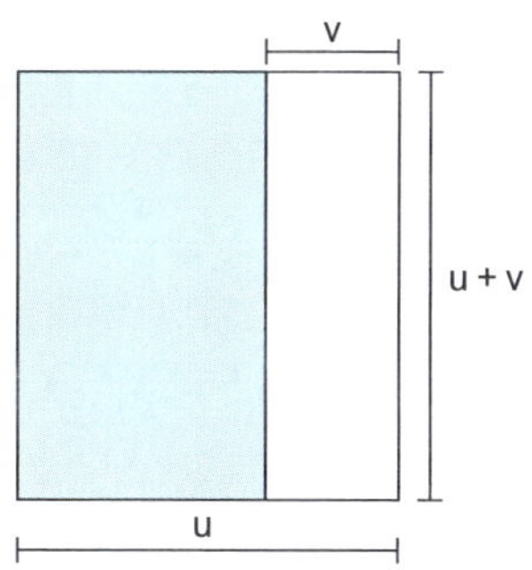

5 Faktorisieren durch mehrfaches Ausklammern

Schwieriger wird das Faktorisieren, falls in den Summanden nicht offensichtlich gleiche Faktoren vorkommen. Hier führt oft **mehrfaches Ausklammern** zum Ziel.

Beispiel

Schreibe den Term $ax - ay + bx - by$ als Produkt.

Lösungsweg 1:

$ax - ay + bx - by =$
$a \cdot (\mathbf{x - y}) + b \cdot (\mathbf{x - y})$
$(a + b) \cdot (\mathbf{x - y})$

Klammere aus dem ersten und zweiten Summanden den Faktor a aus, aus dem dritten und vierten Summanden jeweils den Faktor b. Dann kannst du die Summe $(x - y)$ ausklammern.

Probe:

$(a + b) \cdot (x - y) = a \cdot x - a \cdot y + b \cdot x - b \cdot y$

Zur Probe wird das Ergebnis wieder ausmultipliziert, dabei wird jeder Summand der ersten Klammer mit jedem Summanden der zweiten Klammer multipliziert.

Lösungsweg 2:

$ax - ay + bx - by =$
$\underbrace{ax + bx}_{= x \cdot (a + b)} \;-\; \underbrace{ay - by}_{= y \cdot (-a - b)} =$
$x \cdot (a + b) + y \cdot (-a - b) =$
$x \cdot (a + b) + y \cdot (-1)(a + b) =$
$x \cdot (a + b) - y \cdot (a + b) = (a + b) \cdot (x - y)$

Klammere aus dem ersten und zweiten Summanden den Faktor x aus, aus dem dritten und vierten Summanden jeweils den Faktor y. Den Summanden $(-a - b)$ kannst du durch Ausklammern von -1 umformen zu $-(a + b)$. Jetzt kannst du die Summe $(a + b)$ ausklammern.

Die beiden verschiedenen Lösungswege führen offensichtlich zum gleichen Ergebnis. Bei Aufgaben dieser Art gibt es keine wirkliche Strategie. Versuche, durch Probieren eine Variable zu finden, die du in einem ersten Schritt ausklammern kannst, das zweite Ausklammern ist dann meist einfacher. Wie im obigen Beispiel führen oft auch mehrere Wege zum Ziel.

53 Faktorisiere.

L 53–55

a) $ax + bx + ay + by$
b) $ab + ac - bx - cx$
c) $x^2 + ax + ab + bx$
d) $4x + 2y - 6x^2 - 3xy$
e) $-x \cdot (a^2 - b) + 5 \cdot (b - a^2)$
f) $(x + 3) \cdot (a + b) + (y - 3) \cdot (a + b)$
g) $(-x - y) \cdot (a + b) + (x + y) \cdot (a - b)$
h) $ae + 2a + be + 2b$
i) $b \cdot (x^2 + y^2) - a \cdot (-x^2 - y^2)$
j) $by - bx + cy - cx$
k) $(x - y) \cdot 2 + (x - y)^2 \cdot 3$
l) $(a - b)^2 \cdot y + (-a + b)^2 \cdot x$

54 Stelle als Produkt dar.

a) $a \cdot (2-4y)+b \cdot (1-2y)$

b) $x \cdot (x+3y)-(x+3y)^2$

c) $3x^2-12xy-(4y-x)$

d) $-a^2y^2-4b^2x^2+2b^2y^2+2a^2x^2$

e) $yx^2-3yx+x^3-3x^2$

f) $y \cdot (a+b)^3+(-a-b)^2 \cdot x$

g) $(3k-\ell)-(2\ell^2-6k\ell)$

h) $(a+b)^2-(a^2-ab+ab-b^2)$

55 Faktorisiere die Summen.

a) $x^2+4x+5x+20$

b) $a^2+a-a-1$

c) $a^2b^2+ab^3+a^2b+ab^2$

d) $4x^2+2x+2x+1$

e) $\frac{1}{2x^2}+\frac{1}{xy}+\frac{1}{2xy}+\frac{1}{y^2}$

f) $c^2d^2+c^2+a^2d^2+a^2$

g) $\frac{2}{a^2y}+\frac{2}{b^2y}-\frac{1}{2a^2x}-\frac{1}{2b^2x}$

h) $\frac{a^2b^2}{x^4y^2}+\frac{ab^4}{x^2y}-\frac{cb^2a}{x^2yz^2}-\frac{cb^4}{z^2}$

6 Binomische Formeln

Frau Christ besitzt ein quadratisches Grundstück mit 25 m Seitenlänge. Herr Filou macht Frau Christ das Angebot, ihr Grundstück gegen seine zwei aneinanderliegenden quadratischen Grundstücke mit 12 m und 13 m Seitenlänge zu tauschen. Soll Frau Christ das Angebot annehmen?

Obwohl die Summe der Seitenlängen der Grundstücke von Frau Christ gleich der Seitenlänge des Grundstücks von Herrn Filou ist ($25\text{ m}=12\text{ m}+13\text{ m}$), sollte Frau Christ das Angebot nicht annehmen, denn die Grundstücke von Herrn Filou haben zusammen einen Flächeninhalt von
$(12\text{ m})^2+(13\text{ m})^2=144\text{ m}^2+169\text{ m}^2=313\text{ m}^2$.

Frau Christs Grundstück ist mit $(25\text{ m})^2=625\text{ m}^2$ aber deutlich größer.

Wir halten fest: $(12\text{ m} + 13\text{ m})^2 \neq (12\text{ m})^2 + (13\text{ m})^2$
Oder allgemein:
$\mathbf{(a+b)^2 \neq a^2 + b^2}$ für alle $a, b \in \mathbb{Q}$ mit $a \neq 0$ und $b \neq 0$

Die Summe **(a + b)** bzw. die Differenz **(a – b)** heißt **Binom**.

Es gibt drei Varianten, zwei Binome miteinander zu multiplizieren:

$$(a+b)\cdot(a+b) = a^2 + a\cdot b + b\cdot a + b^2 = a^2 + 2ab + b^2$$

$$(a-b)\cdot(a-b) = a^2 - a\cdot b - b\cdot a + b^2 = a^2 - 2ab + b^2$$

$$(a+b)\cdot(a-b) = a^2 - a\cdot b + b\cdot a - b^2 = a^2 - b^2$$

Zusammenfassend lauten die drei binomischen Formeln:

1. binomische Formel: $(a+b)^2 = a^2 + 2ab + b^2$

2. binomische Formel: $(a-b)^2 = a^2 - 2ab + b^2$

3. binomische Formel: $(a+b)\cdot(a-b) = a^2 - b^2$

Beispiele

1. Verwandle $(2x+3y)^2$ in eine Summe.

   Lösung:
   Setze **a = 2x** und **b = 3y** in die 1. binomische Formel ein:

   $$(a + b)^2 = a^2 + 2ab + b^2$$

   $a = 2x$ ↓ $b = 3y$ ↓

   $$(2x + 3y)^2 = (2x)^2 + 2\cdot 2x\cdot 3y + (3y)^2$$
   $$= 4x^2 + 12xy + 9y^2$$

2. Faktorisiere den Term $50x^2 - 80xy + 32y^2$ mithilfe der binomischen Formeln.

   Lösung:

   $50x^2 - 80xy + 32y^2$

   $= 2\cdot(25x^2 - 40xy + 16y^2)$ — Klammere gemeinsame Faktoren aus.

   $= 2\cdot[(5x)^2 - 2\cdot 20xy + (4y)^2]$ — Bringe den Term in die Form einer binomischen Formel (hier: $a^2 - 2ab + b^2$).

   $= 2\cdot[(5x)^2 - 2\cdot 5x\cdot 4y + (4y)^2]$

   $= 2\cdot(5x+4y)^2$ — Zuordnung: $a = 5x$; $b = 4y$

L 56–62

56 Schreibe folgende Terme mithilfe der binomischen Formeln als Summe.

a) $(r+s)^2$
b) $(2+y)^2$
c) $(2r+3s)^2$
d) $(2y^2+4x)^2$
e) $(r-s)^2$
f) $(y-2)^2$
g) $(3r-2s)^2$
h) $(3x^2-2y)^2$
i) $(-r-s)^2$
j) $(-5x-2y)^2$
k) $(-2x+3)^2$
l) $(-8x^3-7x^5)^2$
m) $(x-w)\cdot(x+w)$
n) $(2x-3y)\cdot(3y+2x)$
o) $(2s-5t)\cdot(2s+5t)$
p) $(2u+2v)\cdot(u-v)$

57 Veranschauliche die 1. binomische Formel
$(a+b)^2 = a^2+2ab+b^2$
geometrisch mit der rechts abgebildeten Skizze.

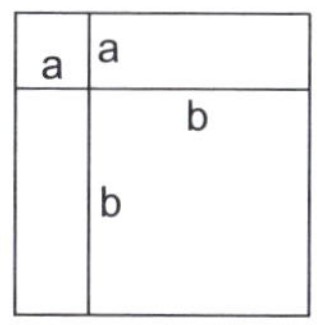

58 Berechne nach geschicktem Ausklammern mithilfe der binomischen Formeln.

a) $(x-y)\cdot(y-x)$
b) $(x-y)\cdot(-x+y)$
c) $(-x-y)\cdot(x+y)$
d) $(-x-y)\cdot(x-y)$
e) $(-x-y)\cdot(-x-y)$
f) $(-x-y)\cdot(-x+y)$

59 Berechne im Kopf mithilfe der binomischen Formeln.

a) 21^2
b) 59^2
c) 29^2-28^2
d) $38\cdot 42$

60 Faktorisiere mithilfe der binomischen Formeln.

a) $9x^2-6xy+y^2$
b) $36a^2+84ab+49b^2$
c) $-1-8st-16s^2t^2$
d) $4x^2y^2z^2-4xyz+1$
e) $9s^2-25t^2$
f) $8x^2-72y^2$

61 Ermittle jeweils die fehlenden Termglieder, sodass die Aussage wahr ist.

a) $(x+\square)^2 = \nabla^2 + \triangle + 36$
b) $16b^4 - \square^2 = (\nabla - \square)\cdot(\nabla + 5a)$
c) $(\square - \nabla)^2 = 144x^2 - 48xb + \triangle$
d) $(2a+\square)^2 = \nabla^2 + 10b\cdot\nabla + \square^2$

62 Formuliere die trinomischen Formeln für:

a) $(a+b+c)^2$
b) $(a-b+c)^2$
c) $(-a-b+c)^2$
d) $(-a-b-c)^2$
e) $(a+b+c)\cdot(a+b-c)$
f) $(a-b+c)\cdot(a+b-c)$

7 Vermischte Aufgaben

63 Vereinfache, indem du ausmultiplizierst und anschließend so weit wie möglich zusammenfasst.

L 63–69

a) $(25c-14b)\cdot 3$

b) $12a^2b^2-(-3ab)^2+\left(2{,}4ab-2\frac{1}{5}ab\right)\cdot ab$

c) $\left(\frac{1}{2}a-\frac{1}{4}b\right)\cdot\left(\frac{1}{3}b+\frac{1}{4}a\right)-\frac{1}{6}ab-\frac{1}{3}a^2+\frac{1}{2}b^2$

d) $4x^2y^2z-\left(2xyz-\frac{1}{2}yx\right)\cdot\frac{1}{3}xy-y^2x\cdot\left(-1{,}4x-\frac{1}{2}xz\right)$

64 Multipliziere so weit wie möglich aus.

a) $\left(\frac{1}{2}a-\frac{1}{3}b\right)\cdot\left(\frac{1}{4}b-\frac{1}{6}a\right)$
b) $(x+y)\cdot(2x-3y)=$
c) $\left(\frac{1}{2}a+\frac{1}{3}b-\frac{1}{4}c\right)\cdot\left(\frac{1}{4}a-\frac{1}{3}b\right)$
d) $(x+y+z)\cdot(x-y-z)$
e) $(a+b)\cdot\left(2^{-1}a+\frac{1}{3}b\right)\cdot\left(2^{-2}a-\frac{1}{5}b\right)$
f) $(a-b-c)\cdot(a+b+c)\cdot(-a-b-c)$

65 Faktorisiere durch einfaches und mehrfaches Ausklammern.

a) $12ab^2-24a^2b+3a^2b^2$
b) $3r^5s^3t^5+9r^8s^5t^6-27r^6s^4t^7$
c) $2x^2+2x+3x+3$
d) $a^3b^2-ab+a^2b^3-b^2$
e) $6^{-1}a^2-\frac{1}{3}ac+2^{-2}ab-\frac{1}{2}bc$
f) $(2-a)\cdot(3+b)+4-2b-2a+ab$

66 Ersetze die Kästchen durch eine rationale Zahl, sodass die Aussage wahr ist.

a) $(x + \square) \cdot (x - 3) = \bigtriangledown\, x^2 - 9$

b) $(x + \square\, a)^2 = x^2 + 2 \cdot 7ax + \bigtriangledown\, a^2$

c) $(x + \square) \cdot \left(2x - \frac{1}{3}\right) = \bigtriangledown\, x^2 + \triangle\, x - \frac{1}{6}$

67 Zeige mithilfe der Flächenberechnung des Quadrats:
$(a + b + c) \cdot (a + b + c) =$
$a^2 + b^2 + c^2 + 2ab + 2ac + 2bc$

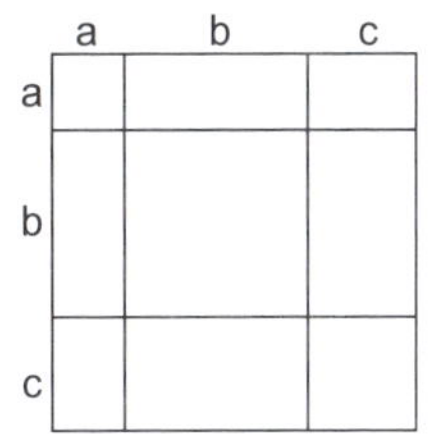

68 Berechne folgende Produkte mithilfe einer Flächenbetrachtung (vgl. Aufgabe 67).

a) $(a + b + c) \cdot (a + b)$

b) $(a + b) \cdot (a + b)$

c) $(a + b + c) \cdot (a + b + c + d)$

69 Bei den folgenden Termen ist stets eine Faktorisierung möglich, sodass der gegebene Term die Form $(x + a) \cdot (x + b)$ mit $a, b \in \mathbb{Z}$ (ganze Zahlen) hat.

Bei der Faktorisierung des Terms $\mathbf{x^2 + 2x - 15}$ geht man zuerst den umgekehrten Weg und multipliziert $(x + a) \cdot (x + b)$ aus:
$(x + a) \cdot (x + b) = x^2 + ax + bx + ab = x^2 + (a + b) \cdot x + ab$
Der Vergleich mit $\mathbf{x^2 + 2 \cdot x - 15}$ ergibt:
$a + b = 2$ und $a \cdot b = -15$
Die einzigen Möglichkeiten, die Zahl 15 zu erhalten, sind die Kombinationen $a = 1$, $b = 15$ oder $a = 3$, $b = 5$. $a + b = 2$ hat aber zur Folge, dass $b = 5$ und $a = -3$ (oder umgekehrt $b = -3$ und $a = 5$) die einzigen Möglichkeiten sind, beide Gleichungen zu erfüllen. Die Aufgaben werden also durch geschicktes Ausprobieren gelöst.

Faktorisiere die Terme so, dass das entstehende Produkt die Form $(x + a) \cdot (x + b)$ (mit $a, b \in \mathbb{Z}$) hat.

a) $x^2 + 5x + 6$

b) $x^2 + 3x - 4$

c) $x^2 - 25$

d) $x^2 - 7x + 10$

e) $x^2 + 3x + 2$

f) $x^2 + 6x + 9$

Achsen- und punktsymmetrische Figuren

1 Achsensymmetrie

Wir sind überall von Symmetrie umgeben. Viele Gegenstände des alltäglichen Lebens wären ohne ihre symmetrischen Eigenschaften unzweckmäßig: Eine Leiter mit schrägen Sprossen ist ebenso unpraktisch wie ein Stuhl mit ungleichen Beinen. Die Gewinnchancen beim Fußball wären ungleich verteilt, wenn die Felder nicht symmetrisch angelegt wären.
Auch die Natur bietet viele symmetrische Formen (Schneeflocken, Blätter, Blüten, Insekten, …). Künstler und Architekten bedienen sich der Symmetrie, um als schön angesehene Objekte zu erstellen.
Bei den im normalen Sprachgebrauch als symmetrisch bezeichneten Figuren lassen sich verschiedene Formen der Symmetrie feststellen. Eine dieser Arten ist die Achsensymmetrie. Um eine Klassifizierung zu ermöglichen, wird eine genaue Definition dieser Symmetrie benötigt.

Achsensymmetrische Figuren

Zwei Punkte P und P' sind **symmetrisch** bezüglich der **Symmetrieachse a**, wenn die Verbindungsstrecke der Punkte **senkrecht** auf der Achse a steht und von ihr **halbiert** wird.

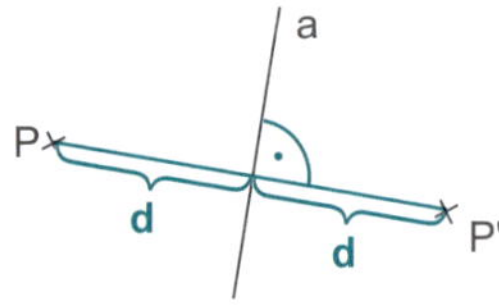

Eine Figur ist achsensymmetrisch zu einer Symmetrieachse a, wenn zu jedem Punkt der Figur auch der entsprechende achsensymmetrische Punkt in der Figur enthalten ist.
Du erkennst symmetrische Figuren, wenn du sie entlang der Symmetrieachse faltest. Die eine Hälfte kommt deckungsgleich auf der anderen Hälfte zu liegen.

Der gespiegelte Punkt wird als **Bildpunkt** bezeichnet. Entsprechend nennt man eine gespiegelte Figur auch **Bildfigur**. Häufig wird der ursprüngliche Punkt bzw. die ursprüngliche Figur als das **Original** bezeichnet.

Eigenschaften achsensymmetrischer Figuren:

- Zueinander symmetrische Strecken sind **gleich lang**.
- Zueinander symmetrische Winkel sind **gleich groß**.

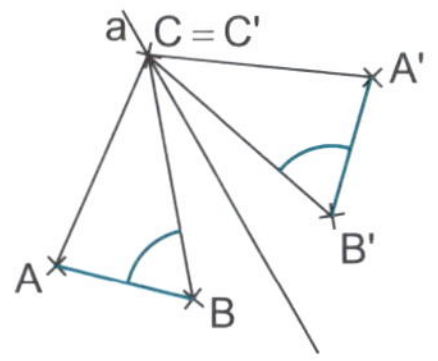

$|\overline{AB}| = |\overline{A'B'}|$
$\sphericalangle CBA = \sphericalangle A'B'C'$

- Original und Bildfigur haben einen **unterschiedlichen Umlaufsinn**.

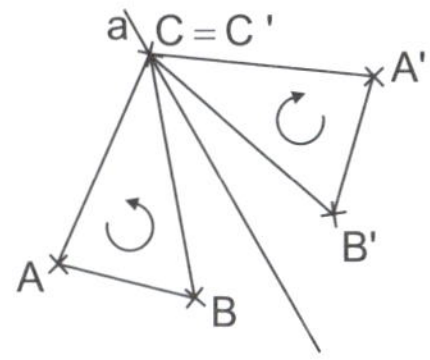

- Zueinander symmetrische Geraden sind parallel oder schneiden sich auf der Symmetrieachse.
- Punkte, die auf der Symmetrieachse liegen, werden auf sich selbst abgebildet **(Fixpunkte)**.
- Geraden, die senkrecht auf der Achse stehen, werden auf sich selbst abgebildet **(Fixgeraden)**.
- Jeder Punkt der Symmetrieachse ist von zwei zueinander symmetrischen Punkten gleich weit entfernt.
- Jeder Punkt, der von zwei zueinander symmetrischen Punkten gleich weit entfernt ist, liegt auf der Symmetrieachse.

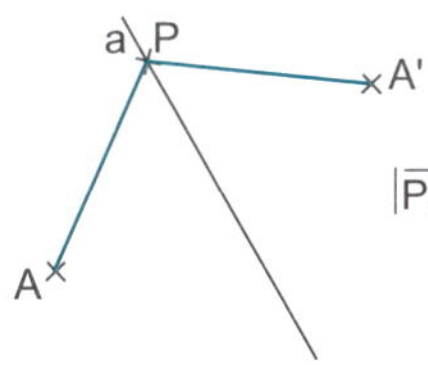

$|\overline{PA}| = |\overline{PA'}|$

Beispiele

1. Spiegele das Viereck an der gegebenen Achse.

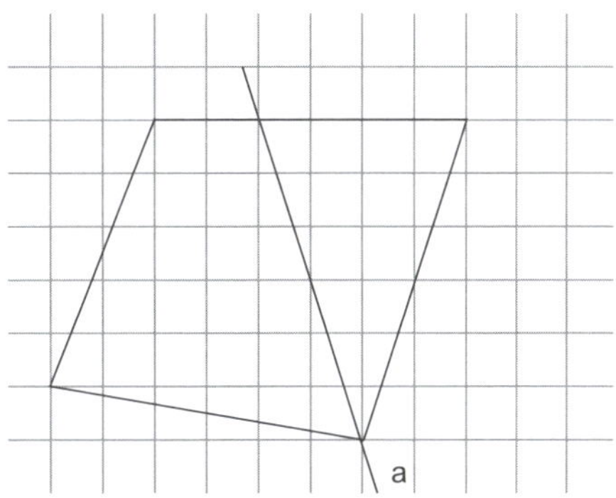

Lösung:
Lege das Geodreieck mit der Mittellinie auf die Symmetrieachse. Verschiebe das Geodreieck der Reihe nach so, dass es zusätzlich durch einen Eckpunkt der Figur verläuft.

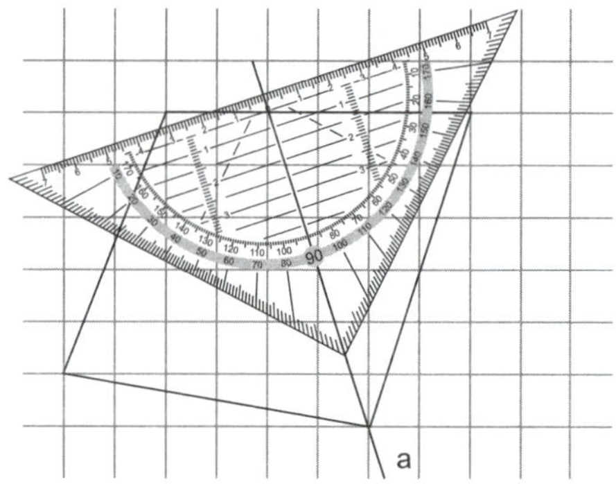

Miss jeweils den Abstand des entsprechenden Eckpunkts von der Symmetrieachse und übertrage ihn auf die andere Seite. Verbinde abschließend die gespiegelten Punkte.

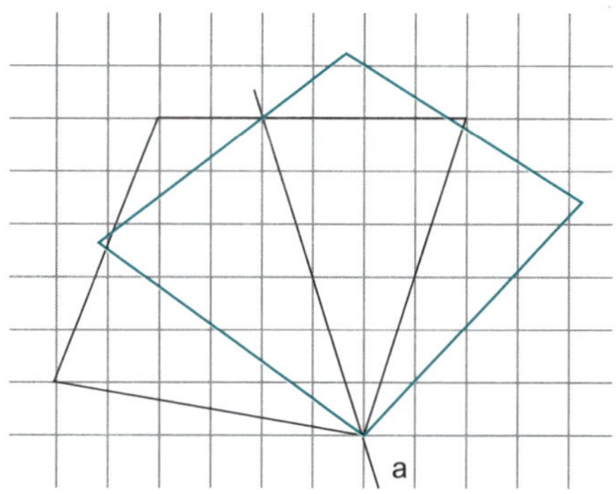

2. Spiegele den Kreis k an der Achse a.

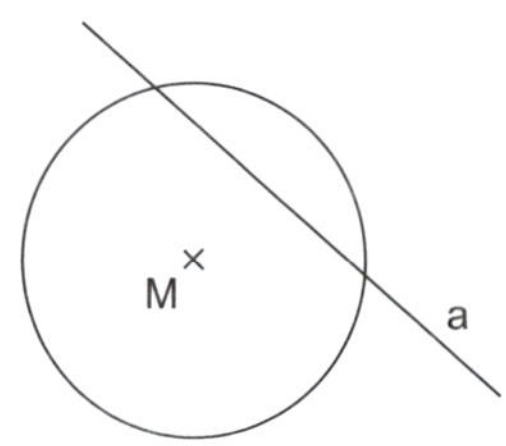

Lösung:
Der Mittelpunkt wird gespiegelt (siehe Beispiel 1). Da die Längen bei einer Achsenspiegelung erhalten bleiben, haben Original- und Bildkreis den gleichen Radius, den du am Original abgreifen kannst.

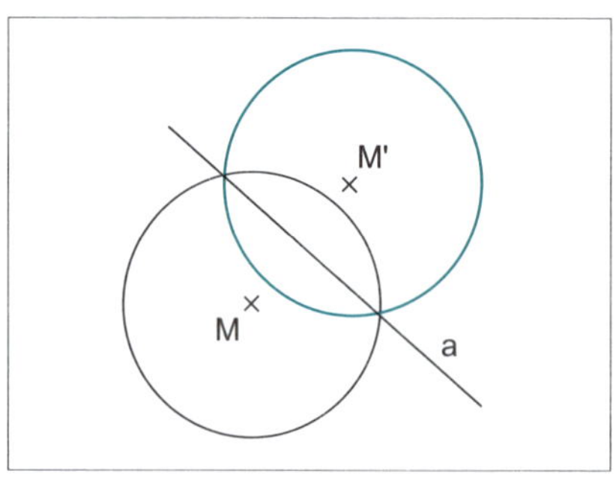

70 Prüfe auf Symmetrie. Gib alle Achsen an.

L 70–77

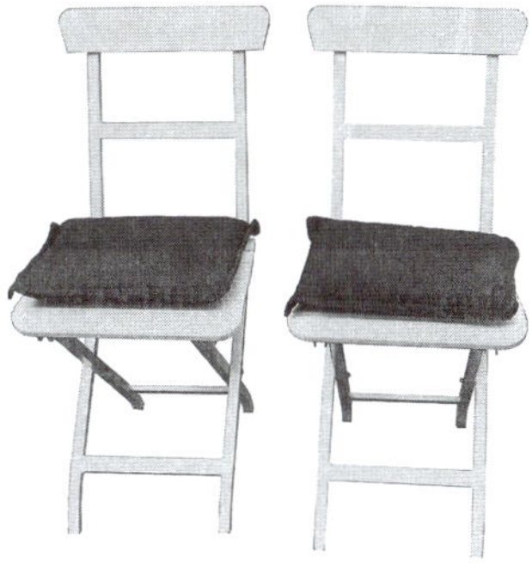

71 Spiegele an der Achse a.

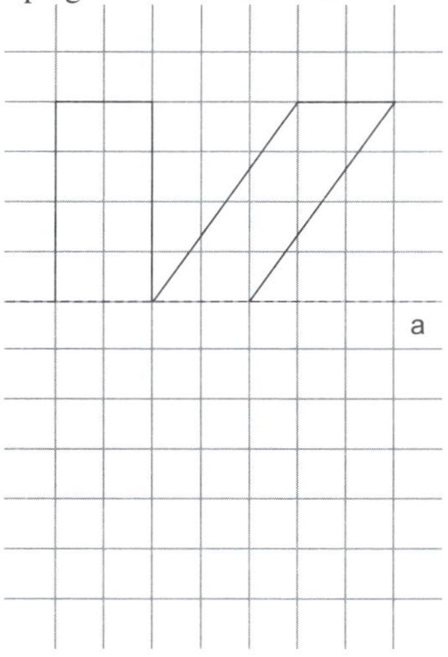

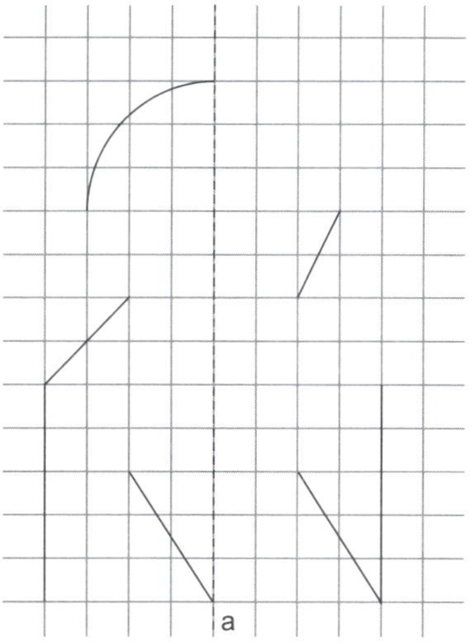

✱ 72 Gegeben sind zwei zueinander achsensymmetrische Punkte.
Erkläre, wie sich der Abstand von Original und Bildpunkt ändert, wenn

a) das Original parallel zur Symmetrieachse um einen Zentimeter verschoben wird.

b) das Original um einen Zentimeter von der Symmetrieachse weg verschoben wird.

Konstruktion achsensymmetrischer Punkte

Bei gegebenem Originalpunkt P und der Symmetrieachse a kannst du den Bildpunkt P' konstruieren.

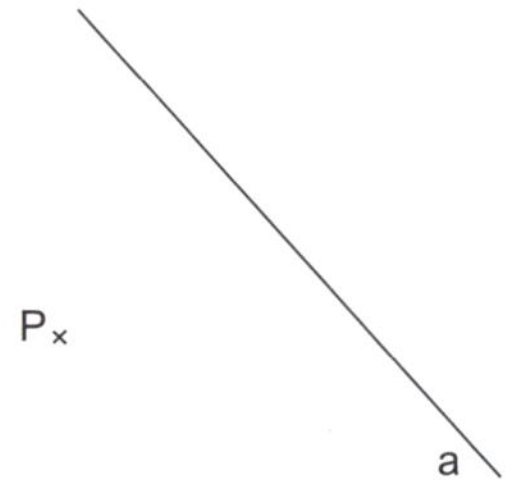

Überlegung:
Da ein Punkt auf der Symmetrieachse von Punkt und Spiegelpunkt gleich weit entfernt ist, wählst du zwei Punkte auf der Symmetrieachse und überträgst den Abstand vom gewählten Punkt zum Punkt P jeweils auf die andere Seite der Symmetrieachse.

Anleitung zur Konstruktion:

1. Wähle zwei beliebige Punkte A und B auf der Symmetrieachse.
2 Ziehe einen Kreisbogen um A durch P und einen Kreisbogen um B durch P.
3. Der Schnittpunkt dieser Kreisbögen ist der zu P symmetrische Punkt P'.

Konstruktionsschritt 1

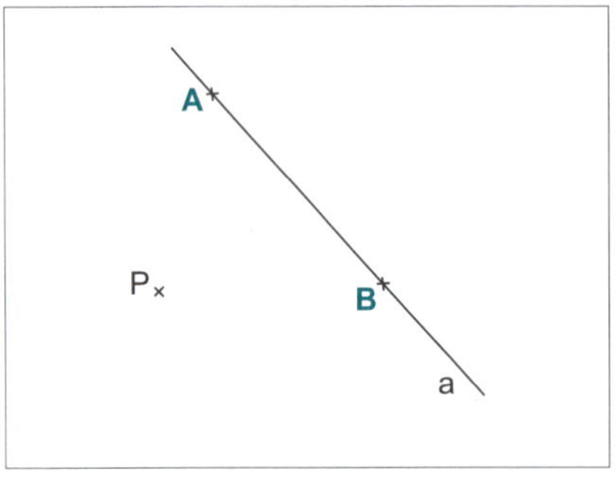

Konstruktionsschritte 2 und 3

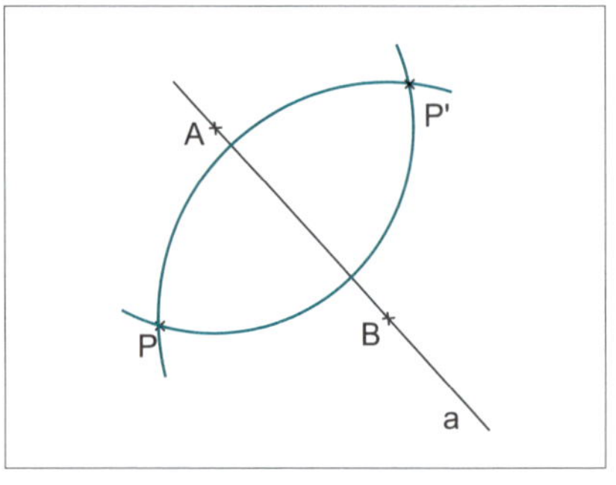

Es gibt eine weitere Möglichkeit, den Bildpunkt P' zu konstruieren:

Anleitung zur Konstruktion:

1. Zeichne einen Kreis um P, der die Symmetrieachse in den Punkten C und D schneidet.
2. Ziehe mit unverändertem Radius jeweils einen Kreisbogen um C und D.
3. Der Schnittpunkt dieser Kreisbögen ist der zu P symmetrische Punkt P'.

Konstruktionsschritt 1

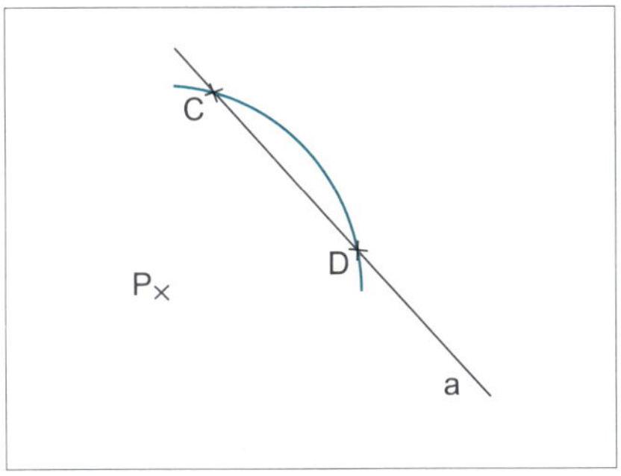

Konstruktionsschritte 2 und 3

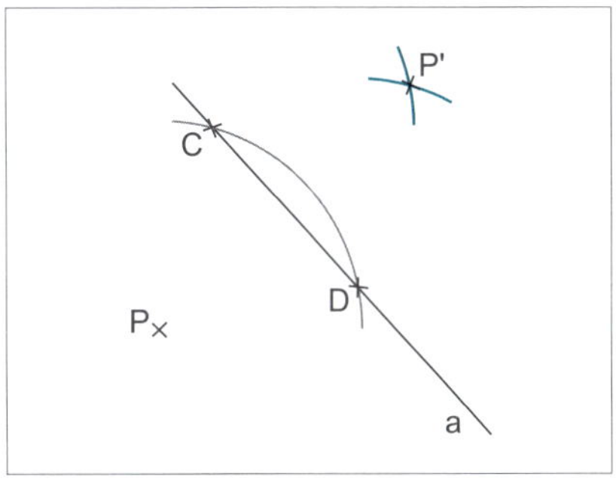

Konstruktion der Symmetrieachse

Wenn der Originalpunkt P und der Bildpunkt P' gegeben sind, kannst du die Symmetrieachse konstruieren.

Überlegung:
Die Punkte auf der Symmetrieachse sind von Original- und Bildpunkt gleich weit entfernt. Zwei solche Punkte findest du als Schnittpunkt der Kreise mit gleichem Radius um P und P'.

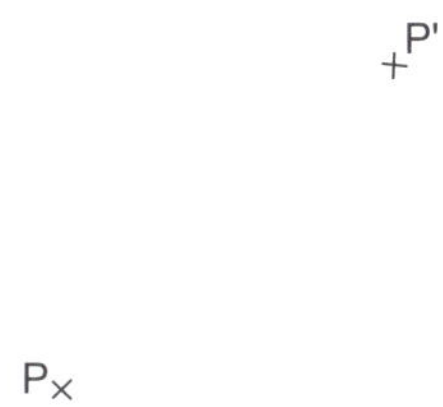

Anleitung zur Konstruktion:

1. Ziehe mit beliebigem Radius einen Kreisbogen um P, wobei der Radius etwas größer als die Hälfte des Abstandes der beiden Punkte sein muss.
2. Ziehe anschließend mit dem gleichen Radius einen Kreisbogen um P'.
3. Verbinde die Schnittpunkte der Kreisbögen miteinander; dies ist die Symmetrieachse a.

Konstruktionsschritt 1

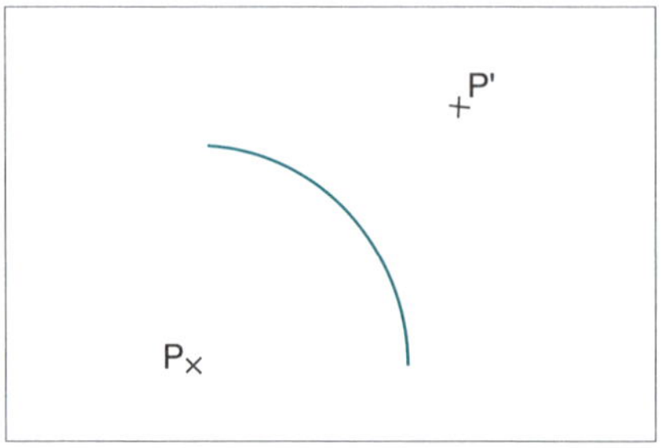

Konstruktionsschritt 2

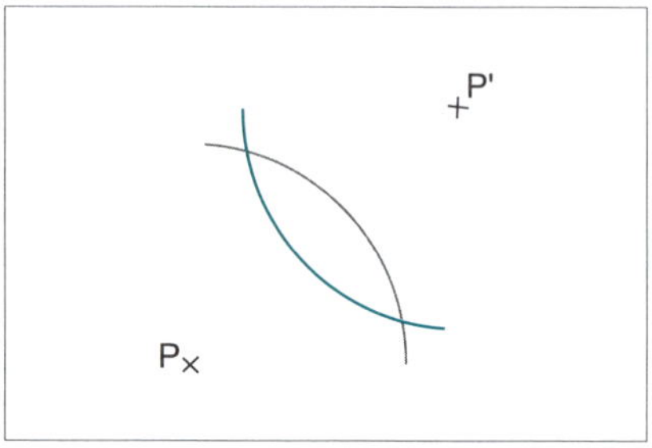

Konstruktionsschritt 3

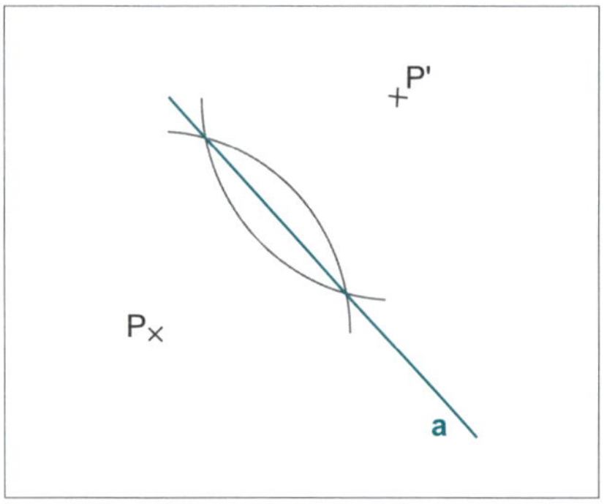

Beispiele

1. Zeichne das Dreieck ABC mit A(1 | 2), B(2 | 1), C(1 | 4).
   Konstruiere das zum Dreieck ABC achsensymmetrische Dreieck A'C'B', wenn A' die Koordinaten (6 | 3) hat.

   Lösung:

   Überlegung:
   Um die Punkte B' und C' zu konstruieren, benötigst du die Symmetrieachse, die durch die Spiegelung von A auf A' bereits festgelegt ist.

   Vorgehen:
   Konstruiere zuerst die Spiegelachse zu den Punkten A und A'.

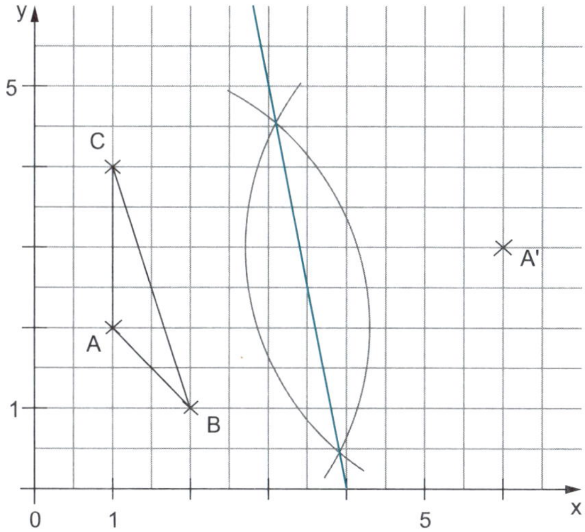

Anschließend spiegelst du die Punkte B und C an dieser Achse.

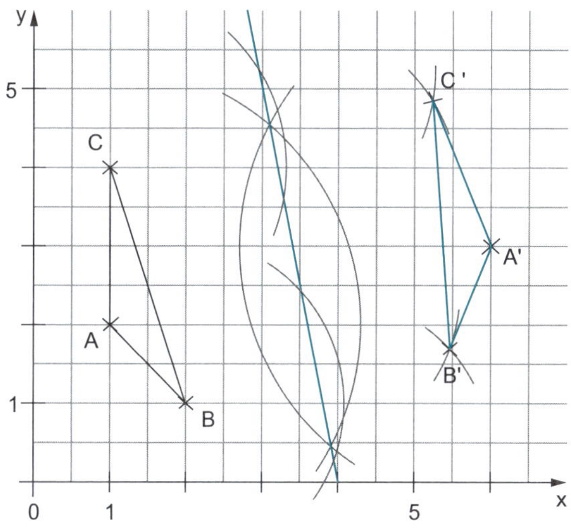

2. Ein Boot ist von drei Leuchttürmen $L_1(0|0)$, $L_2(6|2)$ und $L_3(9|6)$ gleich weit entfernt.
Zeichne die Punkte in ein Koordinatensystem und bestimme durch Konstruktion die Position des Bootes.

Lösung:

Überlegung:

Das Boot ist von je zwei Leuchttürmen gleich weit entfernt, wenn es sich auf der entsprechenden Spiegelachse befindet. Mit drei Leuchttürmen lassen sich zwei Spiegelachsen konstruieren. Der Schnittpunkt der beiden Spiegelachsen ist von L_1, L_2 und L_3 gleich weit entfernt und somit die gesuchte Position des Bootes.

Vorgehen:

Konstruiere die Spiegelachse der Punkte L_1 und L_2 und anschließend die Spiegelachse der Punkte L_2 und L_3.
Der Schnittpunkt der Spiegelachsen ist der gesuchte Punkt.

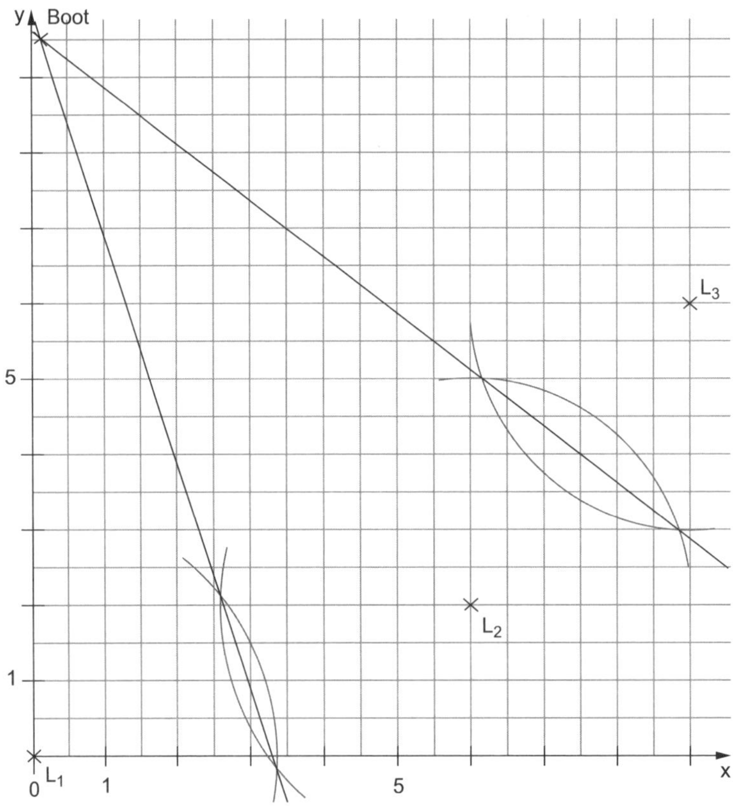

Zur Kontrolle kannst du den Abstand vom Boot zu den Leuchttürmen messen.

73 a) Gegeben sind die Punkte A(1 | 3), B(3 | 4), C(2 | 6), E(3 | 2), F(5 | 4).
Konstruiere das Dreieck, das zum Dreieck ABC bzgl. EF symmetrisch ist.
(Platzbedarf: oben 7, unten 0, rechts 8, links 0)

b) Gegeben sind die Punkte R(–5 | 4), S(–3 | 5), T(–2 | 8), U(–7 | 8).
Konstruiere das Viereck, das zum Viereck RSTU bzgl. VW mit V(–6 | 1), W(–2 | 3) symmetrisch ist. (Platzbedarf: oben 9, unten 5, rechts 3, links 8)

c) Gegeben sind die Punkte M(–2 | –4), K(–1 | 0), L(2 | –5).
Konstruiere den Kreis k(M', r'), der zum Kreis k(M, 2 cm) bzgl. KL symmetrisch ist. (Platzbedarf: oben 2, unten 7, rechts 5, links 5)

74 Konstruiere die Symmetrieachse zweier sich schneidender Geraden.
Beschreibe dein Vorgehen.

75 Zeichne mithilfe eines Wasserglases einen Kreis.
Konstruiere den Mittelpunkt des Kreises.
Beschreibe dein Vorgehen.

76 Schaf Harald kehrt nach einem langen Tag auf der Weide (Punkt A) zurück in den Stall (Punkt B). Auf dem Heimweg will Harald noch am Fluss f trinken.
Finde die Stelle am Fluss (Punkt F), an der er trinken sollte, sodass der gesamte Weg von der Weide zum Stall möglichst kurz ist.

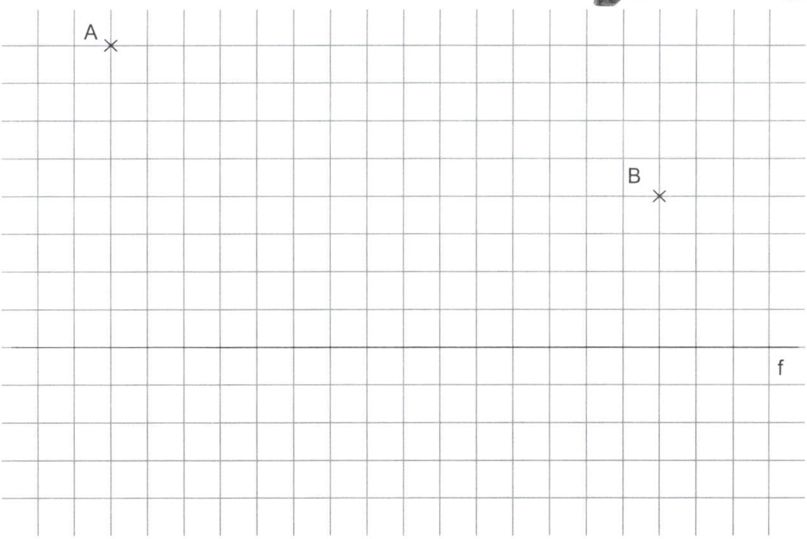

77 Landschaftsgärtner Huber hat bei Schreiner Müller eine neue Eingangstür für seinen Verkaufsraum bestellt, auf der ein achsensymmetrischer blattloser Busch eingefräst sein soll. Herr Müllers Lehrling hat in der Schule nicht aufgepasst und bereits die in der Zeichnung abgebildeten Äste und Zweige gefräst.
Herr Müller möchte die Arbeit so vollenden, dass sich die Zweige an keiner Stelle schneiden. Da Herr Huber keine senkrecht verlaufende Symmetrieachse verlangt hat, findet Herr Müller eine Möglichkeit.
Konstruiere eine sinnvolle Symmetrieachse und ergänze den Busch in der verlangten Weise.

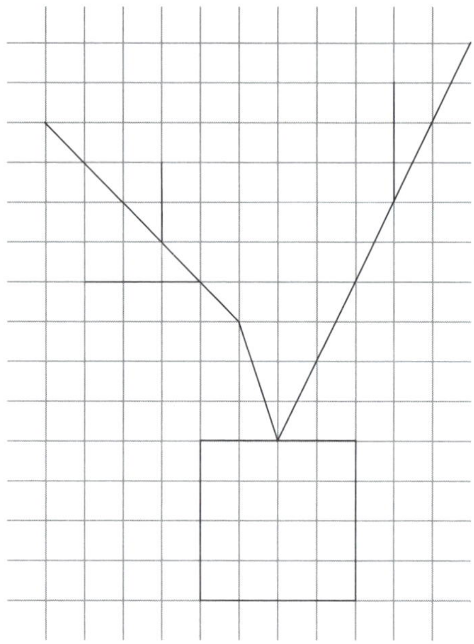

2 Punktsymmetrie

Nicht alle der von uns als symmetrisch empfundenen Figuren sind achsensymmetrisch. So scheint eine Spielkarte auf den ersten Blick eine horizontale Symmetrieachse zu haben. Bei genauerer Betrachtung fällt aber auf, dass bei der unteren Hälfte zusätzlich links und rechts vertauscht sind. Solche Figuren werden als punktsymmetrisch bezeichnet.

Punktsymmetrische Figuren

Zwei Punkte P und P' sind **punktsymmetrisch** bezüglich des Zentrums Z, wenn die Verbindungsstrecke der Punkte von Z **halbiert** wird.

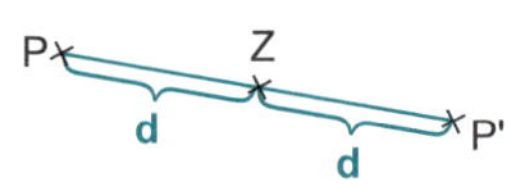

Eine Figur ist punktsymmetrisch, wenn zu jedem Punkt der Figur auch der entsprechende punktsymmetrische Punkt in der Figur enthalten ist. Du erkennst punktsymmetrische Figuren daran, dass sie nach einer Drehung um 180° um das Zentrum deckungsgleich zur ursprünglichen Figur sind.

Auch bei der Punktspiegelung spricht man von **Original**, **Bildpunkt** und **Bildfigur**.

Eigenschaften punktsymmetrischer Figuren:

- Zueinander punktsymmetrische Strecken sind **gleich lang**.
- Zueinander punktsymmetrische Winkel sind **gleich groß**.

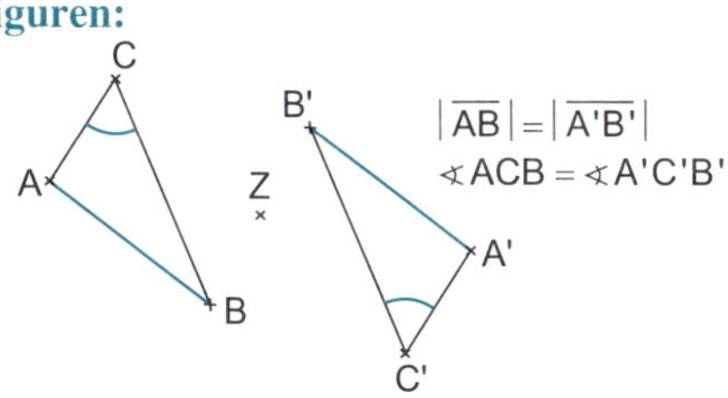

- Original und Bildfigur haben **gleichen Umlaufsinn**.
- Zueinander punktsymmetrische Strecken bzw. Geraden sind parallel.
- Nur das Zentrum wird auf sich selbst abgebildet und ist somit der einzige **Fixpunkt**.

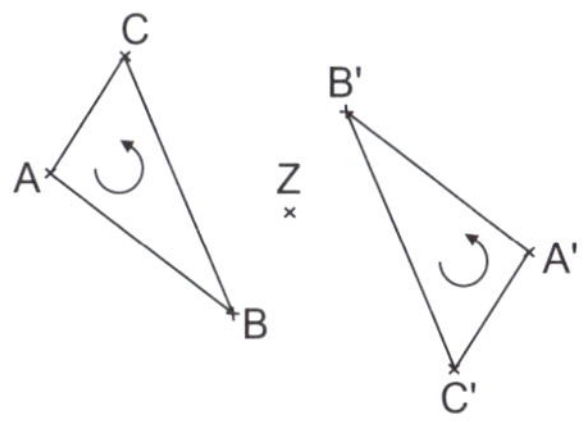

- Geraden, die durch das Zentrum verlaufen, werden auf sich selbst abgebildet **(Fixgeraden)**.

eispiele

1. Spiegele das Dreieck am Zentrum Z.

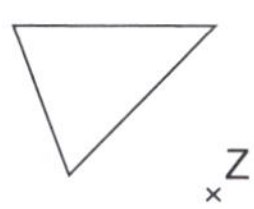

Lösung:
Das Dreieck spiegelst du, indem du alle drei Ecken einzeln spiegelst. Lege das Geodreieck hierfür so am jeweiligen Eckpunkt und dem Zentrum Z an, dass die 0-Markierung des Geodreiecks auf Z liegt. Lies den Abstand zwischen Punkt und Zentrum an der mm-Skala ab und markiere den Bildpunkt auf der gegenüberliegenden Seite von Z im gleichen Abstand.

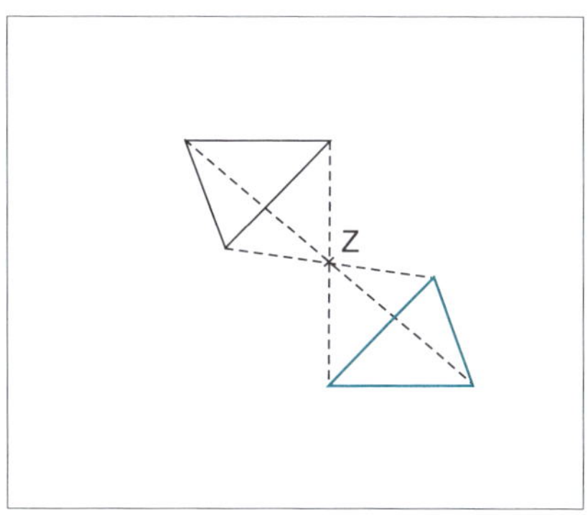

2. Spiegele den Kreis mit Mittelpunkt M am Zentrum Z.

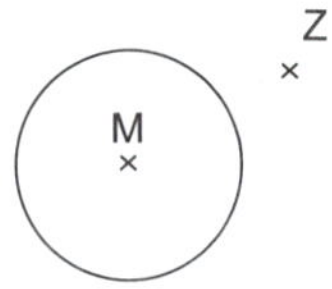

Lösung:
Wie schon bei der Achsenspiegelung wird ein Kreis punktgespiegelt, indem der Mittelpunkt gespiegelt und der Radius übernommen wird.

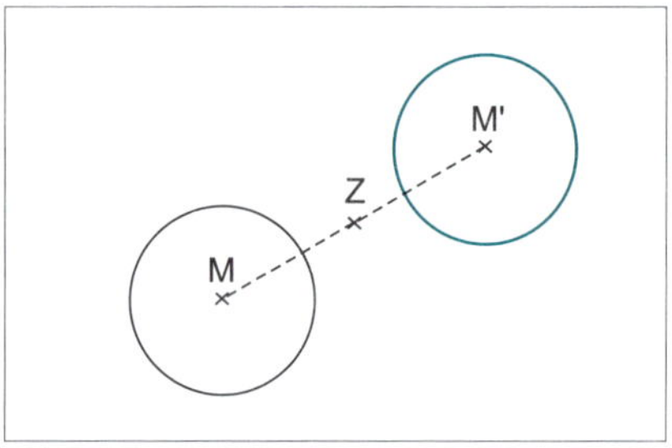

78 Spiegele am Zentrum Z, ohne zu konstruieren.

L 78 – 90

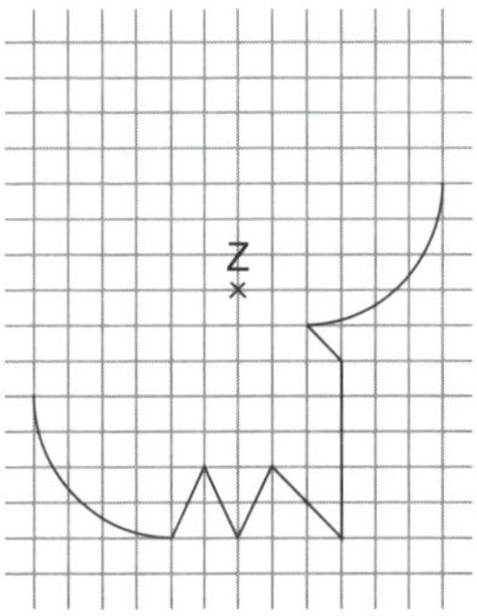

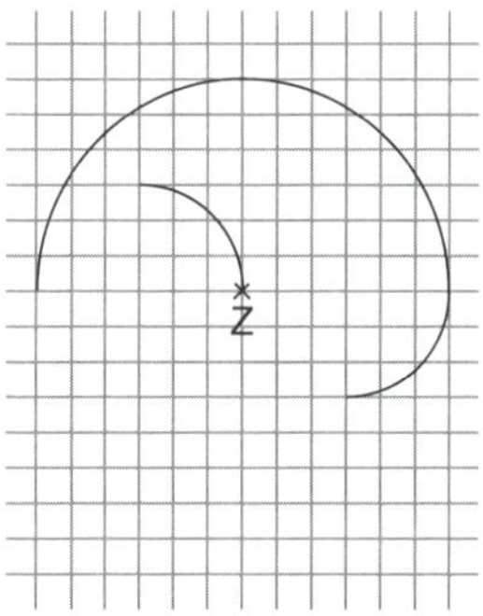

Konstruktion punktsymmetrischer Punkte

Wenn du den Originalpunkt P und das Zentrum Z gegeben hast, kannst du den Bildpunkt P' konstruieren.

Überlegung:
Original- und Bildpunkt haben den gleichen Abstand vom Zentrum Z.

Anleitung zur Konstruktion:

1. Zeichne die Halbgerade [PZ.
2. Ziehe um Z einen Kreisbogen mit Radius $|\overline{PZ}|$.
3. Der Schnittpunkt des Kreisbogens mit der Halbgeraden [PZ ist der zu P punktsymmetrische Punkt P'.

Konstruktionsschritt 1

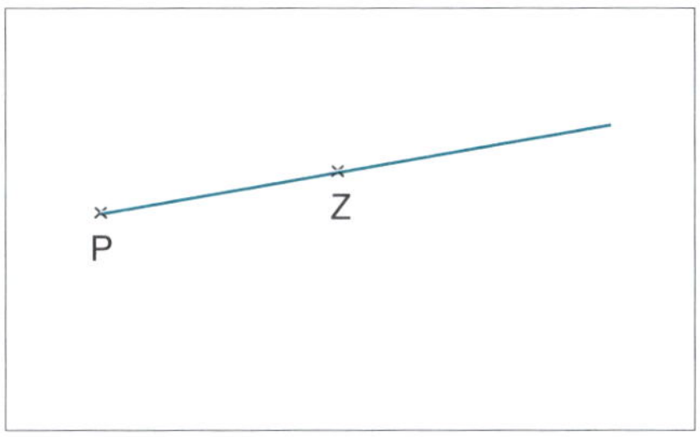

Konstruktionsschritte 2 und 3

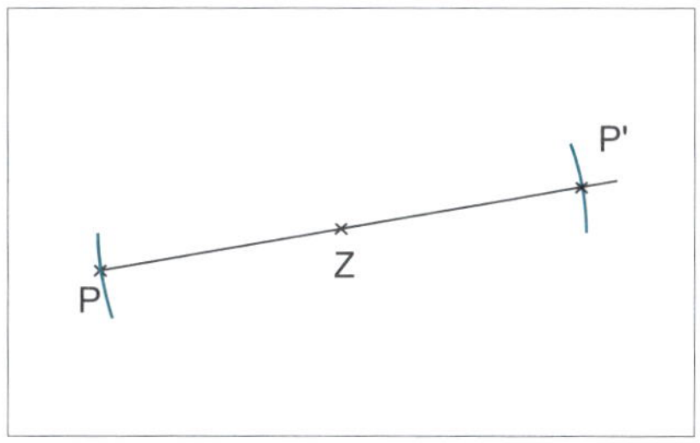

Konstruktion des (Symmetrie-)Zentrums

Wenn Du den Originalpunkt P und den Bildpunkt P' gegeben hast, kannst du das Zentrum Z konstruieren.

Überlegung:
Das Zentrum Z liegt in der Mitte der Strecke $\overline{PP'}$.

Anleitung zur Konstruktion:

1. Verbinde P und P'.
2. Ziehe um P und P' einen Kreisbogen mit beliebigem, aber gleichem Radius, wobei dieser größer als die Hälfte des Abstandes von P und P' sein muss.
3. Verbinde die Schnittpunkte der Kreisbögen miteinander.
4. Der Schnittpunkt dieser Verbindungslinie mit der Strecke $\overline{PP'}$ ist das Symmetriezentrum Z der Punktspiegelung.

Konstruktionsschritt 1

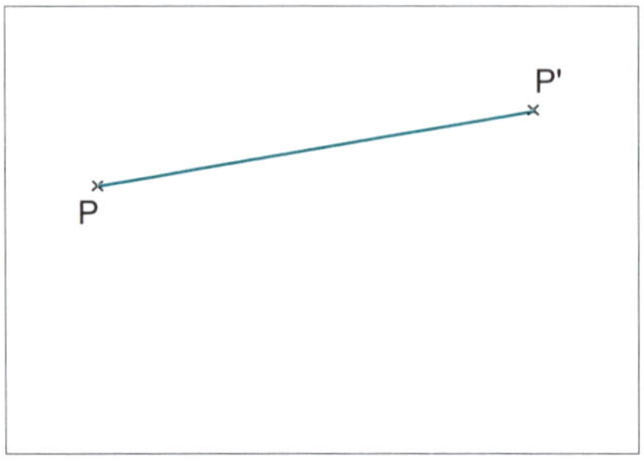

Konstruktionsschritt 2

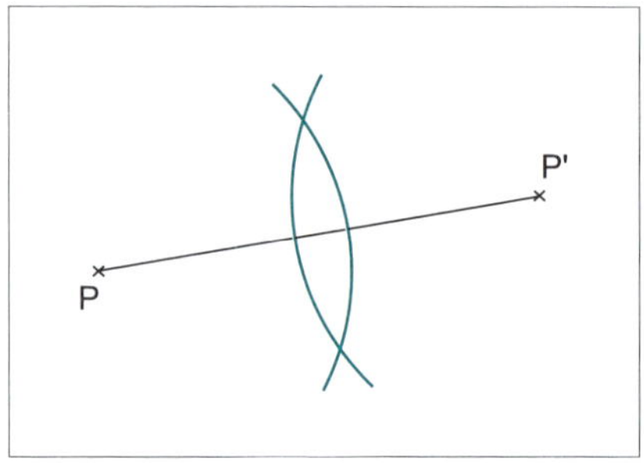

Konstruktionsschritte 3 und 4

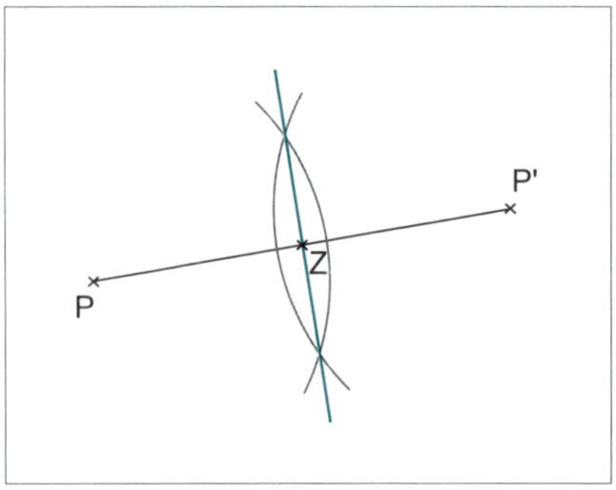

Beispiel

Konstruiere das Spiegelbild der Geraden g bezüglich des Zentrums Z.

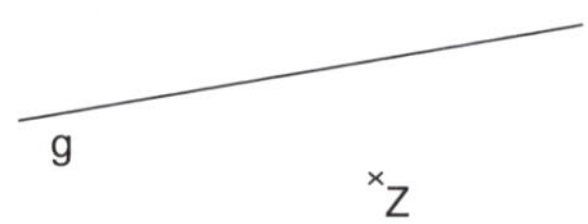

Lösung:

Überlegung:

Eine Gerade ist durch zwei Punkte festgelegt. Es genügt deshalb, zwei beliebige Punkte der Geraden zu spiegeln. Die Gerade durch die gespiegelten Punkte ist die Spiegelgerade.

Konstruktionsbeschreibung:

Wähle zwei beliebige Punkte A und B auf g aus.
Um eine gute Genauigkeit zu erzielen, achte auf einen großen Abstand zwischen den Punkten.

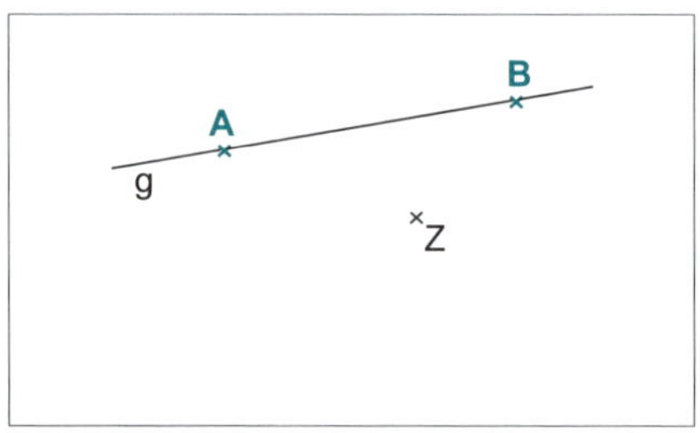

Spiegele die Punkte A und B an Z.
Ziehe eine Gerade durch die beiden Spiegelpunkte.

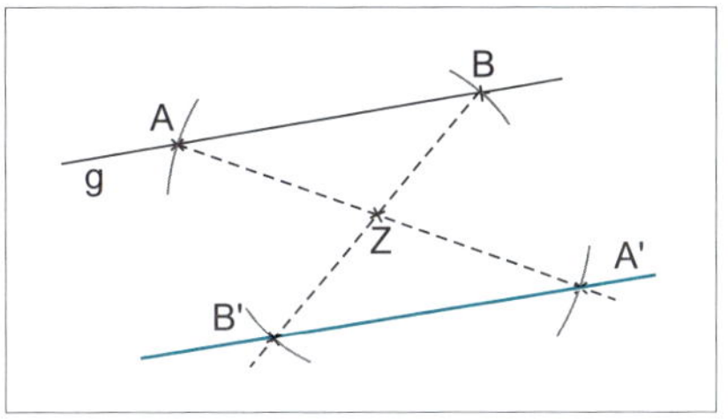

79 a) Gegeben sind die Punkte A(–2|4), B(2|6), C(0|7), E(2|4).
Konstruiere das Dreieck A'B'C', das zum Dreieck ABC bzgl. E punktsymmetrisch ist. (Platzbedarf: oben 8, unten 0, rechts 7, links 3)

b) Gegeben sind die Punkte R(–5|3), S(–4|6), T(–7|6), U(–7|2).
Konstruiere das Viereck R'S'T'U', das zum Viereck RSTU bzgl. R punktsymmetrisch ist. (Platzbedarf: oben 7, unten 0, rechts 0, links 8)

c) Gegeben sind die Punkte M(–2|–4), L(0|–3).
Konstruiere den Kreis k(M', r'), der zum Kreis k(M, 2,5 cm) bzgl. L punktsymmetrisch ist. (Platzbedarf: oben 0, unten 7, rechts 5, links 5)

80 Zeichne das Dreieck ABC mit A(6|7), B(9|5) und C(10|9).
Konstruiere das zum Dreieck ABC punktsymmetrische Dreieck A'B'C', wenn A' die Koordinaten (6|1) hat. (Platzbedarf: oben 10, unten 2, rechts 11, links 0)

81 Gegeben sind zwei Dreiecke ABC und A'B'C'.
Untersuche, ob die Dreiecke zueinander punktsymmetrisch sind, und konstruiere gegebenenfalls das Symmetriezentrum Z.

a) A(0|2), B(4|3), C(2|6), A'(10|8), B'(6|7), C'(7|4)
(Platzbedarf: oben 9, unten 0, rechts 11, links 0)

b) A(5|1), B(3|6), C(1|3), A'(5|5), B'(7|0), C'(9|3)
(Platzbedarf: oben 7, unten 0, rechts 10, links 0)

82 Gegeben sind die in nebenstehender Abbildung gezeichneten zueinander punktsymmetrischen Strecken.
Beschreibe, wie sich die Lage der Bildstrecke ändert, wenn

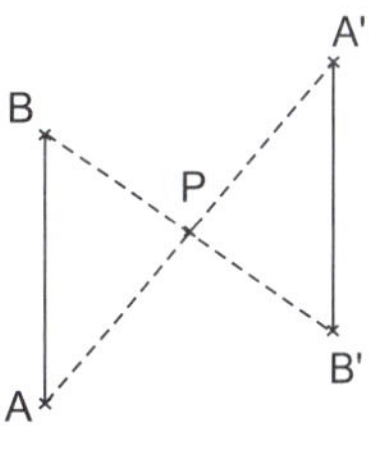

a) das Original um einen Zentimeter nach oben verschoben wird.

b) das Original um einen Zentimeter nach rechts verschoben wird.

c) das Symmetriezentrum um einen Zentimeter nach oben verschoben wird.

d) das Symmetriezentrum um einen Zentimeter nach links verschoben wird.

83 Begründe, dass ein Dreieck nicht punktsymmetrisch sein kann.

84 Bei der Lochkamera fallen die Lichtstrahlen durch ein kleines Loch. An der Rückwand der Kamera zeigen sie ein Bild des „fotografierten" Gegenstandes. Folgendes Bild zeigt eine Leuchtstoffröhre, die mit der Lochkamera abgebildet werden soll.

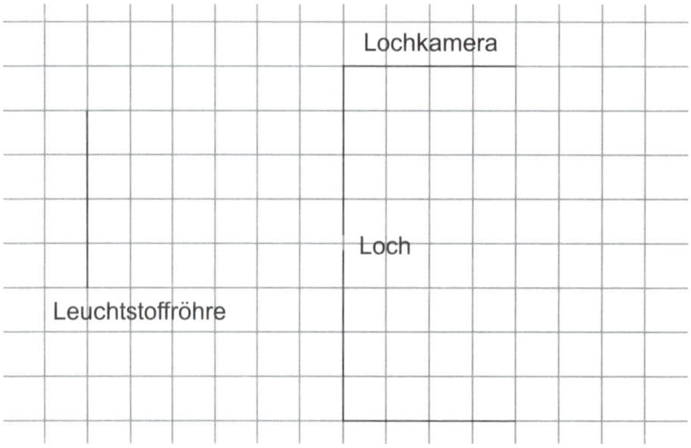

a) Bestimme, wo sich die Rückwand der Kamera befinden muss, damit das Bild so groß wie das Original ist. Konstruiere für diesen Fall das Bild.

b) Die Rückwand wird näher an das Loch herangebracht. Beschreibe, wie sich das Bild verändert.

Aufgaben zu Achsen- und Punktsymmetrie

85 Gib alle Buchstaben des großen lateinischen Alphabets an, die

a) achsensymmetrisch zu genau einer Achse sind.

b) achsensymmetrisch zu zwei Achsen sind.

c) punktsymmetrisch sind.

86 Färbe mindestens drei Kästchen des Quadrates so ein, dass eine Figur mit folgenden Eigenschaften entsteht:

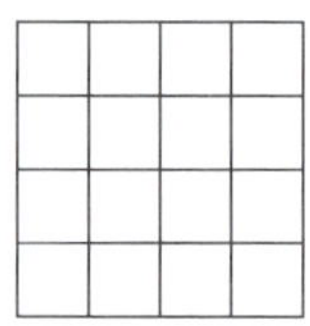

a) punkt-, aber nicht achsensymmetrisch

b) achsen-, aber nicht punktsymmetrisch

c) punkt- und achsensymmetrisch

87 Gib alle Figuren an, die

a) punkt-, aber nicht achsensymmetrisch sind.

b) achsen-, aber nicht punktsymmetrisch sind.

c) achsen- und punktsymmetrisch sind.

d) weder achsen- noch punktsymmetrisch sind.

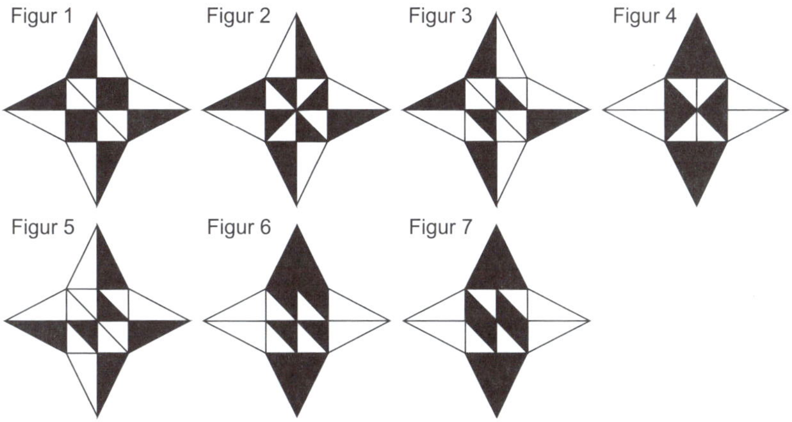

88 In Familie Kullers Garten stehen drei Buchsbäume an den Punkten A(2|2), B(7|7) und C(2|8). Herr Kuller beauftragt Herrn Müller mit der Anpflanzung möglichst weniger neuer Büsche, sodass alle Büsche auf einer gemeinsamen Kreislinie stehen. Außerdem soll die entstehende Buschgruppe symmetrisch sein.

a) Konstruiere den Mittelpunkt des entstehenden Buschkreises. (Platzbedarf: oben 10, unten 0, rechts 8, links 0)

b) Konstruiere möglichst wenige Pflanzpositionen, sodass eine achsensymmetrische Baumgruppe entsteht.

c) Prüfe, ob die entstehende Baumgruppe auch punktsymmetrisch ist.

89 a) Beschreibe die Lage zweier paralleler Geraden, die zu einer vorgegebenen Symmetrieachse symmetrisch sind.

b) Beschreibe die Lage zweier sich schneidender Geraden, die zu einer vorgegebenen Symmetrieachse symmetrisch sind.

c) Beschreibe die Lage eines Kreises, der zu einer vorgegebenen Symmetrieachse symmetrisch ist.

90 a) Beschreibe die Lage zweier paralleler Geraden, die zu einem vorgegebenen Punkt symmetrisch sind.

b) Beschreibe die Lage zweier sich schneidender Geraden, die zu einem vorgegebenen Punkt symmetrisch sind.

c) Beschreibe die Lage eines Kreises, der zu einem vorgegebenen Punkt symmetrisch ist.

3 Mittelsenkrechte, Lot, Winkelhalbierende

In Natur und Technik haben Symmetrieachsen manchmal besondere Funktionen. So entspricht die Symmetrieachse eines Giebelzeltes meist einer Zeltstange und die Symmetrieachse eines Schmetterlings stellt den oft kaum erkennbaren Körper dar. Entsprechend weisen Symmetrieachsen gelegentlich Eigenschaften auf, die für die Gesamtfigur von großer Bedeutung sind.

Mittelsenkrechte

Die **Mittelsenkrechte** m der Strecke $\overline{AB}$ ist die **Gerade**, die **senkrecht** auf $\overline{AB}$ steht und $\overline{AB}$ **halbiert**.

Sie entspricht der Symmetrieachse der Punkte A und B und wird entsprechend konstruiert (zur Wiederholung siehe S. 51 f.).

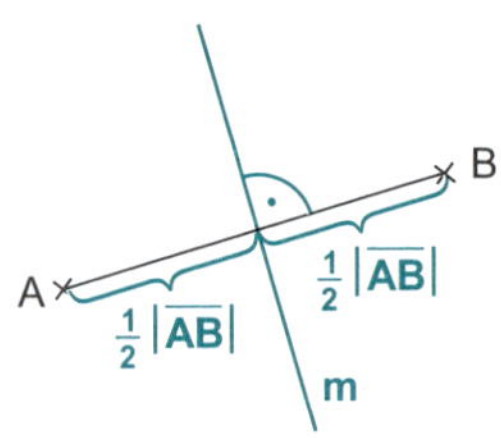

Anleitung zur Konstruktion:
1. Ziehe einen Kreisbogen mit gleichem Radius um A und B. Der Radius muss etwas größer als die Hälfte der Strecke sein, ist ansonsten aber beliebig.
2. Verbinde die Schnittpunkte der Kreisbögen.

Konstruktionsschritt 1

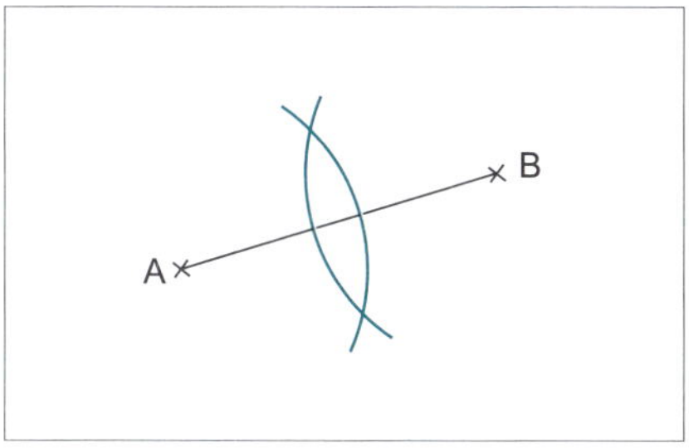

Konstruktionsschritt 2

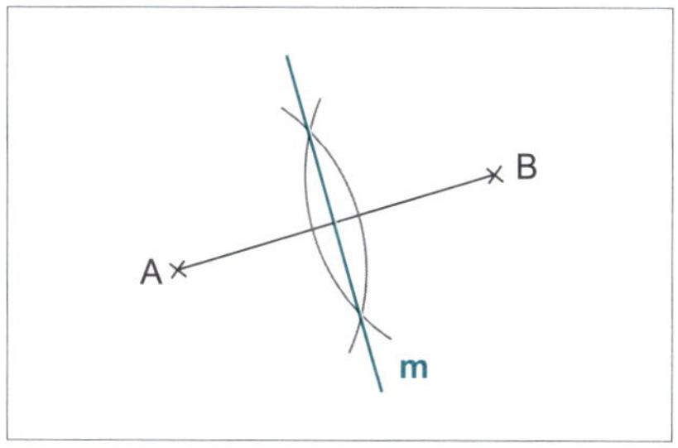

Winkelhalbierende

Die **Winkelhalbierende w_α** von Winkel α ist die **Gerade**, die durch den **Scheitel** von α verläuft und den Winkel in **zwei gleich große Teile** teilt.

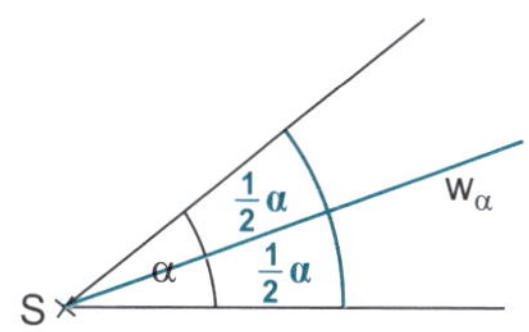

Sie entspricht der Symmetrieachse der Schenkel von α und wird entsprechend konstruiert (zur Wiederholung siehe S. 55, Aufgabe 74).

Anleitung zur Konstruktion:
1. Ziehe einen Kreisbogen um den Scheitel S des Winkels. Er schneidet die Schenkel in A und B.
2. Ziehe zwei Kreisbögen mit gleichem Radius um A und B.
3. Verbinde den Schnittpunkt der Kreisbögen mit S.

Konstruktionsschritt 1

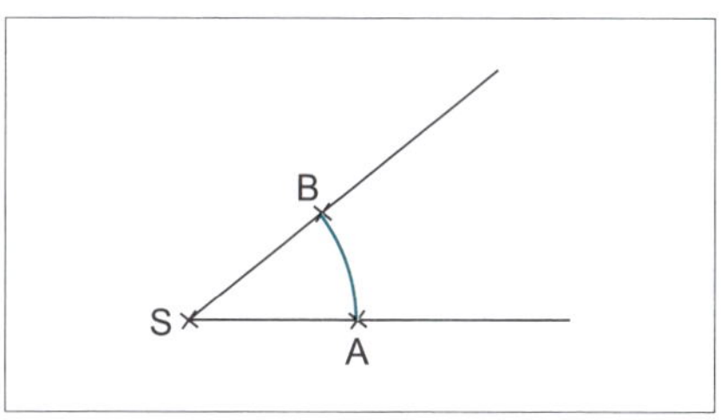

Konstruktionsschritt 2

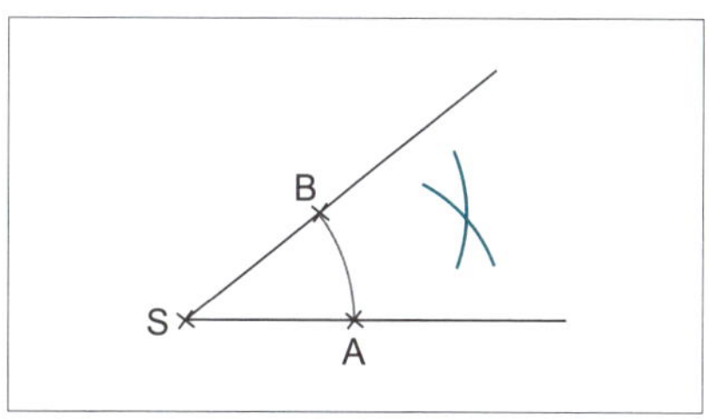

Konstruktionsschritt 3

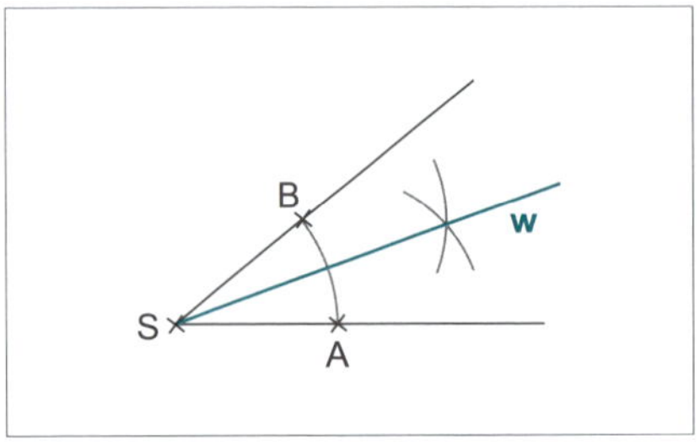

Lot

Das **Lot** zu einer Geraden g ist eine **Gerade**, die **senkrecht** auf g steht. Der Schnittpunkt des Lotes mit der Geraden heißt **Lotfußpunkt** oder Fußpunkt.

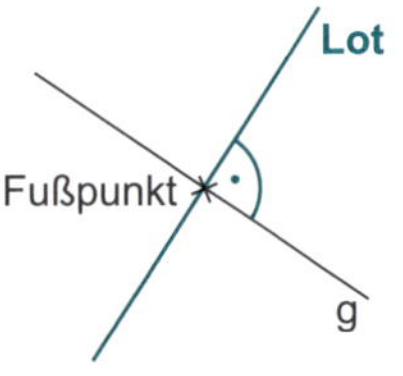

Liegt der Punkt P, durch den das Lot verlaufen soll, auf der Geraden, so sagt man, dass das Lot zu g in P **errichtet** wird. P ist dann zugleich Lotfußpunkt.

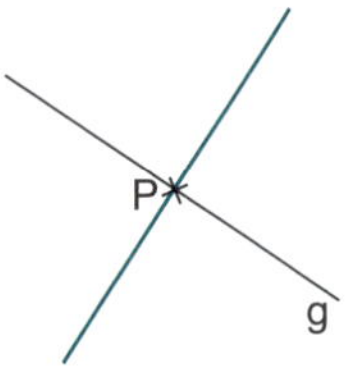

Liegt der Punkt P nicht auf der Geraden, so sagt man, dass das Lot von P auf g **gefällt** wird.

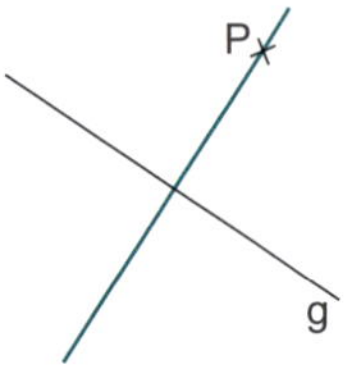

Der **Abstand** eines Punktes P von einer Geraden g ist die kürzeste Entfernung zwischen dem Punkt und der Geraden.
Du erhältst ihn, indem du ein Lot von P auf g fällst. Die Entfernung zwischen P und dem Lotfußpunkt ist der gesuchte Abstand.

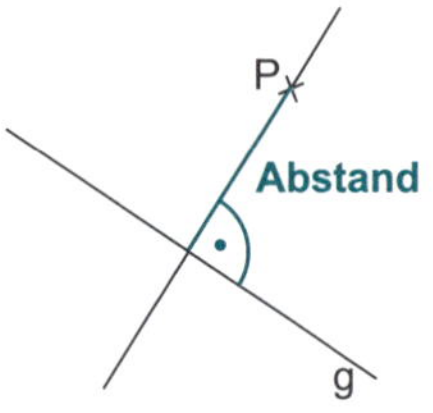

Für die Konstruktion wird genutzt, dass die Symmetrieachse senkrecht auf der Verbindung zweier zueinander symmetrischer Punkte steht. Das zu konstruierende Lot wird somit als Symmetrieachse zu zwei auf g liegenden Punkten aufgefasst. Damit der gegebene Punkt P ebenfalls auf dieser Achse liegt, müssen die beiden auf g liegenden Punkte von P gleich weit entfernt sein (zur Wiederholung siehe S. 47).

Anleitung zur Konstruktion: Lot errichten

1. Ziehe um P einen Kreisbogen, der die Gerade in A und B schneidet.
2. Ziehe zwei Kreisbögen mit gleichem Radius um A und B. Es genügt, nur einen Schnittpunkt der Kreisbögen zu zeichnen.
3. Verbinde den Schnittpunkt der Kreisbögen mit P.

Konstruktionsschritt 1

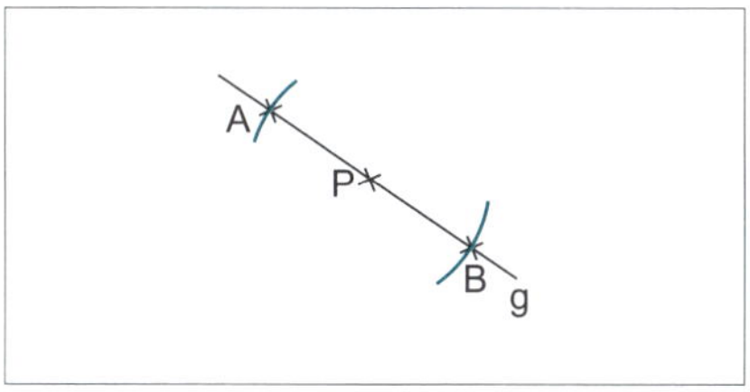

Konstruktionsschritt 2

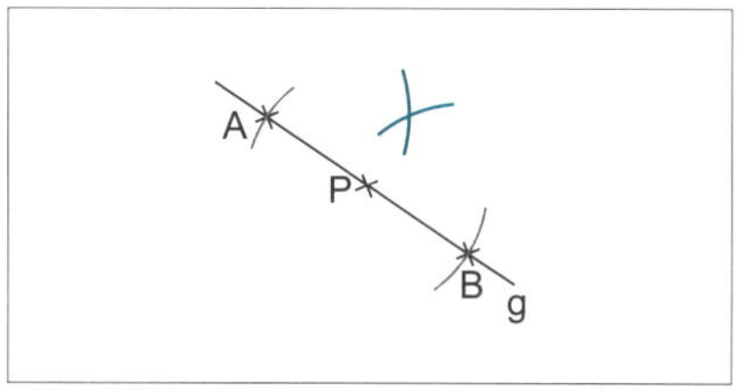

Konstruktionsschritt 3

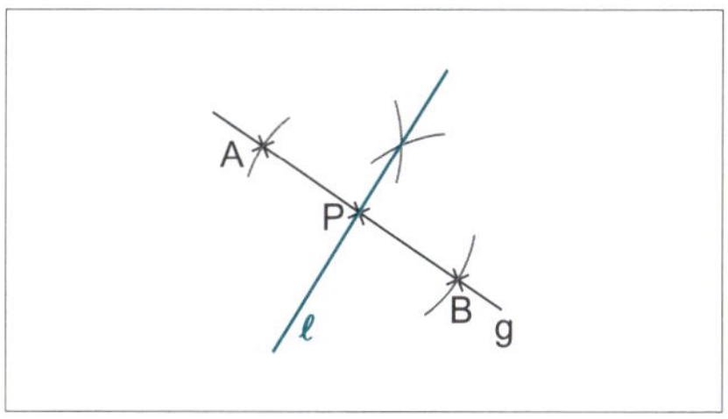

Anleitung zur Konstruktion: Lot fällen

1. Ziehe um P einen Kreisbogen, der die Gerade in A und B schneidet.
2. Ziehe zwei Kreisbögen mit gleichem Radius um A und B. Es genügt, nur einen Schnittpunkt der Kreisbögen zu zeichnen.
3. Verbinde den Schnittpunkt der Kreisbögen mit P.

Konstruktionsschritt 1

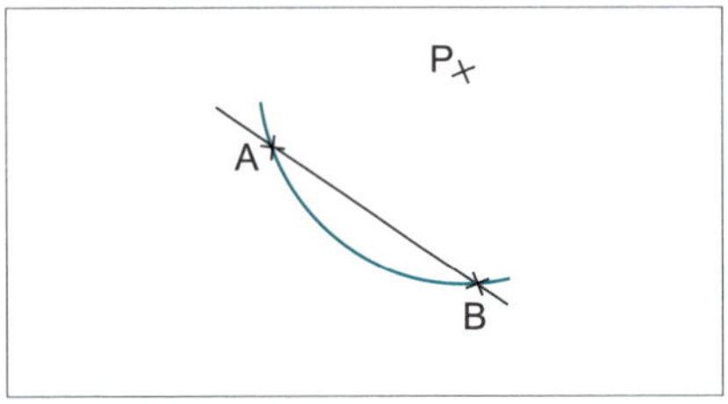

Konstruktionsschritt 2

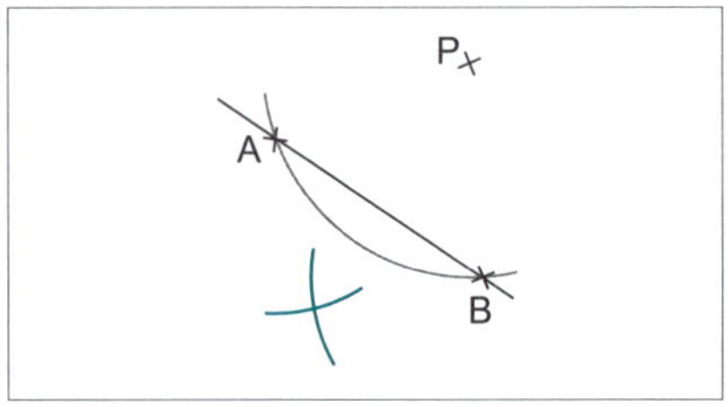

Konstruktionsschritt 3

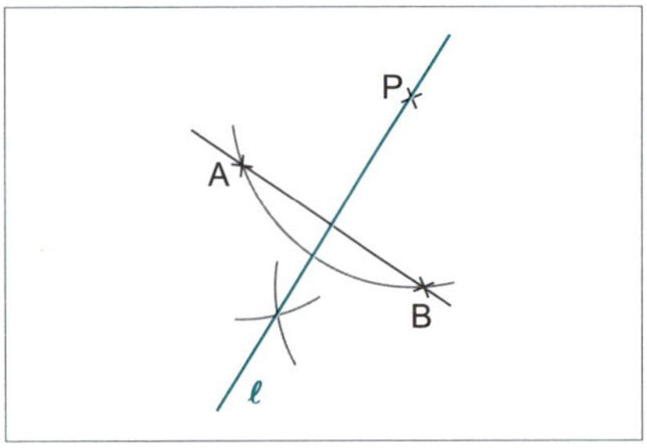

Beispiele

1. Konstruiere einen 45°-Winkel.

Lösung:

Überlegung:
Einen 45°-Winkel erhältst du aus einem 90°-Winkel, den du anschließend halbierst.

Konstruktionsbeschreibung:
Fälle von einem beliebigen Punkt P aus ein Lot auf eine Gerade g.

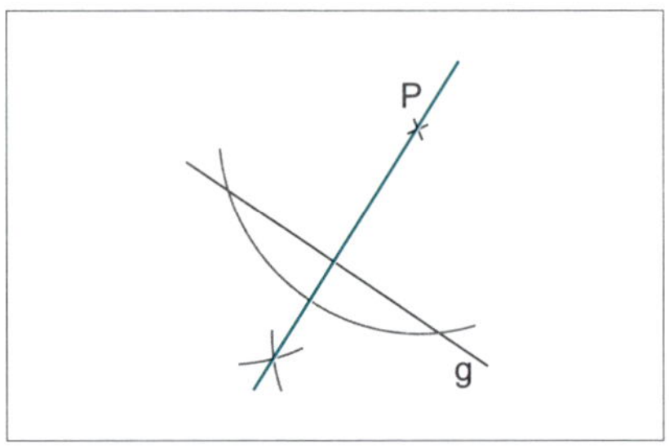

Halbiere mittels einer Winkelhalbierenden den entstehenden 90°-Winkel.

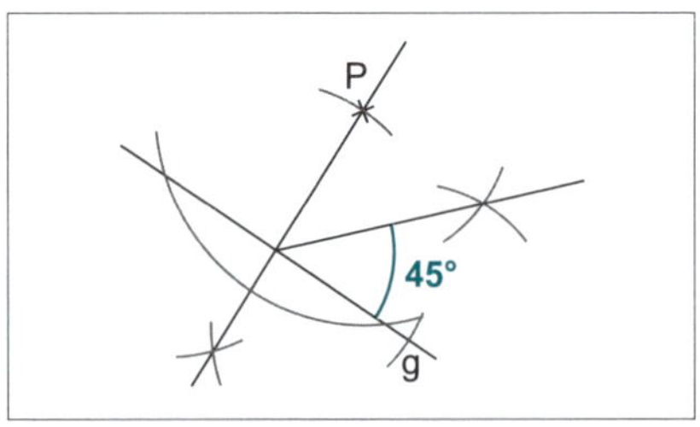

Alternativ kannst du natürlich auch ein Lot in einem beliebigen Punkt P einer Geraden g errichten.

2. Markiere alle Punkte, die von g weiter entfernt sind als von h.

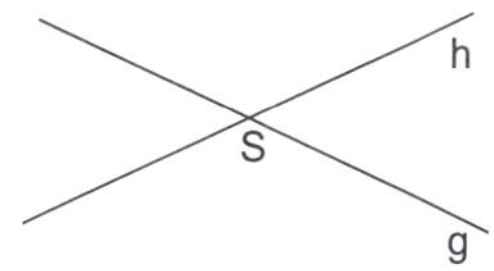

Lösung:

Überlegung:

Durch die beiden Geraden wird das Blatt in vier Felder unterteilt. Betrachte zunächst nur das rechte Feld, das durch die im Schnittpunkt S beginnenden und nach rechts verlaufenden Halbgeraden begrenzt wird. Alle Punkte, die gleich weit von den beiden Halbgeraden entfernt sind, liegen auf der Winkelhalbierenden des von den Halbgeraden eingeschlossenen Winkels. Diese Winkelhalbierende teilt das betrachtete Feld in zwei Teile. Nun musst du nur noch überlegen, welcher Teil die geforderte Bedingung erfüllt.

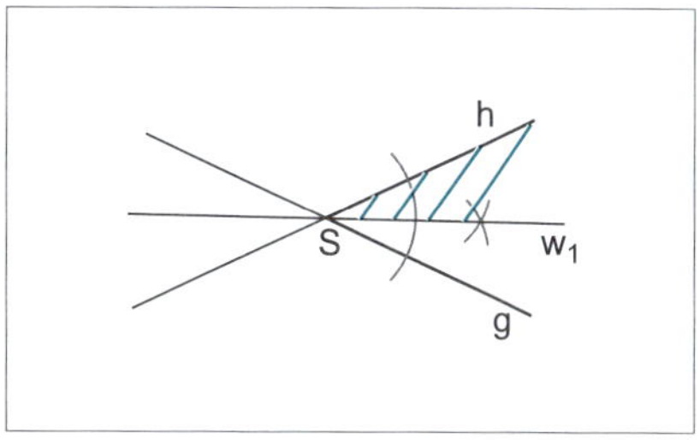

Vorgehen:

Konstruiere die Winkelhalbierende zu g und h, und markiere den Bereich zwischen h und der Winkelhalbierenden.

Überlegung:

Für die verbleibenden drei Felder müssen die entsprechenden Konstruktionsschritte durchgeführt werden, wobei die Winkelhalbierenden gegenüberliegender Felder auf einer Geraden liegen. Grund: Sich kreuzende Geraden stellen eine punktsymmetrische Figur dar!

Vorgehen:

Konstruiere die Winkelhalbierende zu g und h in den anderen Feldern.

Markiere anschließend die entsprechenden Flächen.

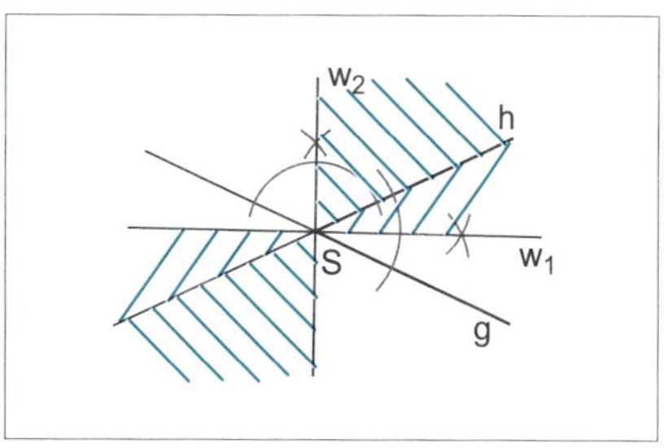

91 Beschreibe die gemeinsamen Eigenschaften der Punkte im farbig markierten Bereich sowohl in Worten als auch in mathematischer Kurzschreibweise (z. B: $|\overline{PM}| = 2\text{ cm}$).

L 91–97

a)

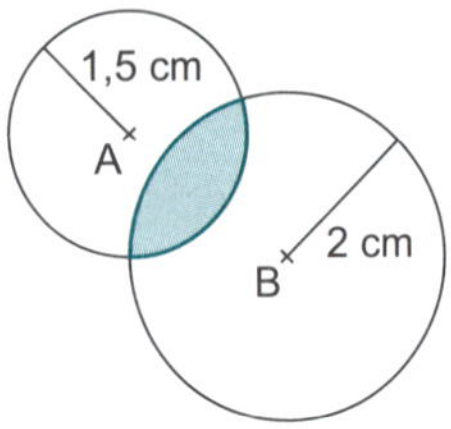

b)

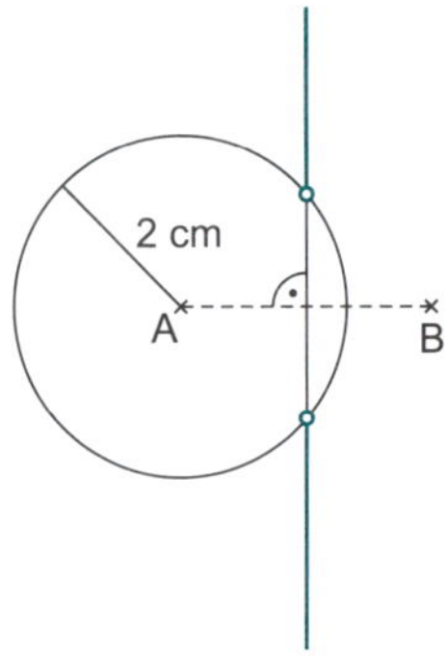

c)

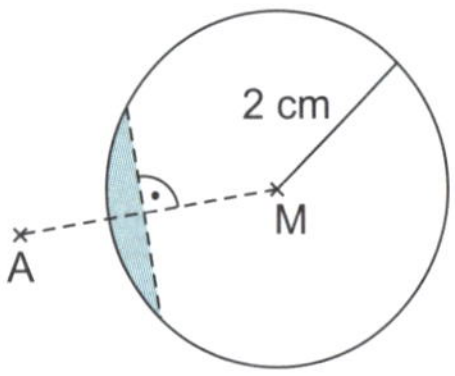

92 Zeichne das Dreieck ABC mit A(2 | 1), B(6 | 3), C(1 | 6).
Konstruiere
a) die Mittelsenkrechte zu $\overline{AB}$.
b) das Lot zu $\overline{BC}$ durch B.
c) das Lot zu $\overline{BC}$ durch A.
d) die Winkelhalbierende von ∢BCA.

93 Zeichne einen 30°-, 45°-, 134°-Winkel und konstruiere jeweils einen halb so großen Winkel.

94 Konstruiere ein Quadrat mit der Seitenlänge 4 cm. Erkläre dein Vorgehen.

95 Zeichne eine Gerade g und einen Punkt P, der nicht auf g liegt.
Konstruiere die zu g parallele Gerade durch P. Erkläre dein Vorgehen.

96 Folgende Zeichnung zeigt ein Beet im Maßstab 1 : 20 mit den beiden bisher gepflanzten Blumen A und B.

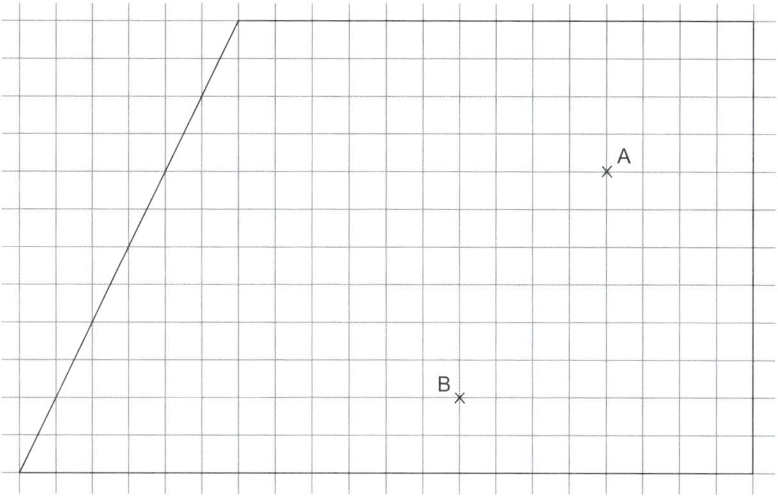

Für die weitere Anpflanzung muss Folgendes beachtet werden:

- Die neue Blume muss mindestens 40 cm von allen anderen Pflanzen entfernt sein.
- Zum unteren und oberen Beetrand sind 30 cm Abstand einzuhalten.

Konstruiere die möglichen Standorte der dritten Blume, wenn zusätzlich gelten soll:

a) Sie soll näher an die obere Beetkante als an die linke Beetkante gepflanzt werden.

✱ b) Sie soll näher am linken als am rechten Beetrand gepflanzt werden.

97 Zu zwei schon bestehenden Feuerüberwachungstürmen soll ein weiterer Turm errichtet werden. In einer Zeichnung (Längeneinheit: 1 cm) liegt Turm A bei $(0|1)$ und Turm B bei $(5|2)$. Die Zeichnung wurde im Maßstab 1 : 100 000 angefertigt. Die y-Achse zeigt Richtung Norden. In einem Umkreis von 1 km um einen Punkt, der in der Zeichnung durch $P(1|5)$ dargestellt wird, kann wegen des sumpfigen Untergrunds kein Turm errichtet werden. Um eine möglichst optimale Überwachung zu ermöglichen, soll der neue Turm nicht südlich der schon bestehenden Türme errichtet werden, mindestens 3 km, aber höchstens 8 km Abstand zu beiden Türmen haben und jeweils gleich weit von Turm A und B entfernt sein.
Markiere alle möglichen Positionen für den neuen Turm in einer Zeichnung.

4 Besondere Vierecke

Vier Punkte A, B, C und D einer Ebene bilden ein Viereck, wenn jeweils nur zwei davon auf einer Geraden liegen. Die Vierecksseiten dürfen sich nicht überschneiden.

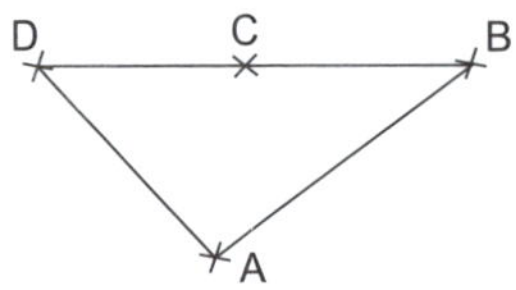

kein Viereck

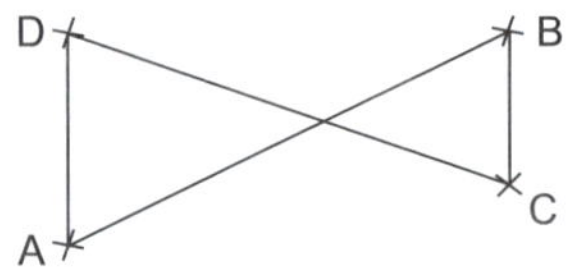

kein Viereck

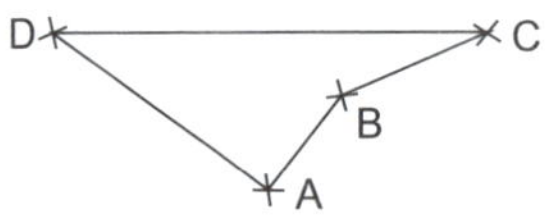

konkaves Viereck

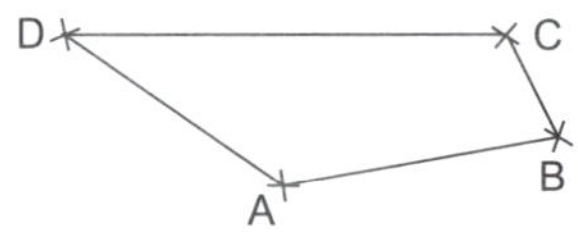

konvexes Viereck

Die **Eckpunkte** werden reihum **entgegen dem Uhrzeigersinn** mit großen lateinischen Buchstaben benannt. Anders als beim Dreieck wird die entgegen des Uhrzeigersinns an den Punkt angrenzende Seite mit dem entsprechenden kleinen lateinischen Buchstaben benannt. Die Verbindung zweier gegenüberliegender Eckpunkte heißt **Diagonale**.

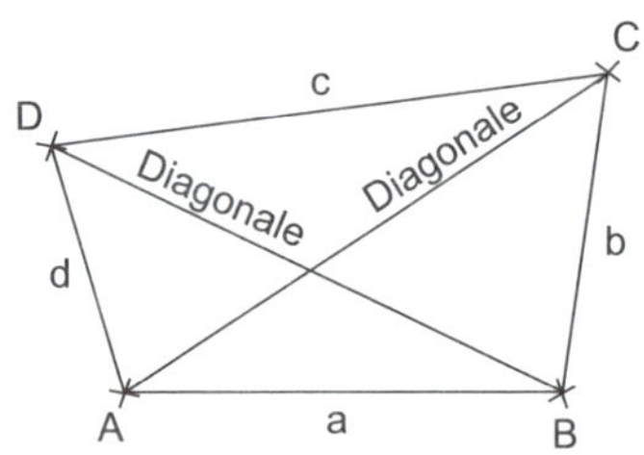

Die Winkelsumme im Viereck beträgt 360° (vgl. S. 86).

Betrachtet man eine größere Anzahl zufällig gezeichneter Vierecke, so erkennt man Gruppen mit gemeinsamen Eigenschaften. Häufig wurden für derartig zusammengefasste Vierecke spezielle Namen festgelegt: **Trapez**, **achsensymmetrisches Trapez**, **Parallelogramm**, **Raute**, **Drachenviereck**, **Rechteck**, **Quadrat**. Die Definitionen und Eigenschaften der speziellen Vierecke findest du im Grundwissen ab S. 145.

Das Haus der Vierecke

In der folgenden Übersicht sind für die speziellen Vierecke jeweils alle Symmetrieachsen sowie das Zentrum der Punktsymmetrie eingezeichnet. Du kannst die Übersicht von oben nach unten lesen. Folgst du den Pfeilen und kombinierst die Symmetrien der Vierecke, so erhältst du jeweils ein spezielleres Viereck. So ist z. B. ein achsensymmetrisches Trapez, das zugleich der Gruppe der Parallelogramme angehört, ein Rechteck. Die Vierecke geben ihre Eigenschaften sozusagen „nach unten weiter“. Da sich z. B. die Diagonalen in einem Parallelogramm gegenseitig halbieren, tun sie dies auch in einem Rechteck. Außerdem kannst du die Grafiken auch von unten nach oben lesen, indem du den Pfeilen rückwärts folgst. Jedes Rechteck ist somit auch ein Parallelogramm und gleichzeitig ein achsensymmetrisches Trapez.

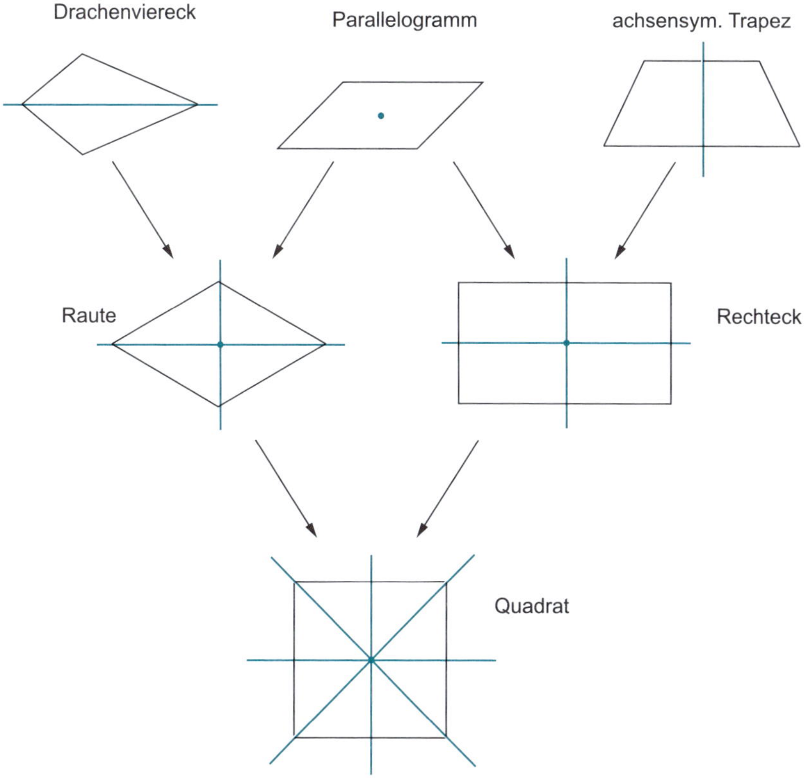

eispiele

1. Gegeben sind die Punkte A(2|3) und C(7|4).
   Konstruiere die Punkte B und D so, dass das Quadrat ABCD entsteht.

   Lösung:
   Überlegung:
   Hier ist die Diagonale des Quadrats gegeben. Du weißt, dass die Diagonalen gleich lang sind, sich gegenseitig halbieren und senkrecht aufeinander stehen.

Vorgehen:
Zuerst konstruierst du die Mittelsenkrechte der Diagonalen $\overline{AC}$.

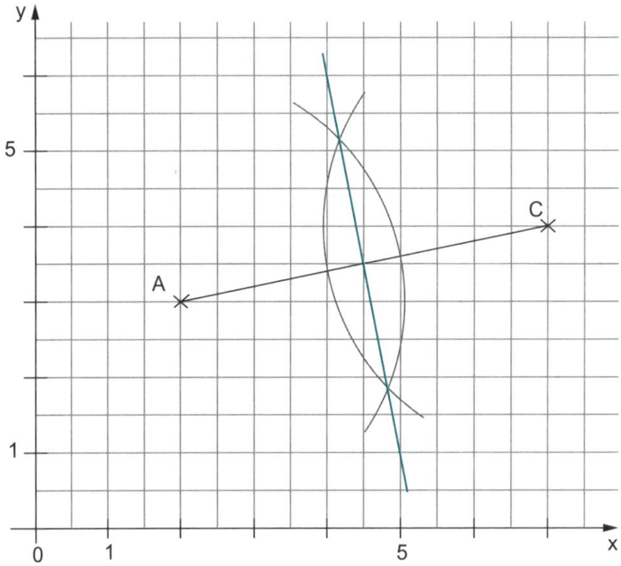

Anschließend überträgst du die Länge der halben Diagonalen, indem du in den Schnittpunkt M der Mittelsenkrechten mit der Diagonalen $\overline{AC}$ einstichst und einen Kreis mit Radius $\overline{AM}$ ziehst. Die Schnittpunkte mit der Mittelsenkrechten sind die Eckpunkte B bzw. D.

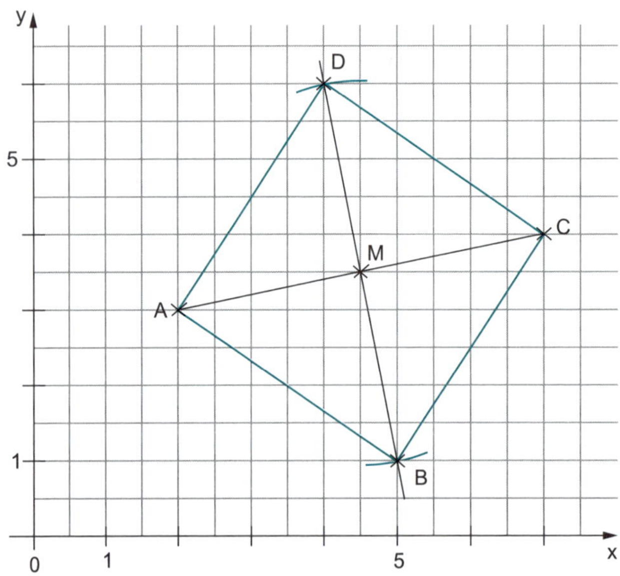

2. Begründe die Eigenschaft eines Drachenvierecks, dass seine Diagonalen senkrecht aufeinander stehen und eine der beiden Diagonalen von der anderen halbiert wird.

   Lösung:
   Laut Definition ist ein Drachenviereck symmetrisch zu einer seiner Diagonalen (vgl. Grundwissen, S. 148), z. B. zur Diagonalen $\overline{AC}$.
   Die Punkte B und D liegen symmetrisch zueinander, d. h., ihre Verbindung (Diagonale $\overline{BD}$) steht senkrecht auf der Symmetrieachse (Diagonale $\overline{AC}$) und wird von dieser halbiert.

98 Gib jeweils das allgemeinste Viereck mit folgenden Eigenschaften an:

L 98–107

a) ein Parallelogramm mit vier gleich großen Winkeln
b) ein Trapez mit vier gleich langen Seiten
c) eine Raute mit gleich langen Diagonalen
d) ein punktsymmetrisches Viereck mit vier gleich langen Seiten
e) ein punktsymmetrisches Drachenviereck

99 Gib alle Vierecke mit folgender Eigenschaft an:
a) Alle Seiten sind gleich lang.
b) Die gegenüberliegenden Winkel sind gleich groß.
c) Das Viereck ist punkt- und achsensymmetrisch.
d) Die Diagonalen sind gleich lang.
e) Alle Winkel sind gleich groß.
f) Die Diagonalen stehen senkrecht aufeinander.

100 Gegeben sind die Punkte $A(6|2)$, $B(6|7)$ und $C(3|8)$.
Konstruiere, falls möglich, den vierten Punkt so, dass folgende Vierecke entstehen:
a) ein Drachenviereck
b) eine Raute
c) ein Parallelogramm
d) ein Rechteck

Begründe gegebenenfalls, warum es keine Lösung gibt.

101 Konstruiere folgende Vierecke:
a) eine Raute mit den Diagonalen $e = 5$ cm und $f = 3$ cm
b) ein Quadrat mit Diagonalenlänge 5 cm

102 Untersuche die Eigenschaften von Raute und Parallelogramm, indem du

a) drei Eigenschaften angibst, die beide gemeinsam haben.

b) drei Eigenschaften angibst, die die Raute besitzt, die aber nicht jedes Parallelogramm besitzt.

103 Untersuche die Eigenschaften von Drachenviereck und Raute, indem du

a) drei Eigenschaften angibst, die beide gemeinsam haben.

b) drei Eigenschaften angibst, die die Raute besitzt, die aber nicht jedes Drachenviereck besitzt.

104 Begründe nur anhand der Definition der Vierecke und ihrer Symmetrie folgende Eigenschaften:

a) Bei einem Drachenviereck verläuft die Winkelhalbierende von mindestens einem Winkel durch die gegenüberliegende Ecke.

b) Bei einem Drachenviereck sind zwei Winkel gleich groß.

c) Bei einem Parallelogramm halbieren sich die Diagonalen.

105 Daniel stellt fest, dass jedes Quadrat auch eine Raute und jede Raute ein Drachenviereck ist. Demnach muss auch jedes Quadrat ein Drachenviereck sein. Begründe seine Überlegung und finde vom Quadrat ausgehend zwischen den Vierecken einen weiteren Zusammenhang dieser Art.

✻ **106** Auf einem rechteckigen Grundstück mit den Eckpunkten A(0|0), B(10|0), C(10|8), D(0|8) soll ein rautenförmiges, möglichst großes Schwimmbad mit einer Tiefe von 1,2 m angelegt werden. Die Symmetrieachsen des Grundstücks und des Schwimmbades sollen übereinstimmen.

a) Zeichne den Grundriss von Grundstück und Schwimmbad.

b) Eine Abdeckplane für das Schwimmbad muss angefertigt werden, die genauso groß wie das Becken sein soll.
Bestimme ihre Größe exakt. Für die Angabe der Koordinatenpunkte wurde der Maßstab so gewählt, dass eine Längeneinheit einem Meter entspricht.

c) Zur Reinigung des Wassers werden jede Woche pro 100 Liter Wasser 0,8 g Chlorgranulat benötigt. Berechne den Jahresbedarf an Chlorgranulat.

107 Zerlege das Parallelogramm mit den Eckpunkten A(0|0), B(7|0), C(9|6) und D(2|6) in

a) ein Parallelogramm und eine Raute.

b) ein Rechteck, ein Trapez und ein Dreieck.

c) zwei achsensymmetrische Trapeze.

✻ d) ein Drachenviereck, ein Quadrat und zwei Trapeze.

Winkelbetrachtungen

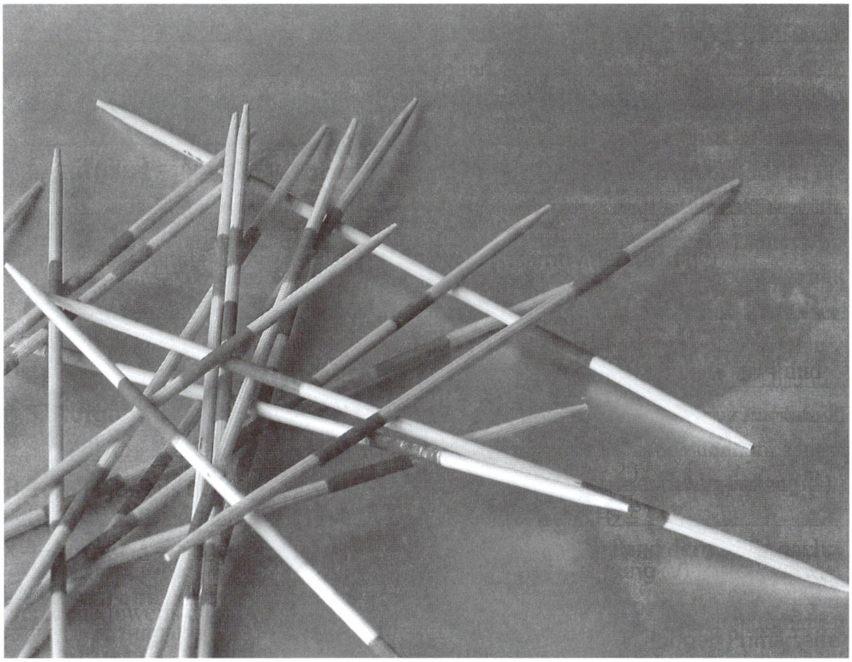

1 Definition – Fundamentalsatz – Satz

Im Gegensatz zu Wissenschaften wie der Biologie und der Physik, in deren Rahmen die belebte und unbelebte Natur beobachtet und mit geeigneten Modellen erklärt wird, wurde die Mathematik sozusagen von der Menschheit selbst geschaffen.
In der Geometrie wurden zwar viele auch in der Natur existierende Formen und Figuren aufgegriffen, es besteht aber ein prinzipieller Unterschied in der Feststellung des Biologen, dass die beiden Hälften eines Schmetterlings identisch geformt sind, der Erkenntnis des Physikers, dass dieser gleichmäßige Aufbau eine wichtige Voraussetzung für die Flugfähigkeit des Tieres ist, und der Beschäftigung des Mathematikers mit dem Begriff der Symmetrie.
So wurde und wird in der Mathematik zunächst sehr genau darauf geachtet, dass jeder verwendete Begriff klar **definiert** ist und jeder Mathematiker somit die gleiche Vorstellung von dem jeweiligen Sachverhalt oder Objekt hat. Bestimmte offensichtliche Eigenschaften und Beziehungen der so definierten Objekte können anschließend in Form von **Fundamentalsätzen** formuliert werden. Sie bilden gemeinsam mit den Definitionen die Basis der Mathematik, aus der sich nun weitere Aussagen ableiten lassen, die in Form von **Sätzen** formuliert werden.

- Wird einem Objekt aufgrund einer besonderen Eigenschaft ein Name gegeben, so sprechen wir von einer **Definition**.
- Unmittelbar einsichtige oder aufgrund von Erfahrungen getroffene Aussagen werden als **Fundamentalsätze** oder **Axiome** bezeichnet. Sie können nicht begründet werden, sondern werden als wahr vorausgesetzt.
- Definitionen und Fundamentalsätze bilden die Basis der Mathematik. Mit ihrer Hilfe lassen sich weitere Aussagen begründen. Solche Aussagen werden als **Sätze** oder **Lehrsätze** bezeichnet.
- Jeder mathematische Satz besteht aus Voraussetzung und Behauptung. Um in einem Satz Voraussetzung und Behauptung zu erkennen, ist es sinnvoll, diesen in die Wenn-dann-Form umzuformulieren:
  Wenn die Voraussetzung gilt, **dann** folgt daraus die Behauptung.
- Werden in einem Satz Voraussetzung und Behauptung vertauscht, so erhält man den **Kehrsatz**. Der Kehrsatz eines wahren Satzes kann wahr oder falsch sein.

Beispiele

1. **Definition:** Die kürzeste Verbindung zweier Punkte heißt Strecke.
2. **Fundamentalsatz:** Durch zwei Punkte verläuft genau eine Gerade.

3. **Satz:** Im Parallelogramm sind die gegenüberliegenden Winkel gleich groß.

   Wenn-dann-Form: Wenn eine Figur ein Parallelogramm ist, dann sind die gegenüberliegenden Winkel gleich groß.

4. **Satz:** „Wenn eine Zahl durch 2 und 5 teilbar ist, dann ist sie auch durch 10 teilbar."

   Kehrsatz: „Wenn eine Zahl durch 10 teilbar ist, dann ist sie auch durch 2 und 5 teilbar." Hier ist der Kehrsatz wahr.

5. **Satz:** „Wenn eine Zahl durch 4 teilbar ist, dann ist sie auch durch 2 teilbar."

   Kehrsatz: „Wenn eine Zahl durch 2 teilbar ist, dann ist sie auch durch 4 teilbar." Hier ist der Kehrsatz nicht immer wahr.

Willst du einen Satz begründen, so kannst du für deine Argumentation außer der Voraussetzung auch Definitionen, Fundamentalsätze und früher begründete Sätze verwenden. Eine solche Begründung nennt man in der Mathematik einen **Beweis**. Mit den in der Behauptung geforderten Eigenschaften darfst du dabei nicht argumentieren.

Beispiel

Satz: Die Diagonalen eines Drachenvierecks stehen senkrecht aufeinander.

Wenn-dann-Form: Wenn ein Viereck ein Drachenviereck ist, so stehen die Diagonalen senkrecht aufeinander.

Begründung: Laut Definition ist ein Drachenviereck symmetrisch zu einer seiner Diagonalen, z. B. zur Diagonalen $\overline{AC}$. Die Punkte B und D liegen symmetrisch zueinander, d. h., ihre Verbindung (Diagonale $\overline{BD}$) steht senkrecht auf der Symmetrieachse (Diagonale $\overline{AC}$).

In diesem Beweis wurde verwendet:
- die Voraussetzung, dass das Viereck ein Drachenviereck ist
- die Definition des Drachenvierecks
- die Definition der Achsensymmetrie

Für einen **Beweis** muss gezeigt werden, dass der Satz immer und für alle Beispiele gilt. Da nur in ganz wenigen Ausnahmefällen alle Beispiele gezeichnet oder berechnet werden können, muss der Beweis **allgemein** geführt werden. Natürlich hilft eine Skizze oder ein durchgerechnetes Beispiel häufig weiter, um Zusammenhänge zu erkennen und sich über Sachverhalte klar zu werden. Als Beweis gelten solche Einzelbetrachtungen jedoch nicht.
Um eine Aussage zu **widerlegen**, genügt es dagegen, ein **einziges** Beispiel zu finden, das die Voraussetzung erfüllt, auf das die Behauptung aber nicht zutrifft.

Beispiel

Der oben angeführte Kehrsatz „Wenn eine Zahl durch 2 teilbar ist, dann ist sie auch durch 4 teilbar" ist falsch. Als Gegenbeispiel kannst du die Zahl 6 angeben. Sie ist durch 2 teilbar, aber nicht durch 4.

L 108–110

108 Gib die Aussagen in der „Wenn …, dann …"-Form an.

a) Im Dreieck sind zwei Seiten zusammen immer länger als die dritte.
b) Jedes Parallelogramm ist ein punktsymmetrisches Viereck.
c) In einem Rechteck sind die Diagonalen gleich lang.
d) Gerade Zahlen sind durch 2 teilbar.
e) Jedes Quadrat ist achsensymmetrisch zu vier Achsen.

109 Formuliere jeweils in der „Wenn …, dann …"-Form, gib anschließend den Kehrsatz an und prüfe, ob dieser wahr ist.

a) In einem Rechteck sind die Diagonalen gleich lang.
b) Ein Viereck mit drei rechten Winkeln ist ein Rechteck.
c) Im Parallelogramm sind zwei Winkel gleich groß.
d) Jede Zahl, die durch 2 und 3 teilbar ist, ist auch durch 6 teilbar.

110 Widerlege folgende Aussagen.

a) Das Quadrat einer Zahl ist immer gerade.
b) Ein Viereck, dessen Diagonalen senkrecht aufeinander stehen, ist ein Drachenviereck.
c) Haben zwei Punkte A und B den gleichen Abstand zu einem dritten Punkt P, so sind sie punktsymmetrisch zu P.

2 Winkel und Winkelsätze an Geradenkreuzungen

Häufig hat man es in der Geometrie nicht mit Figuren wie Dreieck oder Viereck zu tun, die lediglich aus einem umrandenden Streckenzug bestehen, sondern mit komplexeren Gebilden, die aus einfachen Grundfiguren zusammengesetzt und durch Diagonalen oder Parallelen ergänzt sind. Schneiden sich in einer solchen Figur zwei Geraden, so entstehen am Schnittpunkt vier Winkel mit interessanten Eigenschaften. Selbst die Winkel an zwei benachbarten Schnittpunkten können zueinander in enger Beziehung stehen.

Winkel, die an einer Geradenkreuzung **nebeneinander liegen**, heißen **Nebenwinkel**. **Gegenüberliegende** Winkel werden als **Scheitelwinkel** bezeichnet.

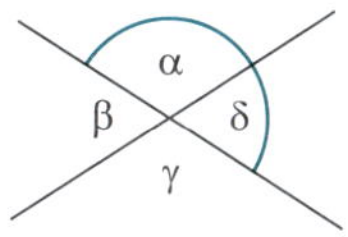

Nebenwinkel

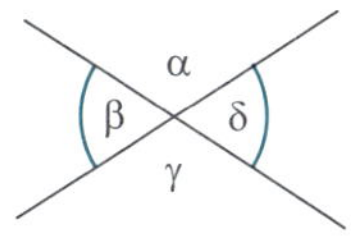

Scheitelwinkel

Nebenwinkel:
α und β
β und γ
γ und δ
δ und α

Scheitelwinkel:
α und γ
β und δ

Satz:
Nebenwinkel ergänzen sich **zu 180°**.
Scheitelwinkel sind **gleich groß**.

An einer Doppelkreuzung unterscheidet man **Stufenwinkel** und **Wechselwinkel**.

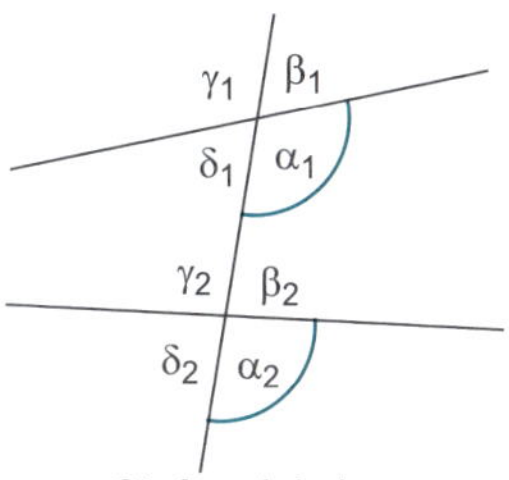

Stufenwinkel

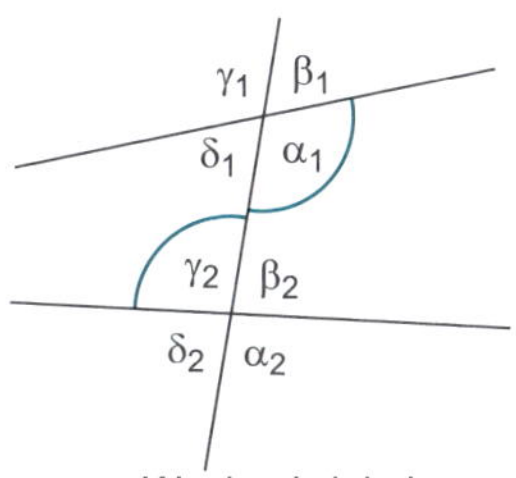

Wechselwinkel

Ebenso wie α_1 und α_2 sind β_1 und β_2, γ_1 und γ_2, δ_1 und δ_2 Stufenwinkel, während α_1 und γ_2, δ_1 und β_2, γ_1 und α_2, β_1 und δ_2 Wechselwinkel sind.

Fundamentalsatz 1:
Werden zwei **parallele** Geraden von einer dritten Geraden gekreuzt, so sind die entstehenden **Stufenwinkel gleich groß**.

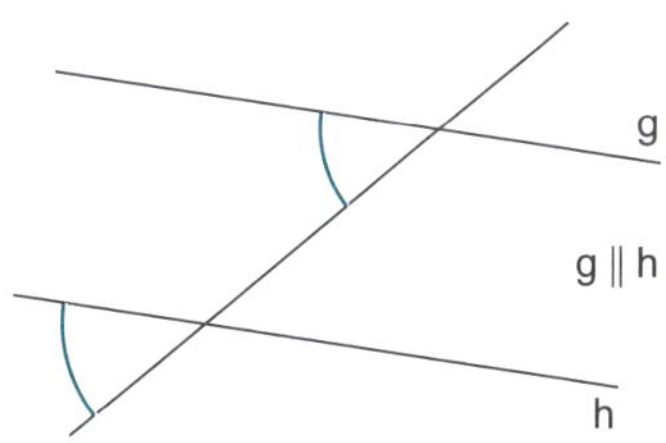

Aus diesem Fundamentalsatz lässt sich der Satz über Wechselwinkel an parallelen Geraden ableiten:

Satz:
Werden zwei **parallele** Geraden von einer dritten Geraden gekreuzt, so sind die entstehenden **Wechselwinkel gleich groß**.

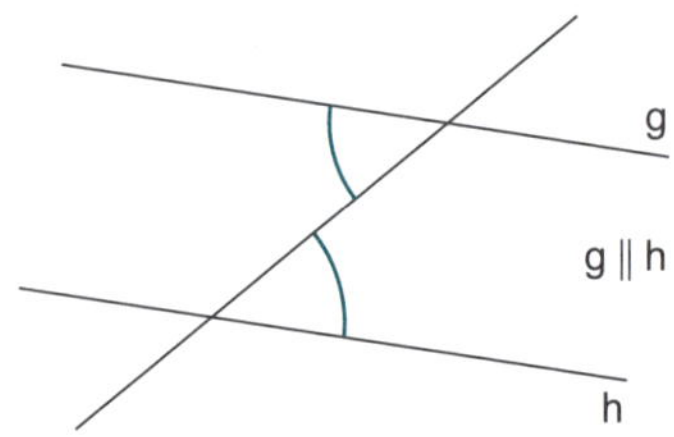

In diesem speziellen Fall könntest du auch den Satz „Werden zwei parallele Geraden von einer dritten Geraden gekreuzt, so gilt: Wechselwinkel sind gleich groß" als Fundamentalsatz ansehen und den Satz „Werden zwei parallele Geraden von einer dritten Geraden gekreuzt, so gilt: Stufenwinkel sind gleich groß" daraus folgern.

Die Umkehrung von Fundamentalsatz 1 bzw. dem daraus folgenden Satz ist Inhalt eines weiteren Fundamentalsatzes:

Fundamentalsatz 2:
Sind **Stufen- oder Wechselwinkel** an zwei Geraden **gleich groß**, so sind die beiden Geraden zueinander **parallel**.

Beispiele

1. Berechne die Größe der benannten Winkel, wenn $\alpha = 40°$ und $\beta = 120°$ groß sind.
   Begründe deine Ergebnisse.

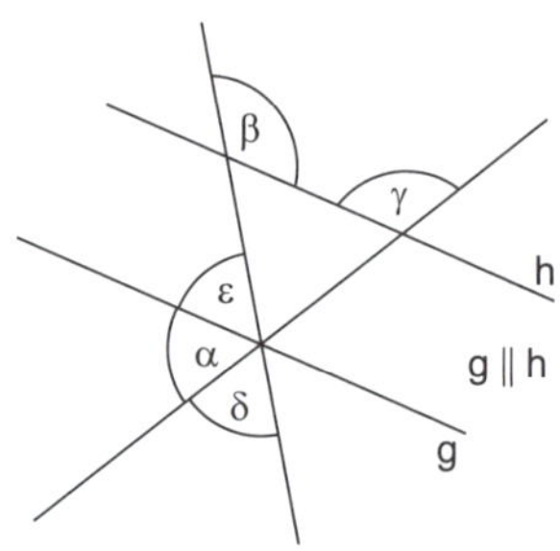

Lösung:
Der **Stufenwinkel von α** ist gleichzeitig der **Nebenwinkel zu γ**. Da die Geraden g und h parallel und somit die Stufenwinkel gleich groß sind, gilt für γ:
$\gamma = 180° - \alpha = 180° - 40° = 140°$

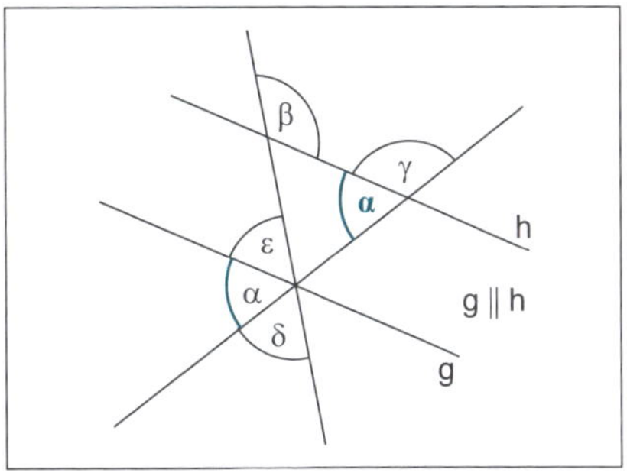

Der **Nebenwinkel von β** ist der **Wechselwinkel zu ε**. Da die Geraden g und h parallel und somit die Wechselwinkel gleich groß sind, gilt für ε:
$\varepsilon = 180° - \beta = 180° - 120° = 60°$

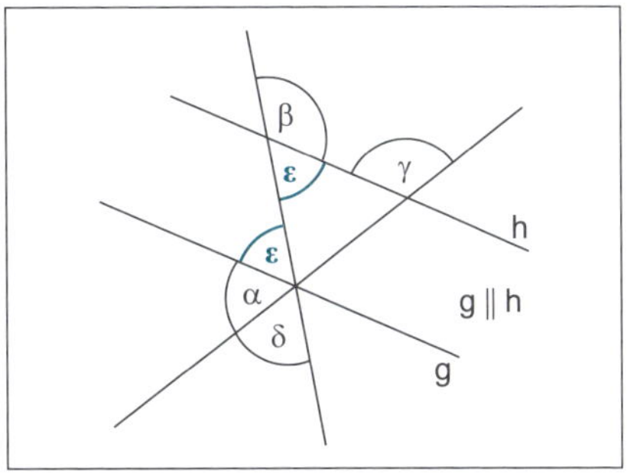

δ ist der **Nebenwinkel der Summe** von α und ε:

$$\begin{aligned}\delta &= 180° - (\boldsymbol{\alpha + \varepsilon}) \\ &= 180° - (40° + 60°) \\ &= 180° - 100° \\ &= 80°\end{aligned}$$

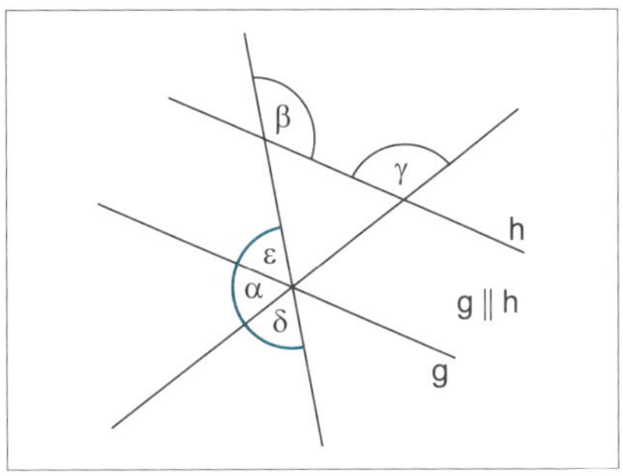

2. Begründe: In einem Trapez ergeben die an einem Schenkel anliegenden Winkel zusammen 180°.

Lösung:
Hier hilft dir eine Hilfslinie. Verlängerst du die Seite $\overline{AD}$ über D hinaus, so ist der Nebenwinkel von δ genauso groß wie α (Stufenwinkel an parallelen Geraden). Nebenwinkel ergänzen sich zu 180°, also ergeben α und δ zusammen 180°. Ebenso kannst du bei β und γ argumentieren.

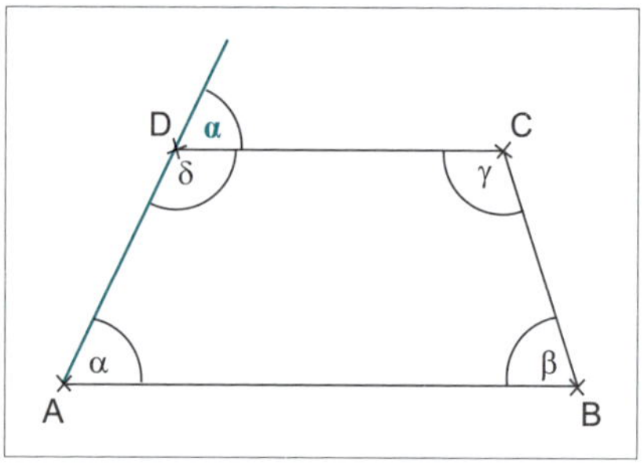

111 Gib jeweils alle Neben- und Scheitelwinkelpaare an.

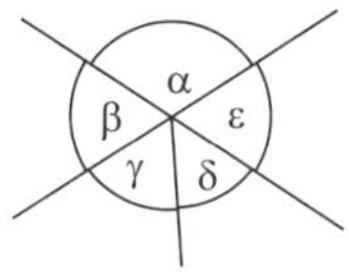

L 111–116

112 Bestimme die Größe der gesuchten Winkel.

a) Gegeben: α = 46°, β = 84°
Gesucht: γ, δ

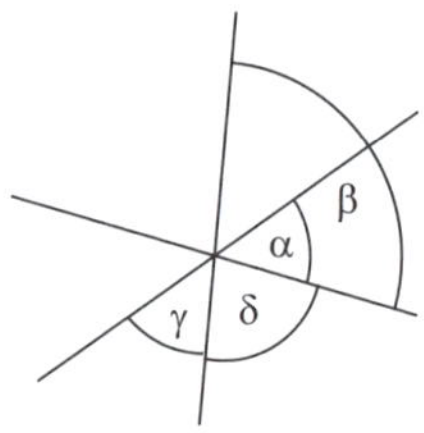

b) Gegeben: ∢CAB = 47°
Gesucht: ∢DCA, ∢ECD, ∢FCE, ∢ACF

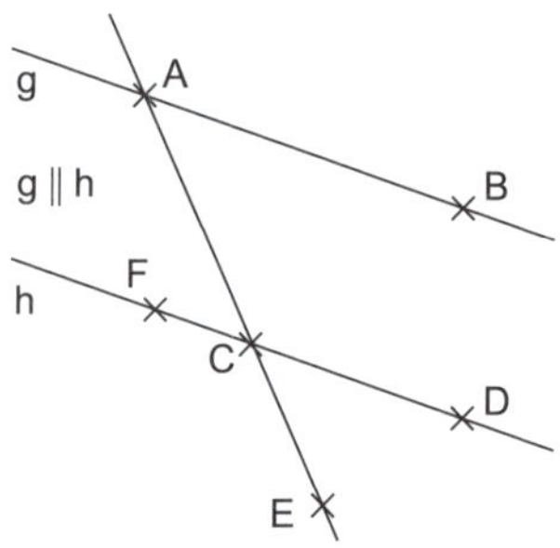

c) Gegeben: α = 125°, β = 102°
Gesucht: γ, δ, ε, η, λ, π, σ, φ, ω

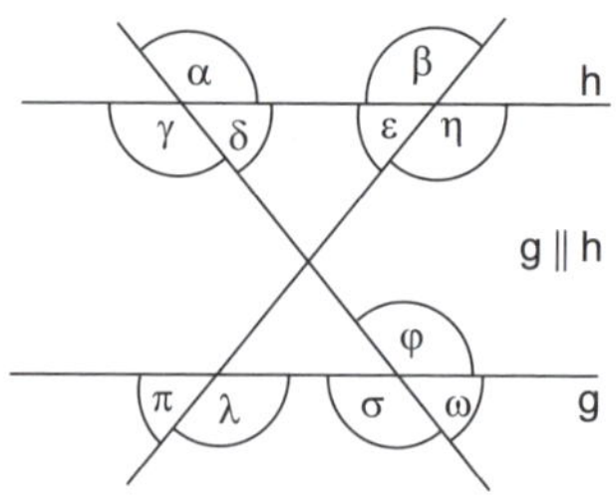

d) Gegeben: $\alpha = 123°$, $\beta = 137°$
Gesucht: γ, δ, ε

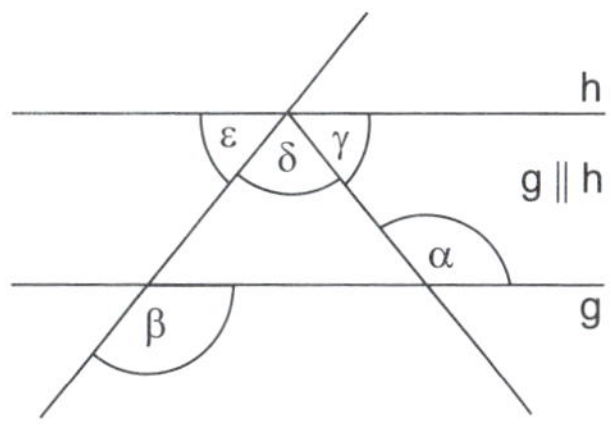

113 Bestimme die Größen der anderen Winkel und begründe dein Vorgehen, wenn:

a) $\alpha = 25°$, $\beta = 75°$

b) $\varepsilon = 48°$, $\gamma = 2 \cdot \alpha$

c) $\delta = 20°$, $\beta = \varphi$

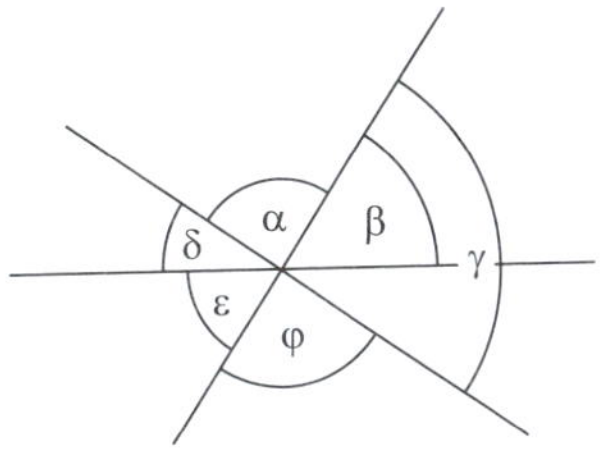

114 Sind die Geraden g und h jeweils parallel zueinander? Begründe.
Vorsicht: Die Grafik stellt nur eine Skizze dar, um die Lage der einzelnen Winkel zu zeigen.

a) $\alpha = 45°$, $\delta = 135°$

b) $\alpha = 136°$, $\gamma = 45°$

c) $\beta = 65°$, $\gamma = 115°$

d) $\gamma = 145°$, $\delta = 35°$

e) $\alpha = 90°$, $\gamma = \delta$

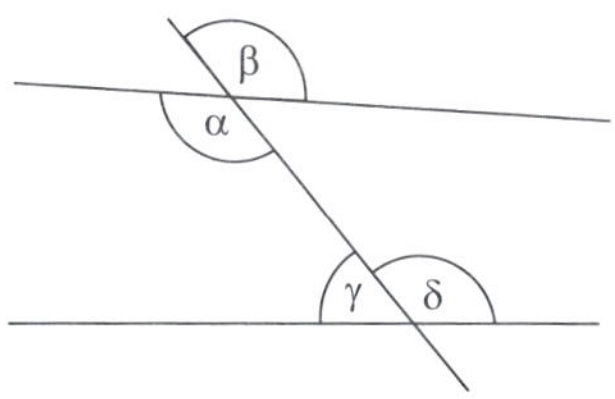

115 Die Geraden a und b sind parallel zueinander, ebenso die Geraden c und d. Daniel behauptet:
$\beta = \alpha$ und $\gamma = 180° - \alpha$

a) Hat Daniel recht? Begründe.

b) Finde einen Zusammenhang zwischen α, β und γ und erkläre ihn.

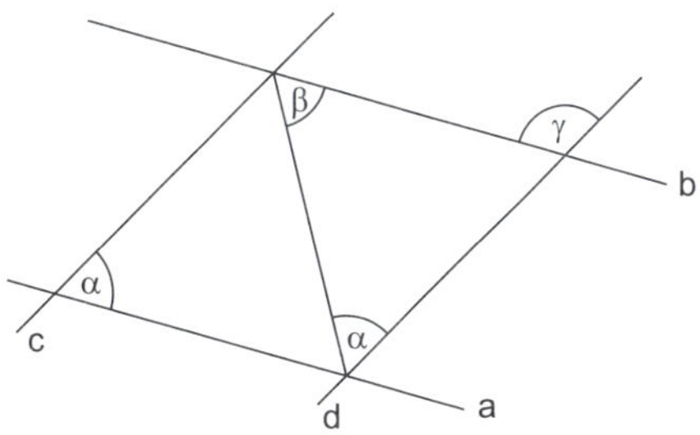

116 Begründe: Gegenüberliegende Winkel in einem Parallelogramm sind gleich groß.

3 Winkelsumme im Dreieck und Vieleck

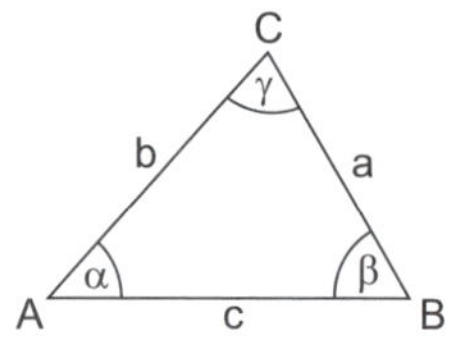

Drei nicht auf einer Geraden liegende Punkte bilden ein Dreieck, dessen Eckpunkte entgegen dem Uhrzeigersinn in alphabetischer Folge mit großen lateinischen Buchstaben bezeichnet werden. Die Seitenbezeichnungen orientieren sich am jeweils gegenüberliegenden Eckpunkt und werden mit kleinen lateinischen Buchstaben benannt. Die Winkel werden nach den Punkten benannt, die den Scheitel bilden, und werden mit kleinen griechischen Buchstaben benannt.

Wie groß ist die Winkelsumme in einem Dreieck? Dies kannst du herausfinden, indem du ein Dreieck zeichnest und es anschließend ausschneidest. Schneide nun die Ecken des Dreiecks ab und lege die Ecken aneinander. Was fällt dir dabei auf?

Für die Winkel in einem Dreieck gilt:

Satz:
In einem **Dreieck** beträgt die **Summe der Innenwinkel 180°**.

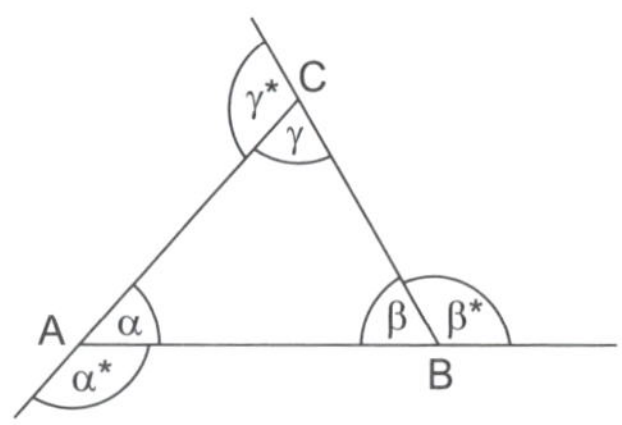

Verlängert man eine Dreiecksseite, so wird der entstehende Winkel als **Außenwinkel** bezeichnet. Da es sich um Nebenwinkel handelt, gilt für den Innenwinkel α und seinen benachbarten Außenwinkel α^*:
$\alpha + \alpha^* = 180°$

Mit der Winkelsumme im Dreieck lässt sich auch die Winkelsumme in jedem beliebigen Vieleck bestimmen. Von einem Eckpunkt des Vielecks ausgehend wird das Vieleck in Dreiecke zerlegt. Hierbei entstehen zwei Dreiecke weniger, als das Vieleck Ecken besitzt. Die Anzahl der Dreiecke multipliziert mit der Winkelsumme eines Dreiecks ergibt die Winkelsumme des Vielecks.

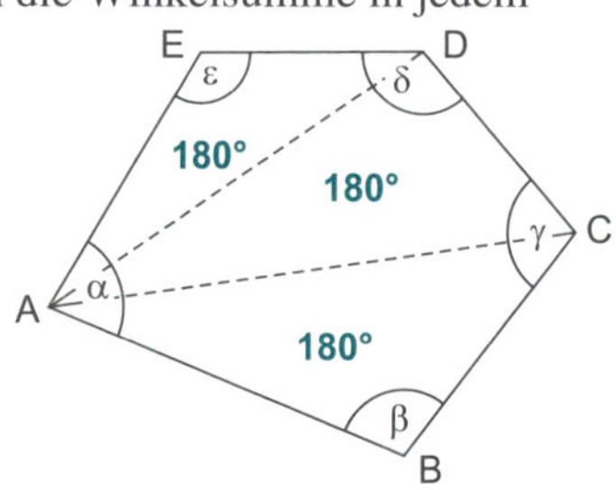

Satz:
In einem **Vieleck** mit n Ecken beträgt die **Summe der Innenwinkel $(n-2) \cdot 180°$**.

eispiele

1. Berechne die Innenwinkel eines Dreiecks, wenn gilt:
   a) $\alpha = 24°$, $\gamma = 137°$
   b) α und β sind gleich groß, $\gamma = 64°$

   Lösung:
   a) $\beta = 180° - (\alpha + \gamma) = 180° - (24° + 137°) = 180° - 161°$
   $= 19°$
   b) $\alpha + \beta = 180° - \gamma = (180° - 64°) = 116°$
   $\alpha = \beta = 116° : 2 = 58°$

2. Berechne die Größe eines Innenwinkels bei einem Stoppschild.

   Lösung:
   Ein Stoppschild ist ein regelmäßiges Achteck, d. h., alle Seiten sind gleich lang und alle Innenwinkel sind gleich groß.
   Winkelsumme des 8-Ecks: $(8-2) \cdot 180° = 6 \cdot 180°$
   $= 1\,080°$
   Größe eines Innenwinkels: $1\,080° : 8 = 135°$

117 Berechne die fehlenden Innenwinkel eines Dreiecks, wenn gilt:

L 117–127

a) $\alpha = 34°$, $\beta = 117°$
b) $\alpha = 67°$, $\gamma = 89°$
c) α und γ sind gleich groß, $\beta = 78°$.
d) α ist doppelt so groß wie β, $\gamma = 60°$.
e) α ist um 20 % größer als β, $\gamma = 70°$.
f) Alle Winkel sind gleich groß.
g) $\alpha = 27°$, $\beta^* = 134°$

118 Berechne β, wenn $\alpha = 36°$ gilt. Was fällt dir auf? Untersuche, ob es sich hierbei um eine Besonderheit für $\alpha = 36°$ handelt.

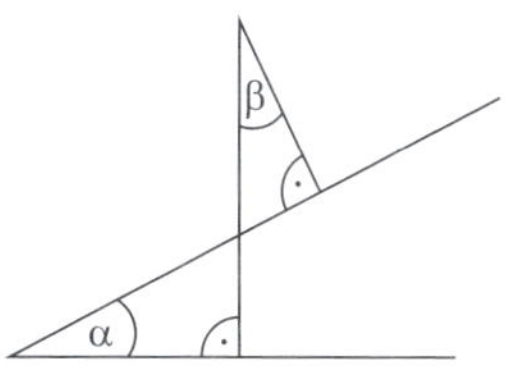

119 a) Zeige: Im Dreieck ist der Außenwinkel gleich der Summe der nicht anliegenden Innenwinkel. (Außenwinkelsatz)
b) Bestimme die Summe der Außenwinkel eines Dreiecks.

120 Berechne die gesuchten Winkel. (Die Skizzen sind nicht maßstabsgetreu!)

a) Gegeben: $\alpha = 56°$, $\beta = 114°$
Gesucht: γ, δ, ε

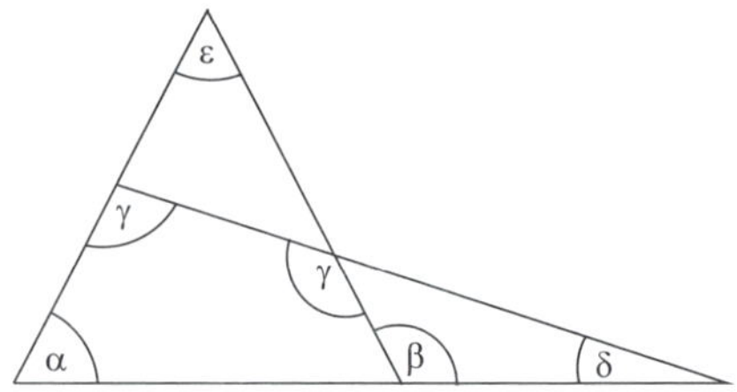

b) Gegeben: $\alpha = 60°$, $\beta = 45°$, wobei w_1 und w_2 die Winkelhalbierenden der jeweiligen Winkel sind, bei deren Scheitel sie beginnen.
Gesucht: γ, δ

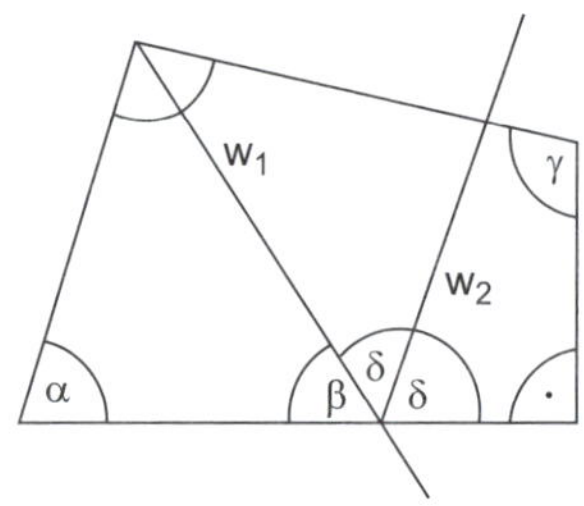

c) Gegeben: $\sphericalangle AED = \sphericalangle DCB$
Gesucht: $\sphericalangle AED$

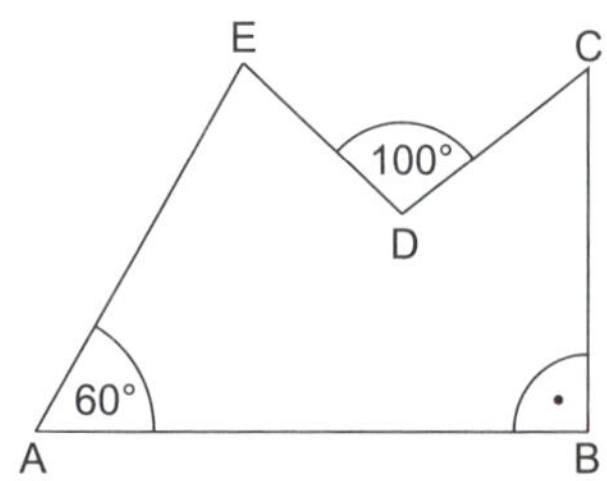

121 Wahrscheinlich hast du schon einmal gehört, dass ein Lichtstrahl beim Übergang zwischen optisch unterschiedlichen Medien gebrochen wird.
Berechne, um welchen Winkel der Strahl des Laserpointers an der Wasseroberfläche des Aquariums abgelenkt wird.

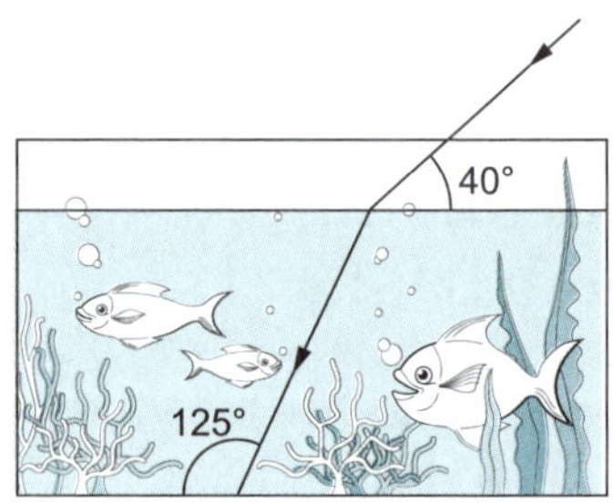

122 Bestimme die Größe der fehlenden Innenwinkel.

a)

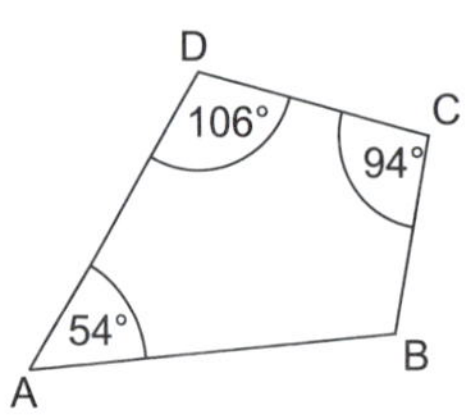

b)

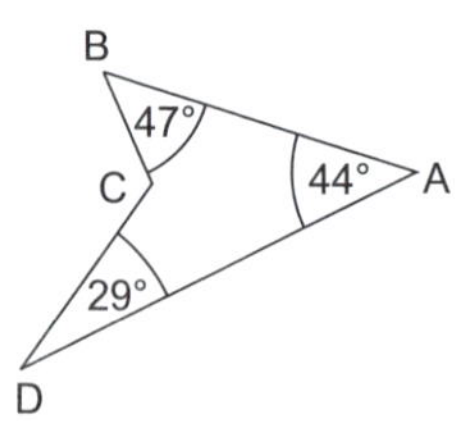

c)

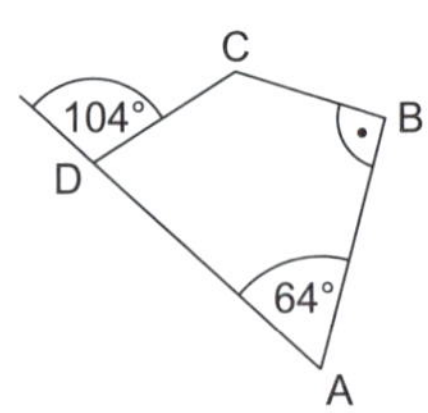

123 Begründe jeweils, ob die Aussage richtig oder falsch ist.

a) Es gibt Dreiecke mit drei spitzen Winkeln.

b) Es gibt Dreiecke mit zwei stumpfen und einem spitzen Winkel.

c) Es gibt Dreiecke mit einem überstumpfen Winkel.

d) Es gibt Vierecke mit vier spitzen Winkeln.

e) Es gibt Vierecke mit drei stumpfen und einem spitzen Winkel.

f) Es gibt Vierecke mit einem stumpfen und drei spitzen Winkeln.

124 a) Berechne die Winkelsumme in einem Fünfeck.

b) Entscheide, ob ein Fünfeck vier rechte Winkel besitzen kann, und begründe deine Entscheidung.

125 Wie groß ist ein Innenwinkel in einem regelmäßigen Zehneck?

126 a) Ida behauptet, dass es ein Vieleck mit einer Winkelsumme von 2 340° gibt. Entscheide, ob es ein solches Vieleck geben kann, begründe deine Entscheidung und bestimme, falls Ida recht hat, die Anzahl der Ecken.

b) Dana behauptet, dass es ein Vieleck gibt, dessen Winkelsumme 3 620° ist. Entscheide, ob es ein solches Vieleck geben kann, begründe deine Entscheidung und bestimme, falls Dana recht hat, die Anzahl der Ecken.

127 Gib jeweils die Größe der restlichen Winkel an.

a) Bei einem Parallelogramm ist $\alpha = 70°$.

b) Bei einem Rechteck ist ein Winkel 90° groß.

c) Bei einem Trapez ist $\alpha = 45°$ und $\delta = 80°$.

d) Bei einer Raute ist $\alpha = 60°$.

e) Bei einem Drachenviereck ist $\alpha = 130°$ und $\beta = 45°$.

f) Bei einem Drachenviereck ist $\alpha = 160°$ und $\beta = 70°$.

Gleichungen

Wie muss man die Seitenlänge x eines Quadrates wählen, um den Umfang 60 cm zu erhalten?

$U = 4 \cdot x$

$60\text{ cm} = 4 \cdot x$

Diese Aussageform nennt man eine Gleichung.
Bei dieser einfachen Gleichung kann man die Lösung $x = 15$ cm erraten, die eine wahre Aussage ergibt.

- **Gleichungen** bestehen aus **zwei** mit einem **Gleichheitszeichen verbundenen Termen** und mindestens einer **Variablen**.
- Ziel beim Lösen von Gleichungen ist es, eine (oder mehrere) Zahl(en) für die Variablen zu finden, sodass beim **Einsetzen** der Zahl(en) in die Variablen auf der linken und der rechten Seite der Gleichung der gleiche Wert entsteht, d. h. die **Aussage wahr** ist. Diese Zahlen nennt man **Lösungen der Gleichung**.
- Die **Grundmenge $\mathbb{G}$** einer Gleichung gibt alle Zahlen an, die als Lösung der Gleichung infrage kommen.
  Wenn keine andere Angabe dabeisteht, ist die Grundmenge $\mathbb{Q}$.
- Falls eine Lösung existiert, heißt die Gleichung lösbar. Löst genau eine Zahl die Gleichung, so heißt die Gleichung eindeutig lösbar. Die **Lösungsmenge $\mathbb{L} = \{...\}$** enthält die Zahlen der Grundmenge, die die Gleichung erfüllen.

Beispiel

$x - 4 = 5$

Lösung:

$x - 4 = 5; \quad \mathbb{G} = \mathbb{Q}$

Für x dürfen alle rationalen Zahlen eingesetzt werden: $\mathbb{G} = \mathbb{Q}$

$x = 9$

Probe: $9 - 4 = 5$

Ergebnis: Die Lösungsmenge ist $\mathbb{L} = \{9\}$.

9 ist Element der Grundmenge und erfüllt die Probe, also ist 9 Lösung.

1 Überprüfen von Lösungen

Um zu überprüfen, ob eine gegebene Zahl eine Lösung einer Gleichung ist, setzt man die Zahl in die linke und die rechte Seite der Gleichung ein und überprüft, ob eine wahre Aussage entsteht.
Achtung: Dadurch kann man zwar feststellen, ob diese Zahl zur Lösungsmenge gehört, es fehlt jedoch der Nachweis weiterer Lösungen.

Beispiel

Überprüfe, ob $x = -5$ und $x = 1$ Lösungen der Gleichung $2x^2 + 13x = 4x + 5$ sind.

Lösung:
Setze $\mathbf{x=-5}$ in die Gleichung ein:

$$2\cdot(\mathbf{-5})^2+13\cdot(\mathbf{-5})=4\cdot(\mathbf{-5})+5$$
$$2\cdot 25\;+\;(-65)\;=\;-20\;+5$$
$$50\;-\;65\;=\;-15$$
$$-15\;=\;-15$$

Die Aussage ist wahr, d. h., $\mathbf{x=-5}$ ist **eine Lösung** der Gleichung.

Setze $\mathbf{x=1}$ in die Gleichung ein:

$$2\cdot\mathbf{1}^2+13\cdot\mathbf{1}=4\cdot\mathbf{1}+5$$
$$2\;+\;13\;=\;4\;+5$$
$$15\;=\;9$$ ← Diese Gleichung ist falsch.

Die Aussage ist falsch, d. h., $\mathbf{x=1}$ ist **keine Lösung** der Gleichung.

128 Prüfe, ob die angegebene Zahl eine Lösung der Gleichung ist.

L 128

a) $5x+3=-4$; $x=-\frac{7}{5}$

b) $\frac{2}{3}x-\frac{5}{3}+2x=1$; $x=-2$

c) $x^2+3x-1=3$; $x_1=1$; $x_2=-4$

d) $\frac{x-2}{x+2}=\frac{1}{3}$; $x=4$

e) $6x^3-11x^2=14x-24$;
$x_1=2$; $x_2=-\frac{3}{2}$; $x_3=\frac{4}{3}$

f) $\frac{3x^2-4x+5}{2x-3}=3x+\frac{1}{2}$;
$x_1=2$; $x_2=0$

g) $-x^2+\frac{2}{36}x=-\frac{2}{3}x^2-\frac{15}{36}x+\frac{1}{6}$;
$x_1=\frac{2}{3}$; $x_2=\frac{1}{2}$; $x_3=0$

h) $\frac{\frac{1}{2}x^2+\frac{1}{24}}{\frac{1}{3}x^2-\frac{1}{3}x}=-2$;
$x_1=\frac{1}{2}$; $x_2=-\frac{1}{3}$

i) $\left(x+\frac{2}{5}\right)^2-\left(x-\frac{1}{2}\right)^2=0{,}63$;
$x_1=-1$; $x_2=\frac{2}{5}$

j) $\frac{1}{3}x-\frac{5}{2}+3x-\frac{2}{3}=6\frac{5}{6}$;
$x=3$

k) $\left(\frac{1}{2}x-\frac{2}{3}\right)\cdot(-x-1)=0$; $x_1=\frac{2}{3}$; $x_2=\frac{4}{3}$; $x_3=1$

l) $\left(x-\frac{1}{2}\right)\cdot\left(\frac{1}{3}x+\frac{1}{2}\right)\cdot\left(-\frac{1}{3}x-\frac{1}{2}\right)=14{,}625$; $x_1=-6$; $x_2=\frac{1}{3}$

2 Lösen durch systematisches Probieren

Das systematische (bzw. geschickte) Probieren ist ein Lösungsverfahren, das bei geeigneten Problemen zur Lösung führen kann. Ein festgelegtes Verfahren gibt es nicht. Man muss sich an die Lösung der Gleichung „herantasten“.

Beispiel

Beim Druck eines zweifarbigen Logos gibt es 30 Möglichkeiten, zwei Farben aus verschiedenen Grundfarben auszuwählen.
Bestimme die Anzahl der zur Verfügung stehenden Grundfarben.

Lösung:
Festlegung der Variablen:
x Anzahl der Möglichkeiten für die erste Farbe (entspricht der Anzahl der verschiedenen Grundfarben)
$x-1$ Anzahl der Möglichkeiten für die zweite Farbe

Aufstellen der Gleichung für die Kombination beider Farben:
$x \cdot (x-1) = 30$

Lösen durch geschicktes Probieren:
$x = 1$: $1 \cdot (1-1) = 0 < \mathbf{30}$
$x = 10$: $10 \cdot (10-1) = 90 > \mathbf{30}$
$x = 5$: $5 \cdot (5-1) = 20 < \mathbf{30}$
$x = 6$: $6 \cdot (6-1) = \mathbf{30}$ **(Lösung!)**

Es stehen **sechs** verschiedene Grundfarben zur Verfügung.

129 Bestimme jeweils eine Lösung der Gleichung durch systematisches Probieren über der Grundmenge $\mathbb{N}_0$. L 129–130

a) $2x - 4 = 8$
b) $4b^2 - 2b = 30$
c) $a \cdot (a+3) = 108$
d) $(x-3)^2 = 4$ (2 Lösungen)
e) $5 \cdot (x-4) = 10$
f) $\frac{x-4}{x+4} = \frac{1}{3}$
g) $9x - 5 = 6x + 7$
h) $x^2(x+1)^2 = 36$

130 „$x^2 + 5 = 2$ ist eine Gleichung, die keine Lösung hat.“
Nimm zu dieser Aussage Stellung.

3 Die Äquivalenzumformung

Betrachte die Gleichung $2x+3=25$. Schon bei dieser relativ einfachen Gleichung ist es schwierig, eine Lösung zu erraten.
Um die Gleichung zu lösen, isolierst du die Variable mittels Umformungen auf eine Seite des Gleichheitszeichens. Allerdings dürfen die Umformungen die Lösung der ursprünglichen Gleichung nicht verändern. Das kannst du verstehen, wenn du an eine Balkenwaage denkst:
Sie bleibt im Gleichgewicht, wenn auf beiden Waagschalen das gleiche Gewicht aufgelegt oder von ihnen weggenommen wird. Überträgt man dies auf eine Gleichung, muss auf beiden Seiten des Gleichheitszeichens das Gleiche (das Äquivalente) verändert werden.

Um **Gleichungen zu lösen**, **isolierst** du die **Variable** auf eine Seite des Gleichheitszeichens. Damit die Lösung der neuen Gleichung mit der Lösung der ursprünglichen Gleichung übereinstimmt, darfst du ausschließlich die folgenden **Äquivalenzumformungen** durchführen:

- die **Addition bzw. Subtraktion auf beiden Seiten** der Gleichung mit derselben Zahl,
- die **Multiplikation bzw. Division auf beiden Seiten** der Gleichung mit derselben Zahl ungleich null.

Beispiel

$2x+3=25$

Lösung:

$$\begin{aligned} 2x+3&=25 \quad &|-3\\ 2x+\underbrace{3-3}_{=0}&=25-3\\ 2x&=22 \quad &|:2\\ 2x:2&=22:2\\ x&=11 \end{aligned}$$

Isoliere x auf eine Seite des Gleichheitszeichens durch Subtraktion von 3. Gib die **Äquivalenzumformungen** stets **hinter einem senkrechten Strich** in der jeweiligen Zeile der Gleichung an. So kannst du später leichter nachvollziehen, was du gerechnet hast.

Probe:

$$\begin{aligned} 2\mathbf{x}+3&=25\\ 2\cdot\mathbf{11}+3&=25\\ 22+3&=25\\ 25&=25 \end{aligned}$$

Überprüfe deine Lösung durch Einsetzen in die Anfangsgleichung.

Ergebnis: Die Lösungsmenge der Gleichung ist $\mathbb{L}=\{11\}$.

131 Verbessere die Fehler.

L 131–132

a) $9 - 2x = 16 \quad | -9$

$2x = 7 \quad | :2$

$x = 3{,}5$

b) $5x + 45 = 5 \quad | :5$

$x + 45 = 1 \quad | -45$

$x = 46$

132 Bestimme die Lösungsmengen der Gleichungen.

a) $3x - 1 = -11$

b) $-3x + 1 - (2x + 7) = 24$

c) $x : (-12) = 5$

d) $x : 1{,}2 - \frac{4}{5} = \frac{1}{10}$

e) $(-x) : 3 - \frac{1}{9} = \frac{2}{3}$

f) $5 = -\frac{4}{3} - 19x$

4 Lösungsstrategie für komplizierte Gleichungen

Oft sind die Gleichungen, für die die Lösungsmenge gesucht wird, sehr komplex und du musst viele einzelne Rechenschritte nacheinander ausführen. Wenn du die angegebene Reihenfolge streng beachtest, gelangst du sicher ans Ziel.

Komplizierte Gleichungen kannst du mit folgender Strategie lösen:

1. **Vereinfache** die Gleichung, indem du Klammern auflöst und gleichartige Glieder zusammenfasst.
2. **Isoliere** die gesuchte Variable mittels Äquivalenzumformungen.
3. **Überprüfe**, ob die gefundene Lösung Element der Grundmenge ist, und mache die **Probe** durch Einsetzen der Lösung in die Gleichung.
4. Gib die **Lösungsmenge** an.

Beispiele

1. Bestimme die Lösungsmenge der Gleichung $9x - 2 - (7x + 2) = -4x$.

Lösung:

Schritt 1: Vereinfache die Gleichung.

$$9x - 2 - (7x + 2) = -4x$$

Löse die Klammer auf und fasse zusammen.

$$9x - 2 - 7x - 2 = -4x$$
$$9x - 7x - 2 - 2 = -4x$$
$$2x - 4 = -4x$$

Schritt 2: Isoliere die Variable.

Isoliere die Variable x, indem du 4x addierst und anschließend die Zahl 4 addierst. Dividiere dann durch den Vorfaktor 6 der Variablen.

$$
\begin{aligned}
2x - 4 &= -4x && \mid +4x \\
2x \mathbf{+4x} - 4 &= -4x \mathbf{+4x} \\
6x - 4 &= 0 && \mid +4 \\
6x &= 4 && \mid :6 \\
6x \mathbf{:6} &= 4 \mathbf{:6} \\
x &= \frac{\not{4}^{2}}{\not{6}^{3}}
\end{aligned}
$$

Schritt 3: Überprüfung

$\frac{2}{3}$ ist eine rationale Zahl und damit in der Grundmenge $\mathbb{Q}$ enthalten. Die Probe zeigt, dass die gefundene Lösung richtig ist.

$$\frac{2}{3} \in \mathbb{Q}$$

Probe:

$$
\begin{aligned}
\not{9}^{3} \cdot \frac{2}{\not{3}^{1}} - 2 - \left(7 \cdot \frac{2}{3} + 2\right) &= -4 \cdot \frac{2}{3} \\
6 - 2 - \frac{14}{3} - 2 &= -\frac{8}{3} \\
2 - \frac{14}{3} &= -\frac{8}{3} \\
\frac{6}{3} - \frac{14}{3} &= -\frac{8}{3} \\
-\frac{8}{3} &= -\frac{8}{3}
\end{aligned}
$$

Schritt 4: Angabe der Lösungsmenge

Ergebnis: Die Lösungsmenge der Gleichung ist $\mathbb{L} = \left\{\frac{2}{3}\right\}$.

2. Bestimme die Lösungsmenge der Gleichung $(x+2) \cdot (2x-9) + (x+3)^2 = (2x-1)^2 - x^2 + 5$.

Lösung:

Schritt 1: Vereinfache die Gleichung.

$$
\begin{aligned}
(x+2) \cdot (2x-9) + (x+3)^2 &= (2x-1)^2 - x^2 + 5 \\
2x^2 - 9x + 4x - 18 + x^2 + 6x + 9 &= 4x^2 - 4x + 1 - x^2 + 5 \\
2\mathbf{x^2} - 5x - 18 + \mathbf{x^2} + 6x + 9 &= 4\mathbf{x^2} - 4x + 1 - \mathbf{x^2} + 5 \\
3x^2 - 5\mathbf{x} - 18 + 6\mathbf{x} + 9 &= 3x^2 - 4\mathbf{x} + 1 + 5 \\
3x^2 - \mathbf{18} + x + \mathbf{9} &= 3x^2 - 4x + \mathbf{1} + \mathbf{5} \\
3x^2 + x - 9 &= 3x^2 - 4x + 6
\end{aligned}
$$

Schritt 2: Isoliere die Variable.

$$
\begin{aligned}
3x^2 + x - 9 &= 3x^2 - 4x + 6 && \mid -3x^2 \\
x - 9 &= -4x + 6 && \mid +4x \\
5x - 9 &= 6 && \mid +9 \\
5x &= 15 && \mid :5 \\
x &= 3
\end{aligned}
$$

Schritt 3: Überprüfung bzw. Probe

$$\begin{aligned}(3+2)\cdot(2\cdot3-9)+(3+3)^2 &= (2\cdot3-1)^2-3^2+5\\ 5\cdot(6-9)+6^2 &= (6-1)^2-9+5\\ -15+36 &= 25-9+5\\ 21 &= 21\end{aligned}$$

Schritt 4: Angabe der Lösungsmenge

Ergebnis: Die Lösungsmenge der Gleichung ist $\mathbb{L}=\{3\}$.

133 Löse folgende Gleichungen bezüglich der Grundmenge $\mathbb{Q}$.

L 133–134

a) $3x-1=x-1$

b) $\frac{3}{4}x-\frac{3}{4}=1{,}75x+1{,}75$

c) $3x+16=9x-12x+18$

d) $\frac{x}{2}-\frac{x}{8}=2+\frac{x}{4}-\frac{7}{8}x$

e) $-\left(1\frac{2}{3}+3x\right)-2+\frac{1}{3}\cdot x=2$

f) $\frac{1}{8}-\left(7x+\frac{2}{8}\right)-\frac{1}{2}=0$

g) $2-\left(11\frac{2}{3}-x\right):2+0{,}5\cdot\frac{1}{3}=-\frac{1}{6}$

h) $-2\frac{1}{3}\cdot\left(5\frac{1}{2}x+1{,}2x\right)-\left(\frac{1}{2}x-4\right)=1\frac{2}{5}$

134 Bestimme die Lösungsmengen folgender Gleichungen.

a) $-\frac{9}{7}=-\frac{7}{9}x$

b) $\frac{x}{15}=0{,}3:0{,}01$

c) $(-x):1\,024=\frac{13}{128}$

d) $\frac{2x}{3}+\frac{5}{3}=x+4$

e) $\frac{1}{7}x+\frac{1}{3}x-15=-2+\frac{1}{6}x$

f) $3x-4\cdot(11+x)=5x-2\cdot(10-x)$

g) $(x-4)\cdot(3x-7)=(4+3x)\cdot(x-8)$

h) $\left(\frac{1}{2}x-1\right)^2+\left(\frac{1}{2}x+1\right)^2=\left(\frac{1}{2}x-2\right)^2+\left(1-\frac{1}{2}x\right)^2$

i) $3{,}75x-(1{,}5+0{,}5x)=-3{,}75-\left[(1{,}5-x)-1\frac{1}{2}x\right]+3\frac{3}{5}$

j) $-(x+2)\cdot(7-x)-(x-1)^2=0$

k) $12x-5\cdot[3x-4\cdot(3+2x)-1]=173$

l) $(2-x)^2-(x-2)^2=-[(x-2)\cdot(x+2)+(x^2+2^2)]$

m) $\left\{[(x+1)\cdot2+0{,}5]\cdot3+\frac{1}{3}\right\}\cdot4+\frac{1}{4}=\left\{\left[(x+1)\cdot2+\frac{x}{2}\right]\cdot3+\frac{x}{3}\right\}\cdot4+\frac{1}{4}x$

5 Vermischte Aufgaben

135 Ein Gymnasium wird von m Schülern und w Schülerinnen besucht.
Beschreibe, welche Aussagen mit den folgenden Gleichungen gemacht werden.

L 135–149

a) $m = w + 25$
b) $m + w = 870$
c) $m = \frac{1}{3}w$
d) $3m = w$
e) $m + w = 2w - 68$
f) $m - w = 10$

136 In einer Lostrommel befinden sich rote und weiße Kugeln. Insgesamt sind 120 Kugeln in der Trommel. Es sind 26 rote Kugeln mehr als weiße Kugeln. Bestimme, wie viele weiße bzw. rote Kugeln sich in der Trommel befinden.

137 In einem Betrieb arbeiten dreimal so viele Männer wie Frauen. Insgesamt gibt es 520 Mitarbeiterinnen und Mitarbeiter.
Bestimme, wie viele Frauen bzw. Männer in dem Betrieb arbeiten.

138 Bei einer Lotterie gibt es pro 8 Lose 1 Gewinn (d. h. 7 Nieten und 1 Gewinn). Insgesamt wurden 1 400 Lose verkauft.
Bestimme, wie viele Nieten bzw. Gewinne es bei dieser Lotterie gab.

139 Eine Klasse hat 9 Jungen mehr als Mädchen.
Wenn ein Mädchen fehlt (und alle Jungen anwesend sind), dann sind es sogar doppelt so viele Jungen wie Mädchen.
Bestimme, wie viele Jungen und Mädchen die Klasse hat.

140 Die Summe zweier Zahlen beträgt 650, die Differenz dieser Zahlen ist –22.
Bestimme, um welche Zahlen es sich handelt.

141 Eine unbekannte zweistellige Zahl kann man mit dem Term $y \cdot 10 + x \cdot 1$ darstellen. Dabei ist y der Wert der unbekannten Zehnerstelle und x der Wert der unbekannten Einerstelle . So ergibt sich z. B. für die Zahl 73 die Darstellung:
$73 = 7 \cdot 10 + 3 \cdot 1$ mit $y = 7$ und $x = 3$
Verwende diesen Ansatz für folgende Aufgabe:
Gesucht ist eine zweistellige Zahl. Die Einerstelle ist um 3 kleiner als die Zehnerstelle. Die gesuchte Zahl ist siebenmal so groß wie ihre Quersumme.

142 Die Einerziffer einer zweistelligen Zahl ist um 2 kleiner als die Zehnerziffer. Verdoppelt man die Zehnerziffer, so verdoppelt sich der Wert der Zahl. Ermittle diese Zahl.

143 Paula denkt sich eine Zahl. Sie multipliziert ihre Zahl mit 3, subtrahiert von der Zahl 3 und dividiert die Zahl durch 3. Addiert Paula die drei Werte und zieht 13 ab, so erhält sie das Fünffache ihrer Zahl.
Ermittle, an welche Zahl Paula denkt.

144 Addiert man den dritten, den vierten, den sechsten und den achten Teil einer Zahl, so ist das Ergebnis um 3 kleiner als die Zahl selbst.
Ermittle diese Zahl.

145 Von drei Zahlen ist die erste doppelt so groß wie die dritte und die zweite um 5 kleiner als die erste.
Bestimme die Zahlen, wenn ihre Summe 1 000 beträgt.

146 In einem Dreieck ist der Winkel α dreimal so groß wie der Winkel β. α und β zusammen sind doppelt so groß wie der dritte Winkel γ.
Bestimme die Winkel α, β und γ.

147 In einem Rechteck mit einem Umfang von 30 cm ist die Länge $1\frac{1}{2}$-mal so groß wie die Breite.
Berechne die Seiten.

148 Im Chemieunterricht will der Lehrer 3 ℓ einer 3 %igen Salzsäure (3 Teile Salzsäure, 97 Teile Wasser) herstellen. In der Chemiesammlung gibt es eine 40 %ige Salzsäure. Ermittle, wie viel Wasser bzw. Salzsäure der Chemielehrer mischen muss.

149 a) Ein Fabrikant möchte 1 000 ℓ Aprikosennektar mit 25 %igem Fruchtsaftgehalt herstellen. Es steht ein 65 %iger Fruchtsaft aus Aprikosen zur Verfügung.
Bestimme, wie viel Wasser und 65 %iger Fruchtsaft gemischt werden müssen.

b) Nun möchte er einen 10 %igen Fruchtsaft mit einem 45 %igen Fruchtsaft mischen, sodass 500 ℓ 25 %iger Fruchtsaft entstehen.
Bestimme, wie viele Liter er von dem 10 %igen Fruchtsaft und dem 45 %igen Fruchtsaft mischen muss.

Mathematik im Alltag

1 Wiederholung und Vertiefung der Prozentrechnung

Die Aktie der Firma Kreativ stieg gestern von 20,00 € auf 21,00 €. Eine Aktie der Firma Gauß konnte sich im gleichen Zeitraum von 150,00 € auf 156,00 € verteuern. Bei welcher Aktie hatte der Anleger einen größeren Wertzuwachs seines Geldes?

Der Vergleich ist schwierig, da die Grundbeträge (20 € und 150 €) unterschiedlich sind. Du kannst die richtige Antwort finden, wenn du folgende Frage stellst: Welcher Gewinn wurde gestern erzielt, wenn man für 100 € Aktien der jeweiligen Firma hatte?

Lösung:
Mittels Dreisatz berechnest du den Gewinn für die Firma Kreativ:

Eine Aktie für	**20 €**	bringt	**1 €**	Gewinn.
Aktien für	**100 €**	bringen	**5 €**	Gewinn.

Bei der Firma Gauß erhältst du folgenden Gewinn:

Eine Aktie für	**150 €**	bringt	**6 €**	Gewinn.
(Teil-)Aktien für	**100 €**	bringen	**4 €**	Gewinn.

Ergebnis: Mit Aktien der Firma Kreativ im Wert von 100 € wurde gestern ein Gewinn von 5 € gemacht, mit Aktien der Firma Gauß im selben Wert wurde ein Gewinn von 4 € erzielt. Demnach war der Wertzuwachs bei den Aktien der Firma Kreativ gestern höher.

Um Größenangaben zu vergleichen, die sich auf verschiedene Grundgrößen bzw. Grundwerte beziehen, wird die **Prozentrechnung** eingeführt.

- „**Prozent**“ bedeutet „**je hundert**“ und wird bei der Berechnung von Anteilen verwendet.
- **Verschiebt** man das Komma einer reellen Zahl um **zwei Stellen nach rechts**, so erhält man ihren Wert in Prozent.
- **Ersetzt** man das **Prozentzeichen %** durch $\frac{1}{100}$ und **multipliziert** damit die Zahl vor dem Prozentzeichen, so erhält man die zugehörige reelle Zahl.
- **‰ bedeutet Promille**, d. h., im Nenner steht 1 000 bzw. das Komma wird um drei Stellen nach rechts verschoben.

Beispiele

1. $0{,}213 = 21{,}3\,\%$

Verschiebst du bei 0,213 das Komma um zwei Stellen nach rechts, so erhältst du den zugehörigen Prozentwert.

2. $45{,}743 = 45\,743\,‰$

Verschiebst du bei 45,743 das Komma um drei Stellen nach rechts, so erhältst du den zugehörigen Promillewert.

3. $7\,\% = 7 \cdot \frac{1}{100} = \frac{7}{100} = 0{,}07$

Ersetze das Prozentzeichen durch $\frac{1}{100}$ und multipliziere die Zahl 7 damit.

4. $3\,‰ = 3 \cdot \frac{1}{1\,000} = \frac{3}{1\,000} = 0{,}003$

Ersetze das Promillezeichen durch $\frac{1}{1000}$ und multipliziere die Zahl 3 damit.

Bei der Prozentrechnung gilt: 10 % von 120 € sind 12 €. Dabei ist 10 % der **Prozentsatz p**, 120 € ist der **Grundwert G** und 12 € ist der **Prozentwert P**.

Nach folgenden Formeln berechnest du die gesuchte Größe, wenn die beiden anderen Werte gegeben sind:

Prozentwert:	Prozentsatz:	Grundwert:
$P = G \cdot \frac{p}{100\,\%}$	$p = \frac{P}{G} \cdot 100\,\%$	$G = \frac{P}{p} \cdot 100\,\%$

Beispiele

5. Die Mehrwertsteuer liegt in Deutschland bei 19 %. Ohne Mehrwertsteuer kostet das Produkt 12 €. Bestimme, wie viel die Mehrwertsteuer beträgt.

Lösung:
19 % ist der **Prozentsatz p**,
12 € ist der **Grundwert G**.

$$P = 12\,€ \cdot \frac{19\,\%}{100\,\%} = 0{,}12\,€ \cdot 19 = 2{,}28\,€$$

Ergebnis: Die Mehrwertsteuer beträgt 2,28 €.

Ordne die Begriffe Prozentsatz, Grundwert und Prozentwert zu.
Der **Prozentwert** ist gesucht:
$P = G \cdot \frac{p}{100\,\%}$

6. Das Gehalt von Herrn Stadler steigt um 5 %. Sein neues Gehalt beträgt 1 942,50 €. Ermittle, wie viel Herr Stadler vor der Erhöhung verdiente.

Lösung:
105 % ist der **Prozentsatz p**,
1 942,50 € ist der Prozentwert P.

$$G = \frac{1\,942{,}50\,€}{105\,\%} \cdot 100\,\% = 18{,}5\,€ \cdot 100 = 1\,850\,€$$

Ergebnis: Herr Stadler verdiente vor der Erhöhung 1 850 €.

Ordne die Begriffe zu. Das neue Gehalt ist 5 % höher als das bisherige. Setze das bisherige Gehalt gleich 100 %, dann entspricht das neue Gehalt 105 %. Das ist der Prozentsatz.
Gesucht ist der Grundwert:
$G = \frac{P}{p} \cdot 100\,\%$

7. Bei der letzten Gemeinderatswahl in Überdingen wurden 425 Stimmen abgegeben. 102 Stimmen gingen dabei an die „Orangen“. Berechne, wie viel Prozent der abgegebenen Stimmen die „Orangen“ erhielten.

Lösung:

425 Stimmen ist der Grundwert, 102 Stimmen ist der Prozentwert.

$$p = \frac{102 \text{ Stimmen}}{425 \text{ Stimmen}} \cdot 100\ \% = \frac{6}{25} \cdot 100\ \% = 24\ \%$$

Ergebnis: Die „Orangen“ erhielten 24 % der abgegebenen Stimmen.

150 Gib als gekürzten Bruch und als Dezimalbruch an.

L 150–167

a) 25 % b) 2 Promille c) 22,4 %

d) 0,0024 ‰ e) 112,58 % f) 1,25 ‰

g) 2 866,4 % h) $245\frac{1}{3}$ ‰ i) $245\frac{1}{3}$ %

151 Verwandle in Prozent. Runde, falls nötig, das Ergebnis auf die zweite Stelle nach dem Komma.

a) $\frac{5}{4}$ b) 1,358 c) $10\frac{1}{3}$

d) $\frac{1}{6}$ e) $\frac{4}{9}$ f) 0,1258

152 Berechne den gesamten Prozentsatz des ursprünglichen Grundwertes.

a) 112 % von 112 % b) 60 % von 40 % c) 40 % von 60 %

d) 12 ‰ von 16 % e) 125 % von 125 ‰ f) 2,4 ‰ von $1\frac{1}{16}$ ‰

153 Berechne jeweils die fehlenden Werte:

	Grundwert	Prozentwert	Prozentsatz
a)	525 m^3	?	140 %
b)	?	225 t	12,5 %
c)	1,2 m^2	14,4 m^2	?
d)	120	?	40 %
e)	6 ℓ	7,2 mℓ	?
f)	?	132,5	12,5 %

154 Der Preis eines Laptops wurde um 12 % erhöht. Nun kostet er 1 120 €.
Bestimme, wie hoch der Preis vor der Erhöhung war.

155 Ein Möbelhaus bietet bei sofortiger Barzahlung 3 % Nachlass (Skonto) an.
Familie Hempel kauft sich eine Wohnzimmereinrichtung und bezahlt mit Skonto 6 345,74 €.
Bestimme, mit welchem Preis die Möbel ausgezeichnet waren.

156 Nach jahrelangen Nullrunden beschließt der Vorstand der Firma QeWag AG eine Lohnerhöhung. Der Lohn von Frau Liebig steigt um 238,20 €. Nach der Erhöhung bekommt sie monatlich 2 223,20 €.
Ermittle die prozentuale Erhöhung.

157 Beim Basketballspiel Blau gegen Weiß lautet das Ergebnis 85 : 77 für Blau.

a) Berechne, wie viel Prozent der insgesamt erzielten Punkte die beiden Mannschaften jeweils erreicht haben.

b) Bestimme den Prozentsatz der Punkte, den Blau mehr als Weiß erzielt hat.

158 Bei der Kommunalwahl in Kirchstadt wählen 27 % der teilnehmenden Wahlberechtigten die Partei ABC.
Von den restlichen Stimmen entfielen 76 % auf die Partei XYZ. Insgesamt bekam die XYZ 548 Stimmen.

a) Berechne, wie viele Stimmberechtigte ihre Stimme abgaben.

b) In Kirchstadt leben 1 235 Wahlberechtigte.
Bestimme, wie hoch die Wahlbeteiligung war.

159 Das Schwimmbad im Ort hatte in den letzten Jahren folgende Besucherzahlen.

Jahr	2017	2018	2019
Besucherzahl	45 388	48 293	50 197

a) Berechne die prozentuale Zunahme von Jahr zu Jahr.

b) Vom Jahr 2019 zum Jahr 2020 wird eine Steigerung der Besucherzahlen um 4,5 % erwartet.
Ermittle, wie viele Besucherinnen und Besucher 2020 ins Schwimmbad kommen müssten.

160 Nach zähen Verhandlungen konnte Familie Müller für eine Dachterrassenwohnung einen Kaufwert von 225 000 € erreichen. 1,5 % des Kaufpreises erhält der Notar für seine Dienste. 3,41 % von 225 000 € müssen an den Immobilienmakler für die Vermittlung der Wohnung überwiesen werden. Die Stadt erhält 3,5 % des Kaufpreises als Grunderwerbssteuer.

a) Bestimme, wie viel Geld Familie Müller von der Bank leihen muss, wenn sie 25 000 € Eigenkapital hat.

b) Familie Müller möchte 1,5 % des Gesamtdarlehens im ersten Jahr tilgen. Bestimme, wie hoch der Zinssatz des Kredits höchstens sein darf, wenn Familie Müller 15 000 € jährlich an die Bank zahlen kann.

161 Ein Handy kostet ohne Mehrwertsteuer 85 €.

a) Bestimme, wie viel das Handy mit der Mehrwertsteuer (19 %) kostet.

b) Die Mehrwertsteuer wird auf 22 % erhöht.
Bestimme, wie viel das Handy mit der höheren Mehrwertsteuer kostet.

c) Ermittle, um wie viel Prozent sich der Preis aufgrund der Erhöhung der Mehrwertsteuer steigert.

162 Am 1. April kostete der Liter Heizöl 60,50 ct. Acht Wochen später musste man 65,50 ct zahlen.

a) Berechne die prozentuale Zunahme.

b) Bei Abnahme von 3 500 ℓ Heizöl erhält man 3,5 % Rabatt. Zusätzlich werden 2 % Skonto gewährt.
Berechne, wie viel man am 1. April für 3 500 ℓ Heizöl bezahlen musste.

163 Die Aktie der Firma Fortuna kostet am Morgen 35,50 €. Ihr Wert steigt bis zum Mittag um 10 % und fällt dann vom Mittagswert bis zum Abend wieder um 10 %.

a) Ist eine der folgenden Aussagen wahr? Begründe deine Antwort.

Aussage 1: Der Wert der Aktie ist vom Morgen zum Abend um insgesamt 1 % gestiegen.

Aussage 2: Die Aktie ist am Abend wieder genauso viel wert wie am Morgen.

Aussage 3: Der Wert der Aktie ist vom Morgen zum Abend um insgesamt 1 % gefallen.

b) Ermittle den Wert der Aktie am Mittag und am Abend.

164 Die Anzahl der Schülerinnen und Schüler in einem Gymnasium stieg im ersten Jahr um 6 % und im zweiten Jahr um 5 %.

a) Ermittle, wie groß die gesamte prozentuale Zunahme in den beiden Jahren ist.

b) Ermittle, um wie viel Prozent die Anzahl der Schülerinnen und Schüler im dritten Jahr abnehmen müsste, wenn die Gesamtzunahme höchstens 10 % betragen darf.

165 Ein Bekleidungsgeschäft in der Innenstadt möchte sein Lager räumen. Der Händler überlegt sich folgende Aktionen:

1) 20 % Rabatt auf alle Waren

2) 16 % Rabatt auf alle Waren und bei Barzahlung zusätzlich 4 % auf den Rabattpreis

a) Begründe rechnerisch, dass folgende Aussage falsch ist:
„Für Kunden, die bar zahlen, ist es egal, ob der Händler Aktion 1 oder Aktion 2 anbietet.“

b) Du hast eine Hose für 75 € entdeckt. Ermittle, wie viel du in beiden Fällen jeweils zahlst.

c) Ermittle, wie viel ein Pullover vor der Aktion kosten darf, wenn du 50 € zur Verfügung hast. Prüfe wieder beide Fälle.

166 Ein Getränk enthält 30 % reinen Fruchtsaft und 70 % Wasser.

a) Berechne, wie viel Wasser man zu 5 ℓ Getränk hinzugeben muss, um den Fruchtsaftgehalt auf 10 % zu senken.

b) Berechne, wie viel reinen Saft man nun zugeben muss, um den Fruchtsaftgehalt wieder auf 30 % zu bringen.

167 Ein Würfel hat eine Gesamtkantenlänge von 6 m. Jede Kante wird um 10 % verlängert.

a) Ermittle die prozentuale Zunahme der Oberfläche.

b) Ermittle die prozentuale Zunahme des Volumens.

2 Kennwerte und Boxplot

Du hast bereits verschiedene Arten von Diagrammen (vgl. S. 148) kennengelernt, um Daten zu veranschaulichen, sowie wichtige Kennwerte wie die relative Häufigkeit (vgl. S. 159) und das arithmetische Mittel (vgl. S. 147).

Beispiel

Bei einem Test im Fach Mathematik konnten maximal 12 Punkte erzielt werden. Der Lehrer hat die Ergebnisse der Klasse in einer Strichliste zusammengefasst. Für die Rückgabe des Tests in der nächsten Stunde berechnet er die relativen Häufigkeiten und das arithmetische Mittel.

<table>
<tr><th>Punkte</th><th>12</th><th>11</th><th>10</th><th>9</th><th>8</th><th>7</th><th>6</th><th>5</th><th>4</th><th>3</th><th>2</th><th>1</th><th>0</th></tr>
<tr><td>Anzahl</td><td></td><td>||</td><td>|</td><td>|||</td><td>𝍸</td><td>|||</td><td>||</td><td>|</td><td>||</td><td>||</td><td></td><td>|</td><td></td></tr>
</table>

Er berechnet dabei zunächst die Gesamtanzahl an Tests:

$2+1+3+5+3+2+1+2+2+1=22$

Zur Bestimmung der relativen Häufigkeiten teilt er die in der Strichliste gegebenen Anzahlen jeweils durch die Gesamtanzahl an Tests:

Punkte	12	11	10	9	8	7	6
rel. Häufigkeit	0 %	$\frac{2}{22}$ $\approx 9\,\%$	$\frac{1}{22}$ $\approx 5\,\%$	$\frac{3}{22}$ $\approx 14\%$	$\frac{5}{22}$ $\approx 23\,\%$	$\frac{3}{22}$ $\approx 14\%$	$\frac{2}{22}$ $\approx 9\,\%$

Punkte	5	4	3	2	1	0
rel. Häufigkeit	$\frac{1}{22}$ $\approx 5\,\%$	$\frac{2}{22}$ $\approx 9\,\%$	$\frac{2}{22}$ $\approx 9\,\%$	0 %	$\frac{1}{22}$ $\approx 5\,\%$	0 %

Das arithmetische Mittel ist der Quotient aus der Summe aller erzielten Punktzahlen und dem Grundwert. Dazu werden im Zähler die jeweiligen Punktzahlen mit ihrer absoluten Häufigkeit multipliziert:

$$\frac{\mathbf{2}\cdot 11+\mathbf{1}\cdot 10+\mathbf{3}\cdot 9+\mathbf{5}\cdot 8+\mathbf{3}\cdot 7+\mathbf{2}\cdot 6+\mathbf{1}\cdot 5+\mathbf{2}\cdot 4+\mathbf{2}\cdot 3+\mathbf{1}\cdot 1}{22}=\frac{152}{22}\approx 6{,}91$$

Im Mittel hat die Klasse 6,91 Punkte bei dem Test erreicht.

Wird zu einer Erhebung nur der Mittelwert angegeben, so lässt sich nicht viel über die Verteilung der Daten aussagen. Zudem wird das arithmetische Mittel von Ausreißern stark beeinflusst. Für eine genauere Beschreibung der Verteilung der Daten können weitere Kennwerte bestimmt und in einem Boxplot („Kastenzeichnung") grafisch dargestellt werden.

Liegen die Daten in Form einer Rangliste vor, so gilt:

- Das **Minimum** ist der kleinste Wert der Rangliste.
- Das **Maximum** ist der größte Wert der Rangliste.
- Die **Spannweite** gibt die Differenz aus Maximum und Minimum an.
- Der **Median (Zentralwert)** steht in der Mitte der Rangliste und wird wie in den nachfolgenden Bemerkungen berechnet.
- Das **untere Quartil** entspricht dem Zentralwert der unteren Ranglistenhälfte.
- Das **obere Quartil** entspricht dem Zentralwert der oberen Ranglistenhälfte.
- Der **Quartilsabstand** ist die Differenz aus oberem und unterem Quartil.

Ein **Boxplot** ist ein Diagramm, das diese Kennwerte darstellt. Der Bereich zwischen dem unteren und dem oberen Quartil wird als **Box** bezeichnet. Die Bereiche außerhalb der beiden Quartile sind die **Antennen**.

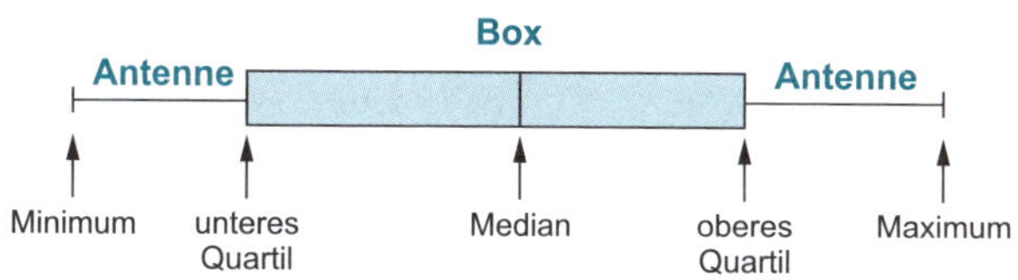

Bemerkungen

- Bei einer **geraden Anzahl** von Ranglistenelementen wird der Median als **arithmetisches Mittel** der beiden in der Mitte stehenden Listenwerte berechnet.
- *Beachte:* Bei einer **ungeraden Anzahl** von Ranglistenelementen zählt der Median weder zur unteren noch zur oberen Ranglistenhälfte.

Beispiel

Um der Klasse bei Rückfragen genaue Auskunft geben zu können, berechnet der Lehrer für die Testergebnisse alle wichtigen Kennwerte. Dazu notiert er die Punktzahlen aus der Strichliste der Größe nach aufsteigend als Rangliste.

1 3 3 4 4 **5** 6 6 7 7 7 | 8 8 8 8 8 **9** 9 9 10 11 11

5: unteres Quartil; **|**: Median; **9**: oberes Quartil

Minimum:	1
Maximum:	11
Spannweite:	$11-1=10$
Median:	$\frac{7+8}{2}=7{,}5$
unteres Quartil:	5
oberes Quartil:	9
Quartilsabstand:	$9-5=4$

Da es 22 Punktzahlen sind, wird das arithmetische Mittel gebildet.

Anschließend zeichnet er den zugehörigen **Boxplot**.

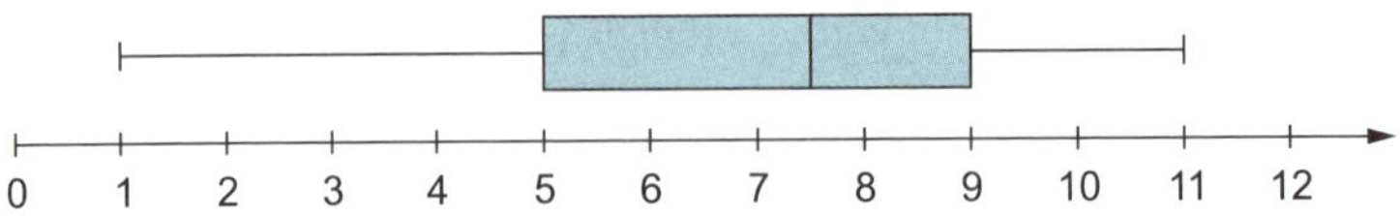

168 Bei einem Versuch würfelt man 200-mal und erhält folgende Verteilung.

L 168–176

Augenzahl	1	2	3	4	5	6
absolute Häufigkeit	30	16	45	12	42	55

a) Berechne das arithmetische Mittel aller Würfe.

b) Berechne den relativen Anteil für jede Augenzahl.

169 Die Tabelle zeigt die Marktanteile verschiedener Fernsehsender.

a) Rechnet man alle Marktanteile des ersten Zeitintervalls zusammen, so erhält man 57 %, beim zweiten Zeitintervall sind es 55,8 %. Entscheide begründet, ob im ersten Zeitintervall mehr Zuschauerinnen und Zuschauer fernsehen als im zweiten.

	3–17 Uhr	17–23 Uhr
ARD	13,0	12,1
ZDF	12,0	12,8
RTL	15,5	15,8
SAT 1	10,8	10,3
PRO 7	5,7	4,8

b) Begründe, warum die Gesamtsumme der Anteile in den beiden Zeitintervallen jeweils nicht 100 % ist.

170 In allen Klassen der Mittelstufe wurde gefragt, wie oft die Schülerinnen und Schüler im Juni das Freibad besuchten. Die prozentualen Anteile wurden in einem Balkendiagramm veranschaulicht. Der Balken für „8 oder mehr" wurde vergessen.

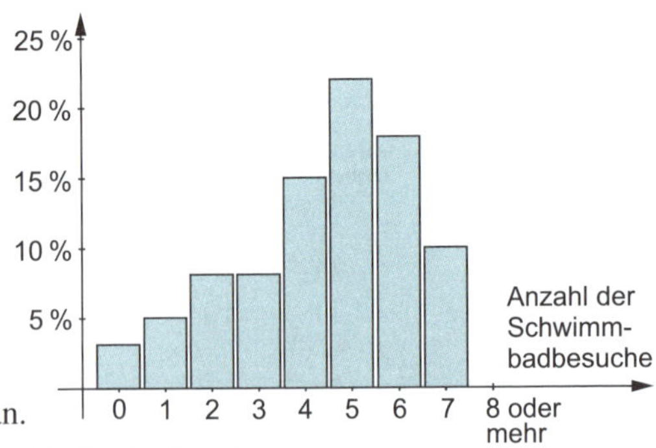

a) Gib die im Diagramm dargestellten prozentualen Anteile an.

b) Bestimme, wie viele Kinder das Freibad acht oder mehr Tage besucht haben, wenn an der Untersuchung 143 Kinder teilnahmen.

171 Anna und Marie würfeln beide so lange, bis eine 6 erscheint. Sie spielen 8 Runden und notieren die Anzahl ihrer Versuche pro Runde jeweils auf einem Zettel.

Anna:

7	10	6	7	2	4	6	1

Marie:

12	3	4	2	21	6	5	3

a) Vergleiche, wie lange die beiden durchschnittlich auf eine 6 warten mussten.

b) Bestimme für beide Ergebnisreihen jeweils den Median und den Quartilsabstand und stelle die Daten jeweils in einem Boxplot dar.

172 Zeichne für die folgenden Werte den zugehörigen Boxplot.

a) 2; 3; 5; 5; 10; 6; 8; 1; 1; 4; 10; 3

b) 37; 38; 41; 28; 24; 28; 36; 8; 8; 23; 11; 35; 23

c) für die Quadratzahlen von 30 bis 300

173 Welche Rangliste gehört zum Boxplot?
Begründe deine Antwort.

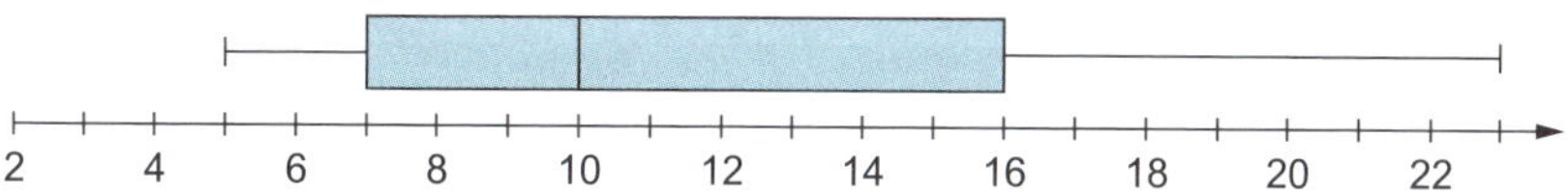

a) 3; 4; 6; 8; 11; 14; 14; 18; 23

b) 5; 7; 7; 9; 10; 15; 16; 16; 23

c) 5; 7; 8; 10; 10; 14; 18; 23

174 Erfinde eine Datenreihe mit mindestens neun Werten zu folgenden Boxplots.

a)

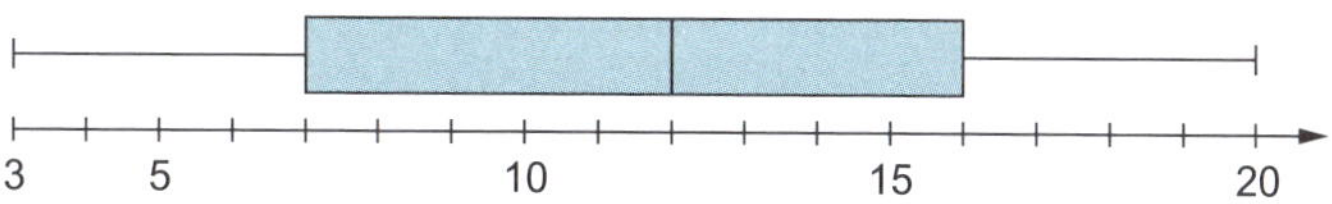

b)

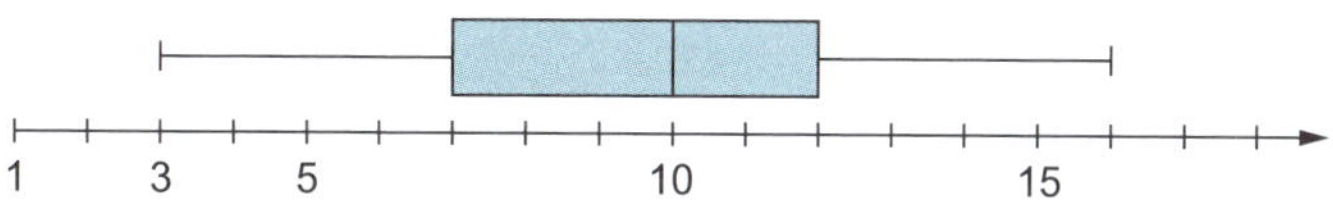

175 In der Klasse 8a wurde nach der Höhe des Taschengeldes gefragt. Das Ergebnis der Umfrage ist in der folgenden Tabelle festgehalten.

Jungen	14 €	7 €	21 €	45 €	0 €	12 €	20 €	5 €	10 €	7 €
Mädchen	15 €	18 €	10 €	5 €	14 €	7 €	20 €	6 €	28 €	7 €

Jungen	15 €	12 €	14 €	10 €	30 €
Mädchen	10 €	12 €	5 €		

a) Zeichne für die Jungen und Mädchen jeweils den zugehörigen Boxplot.

b) Vergleiche die beiden Boxplots miteinander.

176 500 Jugendliche wurden zu ihren monatlichen Handykosten befragt. Die Boxplots zeigen die Ergebnisse der Umfrage aufgeschlüsselt nach drei Altersgruppen.

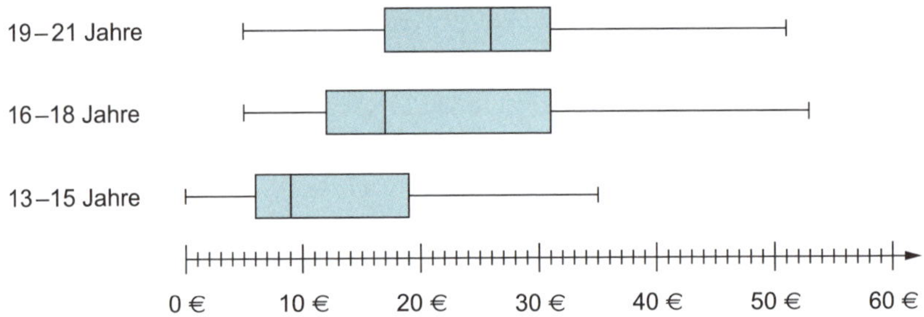

a) Fasse in einer Tabelle alle Kennwerte zusammen, die du aus den Boxplots ablesen kannst.

b) Ist die Aussage, dass Jugendliche im Alter von 16 bis 18 Jahren am meisten Geld für ihr Handy ausgeben, richtig? Begründe deine Entscheidung.

Kongruenz, besondere Dreiecke und Dreieckskonstruktionen

1 Kongruente Figuren

Figuren, die ausgeschnitten so aufeinandergelegt werden können, dass sie zur Deckung kommen, nennt man deckungsgleich oder **kongruent** (von *congruere* [lat.]: übereinstimmen).

- Zwei zueinander **kongruente Figuren** F_1 und F_2 haben **gleiche Form** und **Größe**. Sie stimmen in allen sich **entsprechenden Größen** wie z. B. Strecken und Winkeln überein. Man schreibt: $F_1 \cong F_2$.
- Da Achsen- und Punktspiegelung weder Längen noch Winkel verändern, sind alle Figuren, die durch eine oder mehrere Spiegelungen auseinander hervorgehen, kongruent.

Kongruente Figuren:

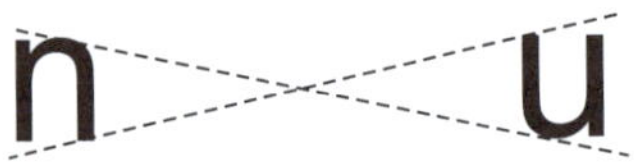

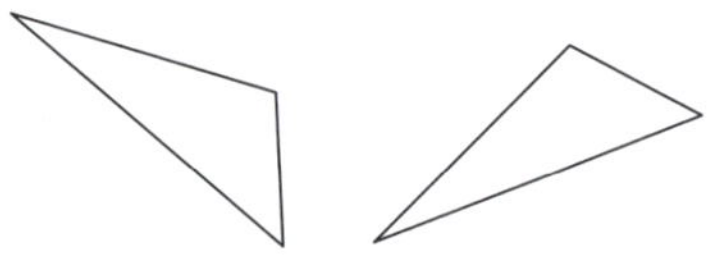

Nicht kongruente Figuren:

- Diese Figuren haben verschiedene Größen und sind somit nicht kongruent.
- Auch Figuren mit gleichem Flächeninhalt müssen nicht kongruent sein.

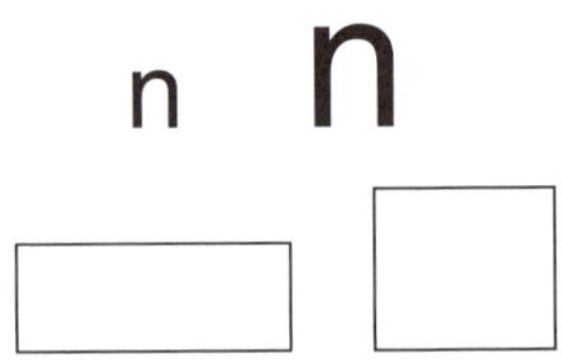

Beispiel

Welche der gezeichneten Vierecke sind kongruent? Begründe.

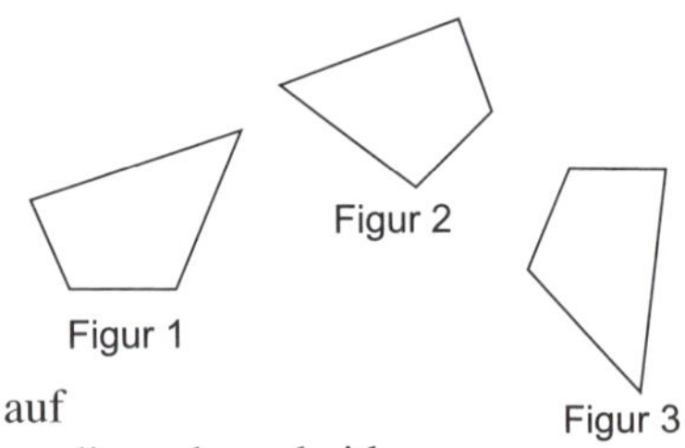

Lösung:
Es gibt verschiedene Möglichkeiten:

1. Zeichnet man den **Umriss** von Figur 1 auf einer **Folie** nach und legt diese Folie über die anderen beiden Figuren, so stellt man fest, dass der Umriss nur bei Figur 3 zur Deckung gebracht werden kann. Die Folie muss dazu gedreht und gewendet werden.
2. **Misst** man **alle Seiten** und **Winkel**, so stimmen diese nur in Figur 1 und Figur 3 überein.

3. Finde eine oder mehrere **Achsen-** oder **Punktspiegelungen**, sodass die Figuren aufeinander abgebildet werden. Dies geht nur bei Figur 1 und Figur 3. Bei Figur 2 werden nur drei der vier Ecken des Vierecks durch dieselben Spiegelungen aufeinander abgebildet.

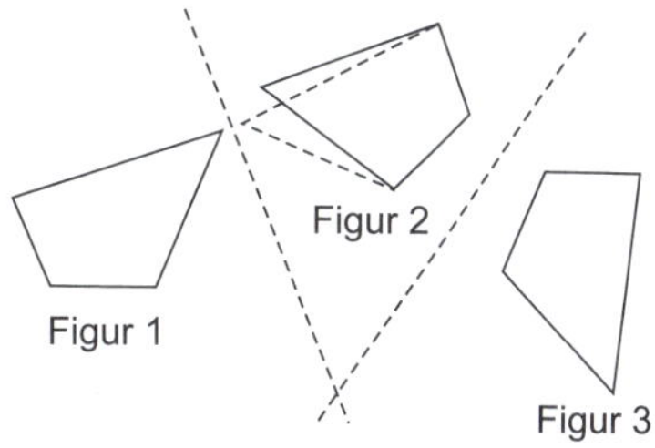

177 Gib an, welche Figuren farbgleich, formgleich, flächengleich oder kongruent sind.

L 177–181

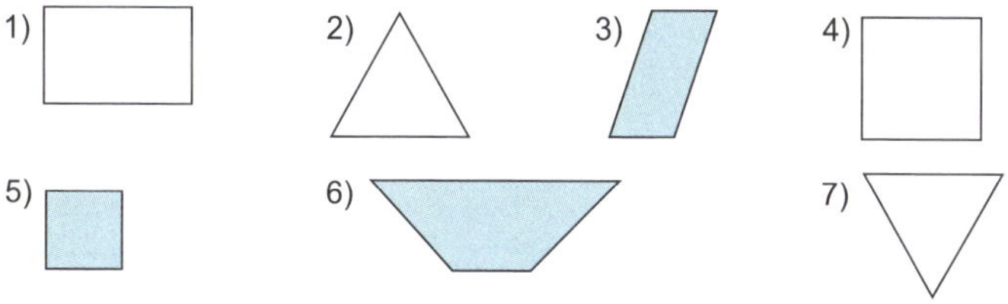

178 Ergänze zu kongruenten Figuren.

a) 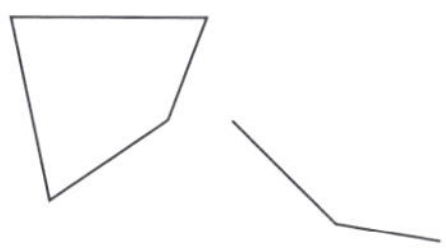

b) 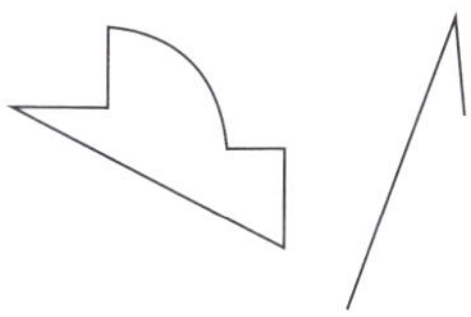

179 Zerlege die Figuren in jeweils 3 bzw. 4 kongruente Teilfiguren.

a) 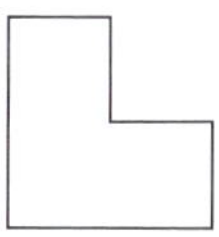

b) 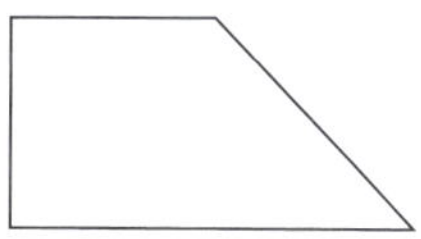

180 a) Gib an, was gelten muss, damit zwei Strecken, zwei Kreise, zwei Rechtecke kongruent sind.

b) Gib an, was gelten muss, damit ein Drachenviereck und ein Parallelogramm kongruent sind.

181 Überprüfe die Aussagen. Begründe richtige Aussagen und gib bei falschen Aussagen ein Gegenbeispiel an.

a) Quadrate mit gleichem Umfang sind kongruent.

b) Rauten mit gleichem Umfang sind kongruent.

c) Kongruente Figuren sind zueinander achsen- oder punktsymmetrisch.

2 Kongruenzsätze

Woran erkennt man kongruente Dreiecke? Der Definition folgend könnte man sie ausschneiden und dann testen, ob sie deckungsgleich sind. Alternativ könnte man alle Winkel und Seiten ausmessen und die sich jeweils entsprechenden Paare vergleichen. Muss man tatsächlich einen solchen Aufwand betreiben oder gibt es eine elegantere Lösung?
Hierbei hilft die Überlegung, welche Größen ausreichen, um ein Dreieck eindeutig zu konstruieren (siehe Beispiele auf S. 119 ff.). Daraus lassen sich folgende Kongruenzsätze für Dreiecke ableiten.

Kongruenzsätze:

- Zwei Dreiecke sind kongruent, wenn sie in **drei Seiten** übereinstimmen. (SSS)

SSS

- Zwei Dreiecke sind kongruent, wenn sie in **zwei Seiten** und dem **dazwischenliegenden Winkel** übereinstimmen. (SWS)

SWS

- Zwei Dreiecke sind kongruent, wenn sie in **einer Seite** und **zwei Winkeln** übereinstimmen. (WSW bzw. SWW)

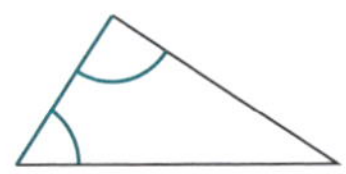

WSW

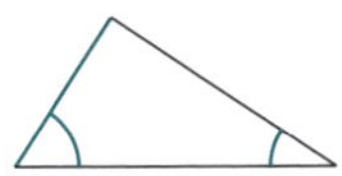

SWW

- Zwei Dreiecke sind kongruent, wenn sie in **zwei Seiten** und **dem der größeren Seite gegenüberliegenden Winkel** übereinstimmen. (SsW)

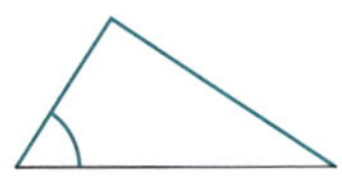

SsW

Für den Nachweis der Kongruenz genügt es, die in einem der Kongruenzsätze beschriebenen Größen bei zwei Dreiecken zu vergleichen.

Umgekehrt bieten die Kongruenzsätze eine elegante Möglichkeit, die eindeutige Konstruierbarkeit eines Dreiecks zu untersuchen. Entsprechen die gegebenen Größen den Bestandteilen eines Kongruenzsatzes, so ist das Dreieck eindeutig konstruierbar.

Beim Kongruenzsatz SSS musst du dabei zusätzlich noch die sogenannte **Dreiecksungleichung** beachten:

Die Summe zweier Seiten ist größer als die dritte Seite.

Ist die Summe zweier Seiten nämlich kleiner als die dritte Seite, so kann kein Dreieck entstehen.

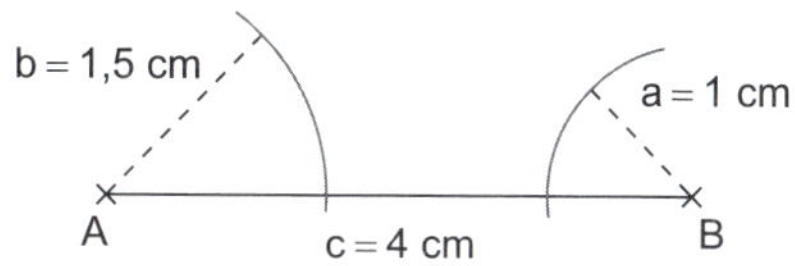

eispiele

1. Begründe, dass im Rechteck ABCD die Dreiecke AED und BCE kongruent sind.

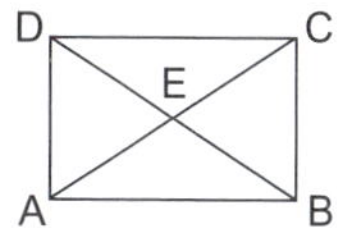

Lösung:

Hier sind oft mehrere Kongruenzsätze anwendbar. Wichtig ist, dass du die Gleichheit der Strecken und Winkel jeweils begründen kannst.

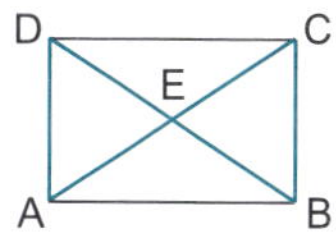

Die Dreiecke AED und BCE sind kongruent:

$|\overline{BC}| = |\overline{AD}|$ (Eigenschaften eines Rechtecks)

$|\overline{BE}| = |\overline{ED}|$, $|\overline{AE}| = |\overline{EC}|$ (In einem Rechteck halbieren sich die Diagonalen gegenseitig.)

Nach SSS gilt: $\Delta AED \cong \Delta BCE$

oder:

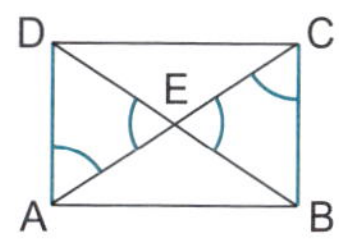

$|\overline{BC}| = |\overline{AD}|$ (Eigenschaften eines Rechtecks)

$\sphericalangle EAD = \sphericalangle ECB$ (Wechselwinkel an parallelen Geraden)

$\sphericalangle DEA = \sphericalangle BEC$ (Scheitelwinkel)

Nach SWW gilt: $\Delta AED \cong \Delta BCE$

oder:

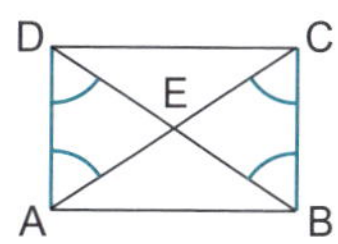

$|\overline{BC}| = |\overline{AD}|$ (Eigenschaften eines Rechtecks)

$\sphericalangle EAD = \sphericalangle ECB$, $\sphericalangle ADE = \sphericalangle CBE$ (Wechselwinkel an parallelen Geraden)

Nach WSW gilt: $\Delta AED \cong \Delta BCE$

2. Überprüfe, ob das Dreieck mit $a = 3$ cm, $c = 5$ cm und $\beta = 56°$ eindeutig konstruierbar ist, ohne die Konstruktion durchzuführen.
Gib den entsprechenden Kongruenzsatz an.

Lösung:

Anhand einer Skizze, in der die gegebenen Größen farbig markiert sind, kannst du nachvollziehen, wie die Größen zueinander liegen und welcher Kongruenzsatz infrage kommt. Beachte, dass die skizzierten Längen und Winkel nicht mit den Angaben übereinstimmen müssen, eine unterschiedliche Länge verschiedener Seiten für die mögliche Anwendung des SsW-Satzes aber deutlich erkennbar sein muss!

Nach dem Kongruenzsatz SWS ist das Dreieck eindeutig konstruierbar.

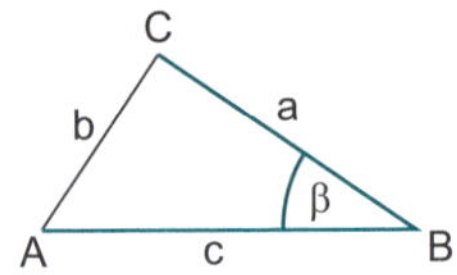

182 Überprüfe nur anhand der Angaben, ob das jeweilige Dreieck eindeutig konstruierbar ist. Gib den entsprechenden Kongruenzsatz an.

L 182–185

a) $a = 4$ cm, $b = 4{,}5$ cm, $\gamma = 100°$
b) $a = 3$ cm, $b = 5$ cm, $c = 4$ cm
c) $c = 4$ cm, $\beta = 35°$, $\gamma = 75°$
d) $b = 4$ cm, $c = 7$ cm, $\alpha = 115°$
e) $c = 13$ cm, $\alpha = 110°$, $\beta = 30°$
f) $a = 2{,}6$ cm, $b = 4{,}5$ cm, $\beta = 49°$
g) $\alpha = 35°$, $\beta = 95°$, $\gamma = 60°$
h) $\alpha = 55°$, $\beta = 95°$, $\gamma = 30°$
i) $a = 6$ cm, $b = 4$ cm, $c = 1$ cm

183 Von einem Dreieck sind folgende Größen vorgegeben. Gib weitere Größen an, sodass das Dreieck eindeutig konstruierbar ist.

a) $c = 3$ cm, $\alpha = 45°$
b) $b = 4$ cm, $\beta = 35°$
c) $\beta = 140°$
d) $a = 4$ cm

184 Entscheide, ob die Dreiecke ABC und DEF mit folgenden Größen kongruent zueinander sind, und begründe deine Entscheidung.

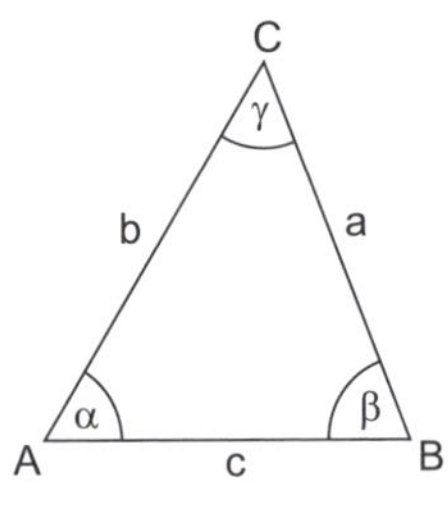

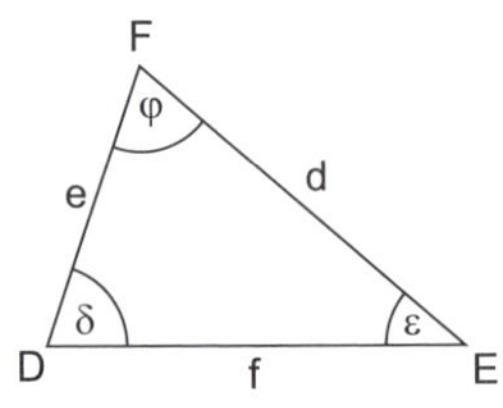

a) $c = d$, $a = e$, $\beta = \varphi$
b) $c = d$, $a = e$, $\beta = \delta$
c) $c = d$, $\alpha = \varepsilon$, $\beta = \varphi$
d) $c = d$, $\alpha = \varepsilon$, $\beta = \delta$
✱ e) $b = f$, $c = d$, $\beta = \varphi$ und $b < c$

185 Begründe folgende Aussagen jeweils mithilfe eines geeigneten Kongruenzsatzes.

a) Die Diagonale teilt ein Parallelogramm in zwei kongruente Dreiecke.
b) Ein Drachenviereck wird von seinen Diagonalen in vier Dreiecke zerteilt, wovon jeweils zwei kongruent sind.

3 Dreieckskonstruktionen

Mithilfe der Kongruenzsätze kannst du bestimmen, ob ein Dreieck eindeutig konstruierbar ist. Wie es sich aus den gegebenen Größen konstruieren lässt, kannst du daran aber noch nicht erkennen. Bei der konkreten Konstruktion solltest du deshalb folgende Tipps beachten.

1. Zeichne zunächst eine **Planfigur**, in der du alle gegebenen Größen deutlich hervorhebst, z. B. **durch farbige Kennzeichnung**.
2. Anhand der Planfigur überlegst du dir das notwendige Vorgehen. Achte darauf, **keinen Sonderfall** zu zeichnen, sofern dieser nicht verlangt ist.
3. Du musst die Lage der Punkte A, B und C herausfinden. Ein Punkt ist bestimmt als Anfang oder Ende einer Strecke, als Scheitel eines Winkels, als Schnittpunkt zweier Kreislinien oder als Schnittpunkt einer Kreislinie mit einem freien Schenkel.
4. Überlege dir, in welcher **Reihenfolge** du am besten vorgehst. Die Wahl, mit welcher Größe du beginnst, ist oft entscheidend für das Gelingen der Konstruktion. Beginne möglichst mit der Seite oder dem Winkel, bei dem du die meisten anschließenden Größen kennst. Natürlich gibt es auch Ausnahmen, durchdenke deshalb die Konstruktion bis zum Ende.
5. **Beschreibe** analog zu deiner Überlegung die Konstruktion.
6. Zeichne die gegebenen Größen mithilfe der Längenskala und Winkelskala des Geodreiecks neben die Planfigur.
7. Konstruiere anschließend das Dreieck. Übertrage dabei die vorher gezeichneten Größen mit dem Zirkel. Kreise musst du dabei nicht immer komplett zeichnen, es reicht ein passender Kreisbogen.

ispiele

1. Kongruenzsatz **SSS**: Konstruiere das Dreieck ABC mit a = 1,5 cm, b = 1 cm und c = 2 cm. Beschreibe dein Vorgehen.

Lösung:

Planfigur:

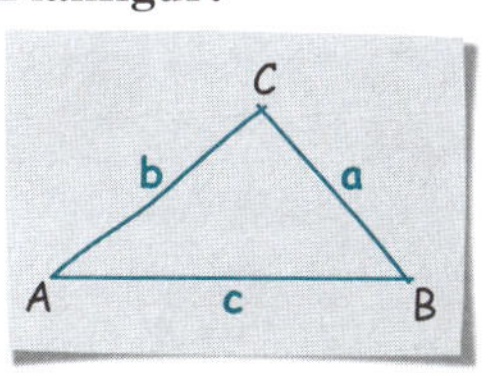

Beginne mit einer beliebigen Seite, z. B. c. Über den Punkt C weißt du, dass er 1 cm von A und gleichzeitig 1,5 cm von B entfernt ist. Er liegt also auf einem Kreis um A mit Radius 1 cm und um einen Kreis um B mit Radius 1,5 cm. Der Schnittpunkt der Kreise oberhalb der Seite ist C.

Konstruktion:

Konstruktionsschritt 1

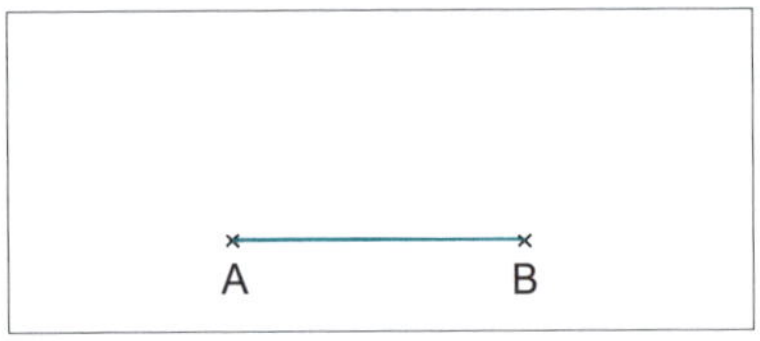

Konstruktionsschritt 2

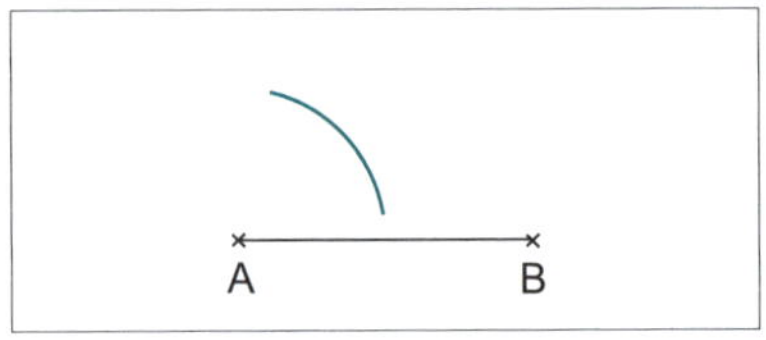

Konstruktionsschritt 3

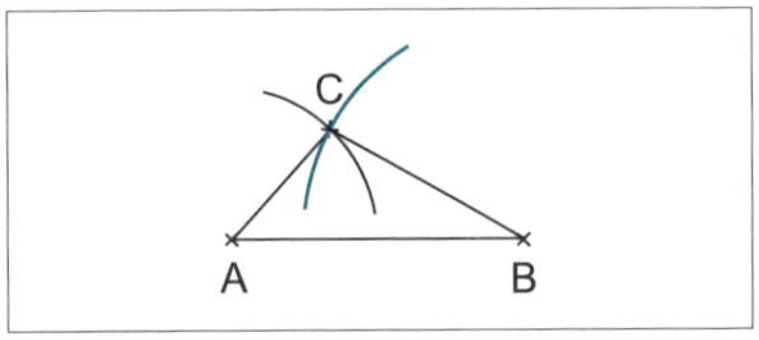

Es genügt, anstatt ganzer Kreise die passenden **Kreisbögen** zu zeichnen.

Beschreibung:

Zeichne $c = \overline{AB}$.
Zeichne einen Kreis um A mit Radius b.
Zeichne einen Kreis um B mit Radius a.
Der Schnittpunkt der Kreise ist C.

2. Kongruenzsatz **SWS**: Konstruiere das Dreieck ABC mit $a = 2{,}5$ cm, $c = 1{,}5$ cm und $\beta = 55°$. Beschreibe dein Vorgehen.

Lösung:

Planfigur:

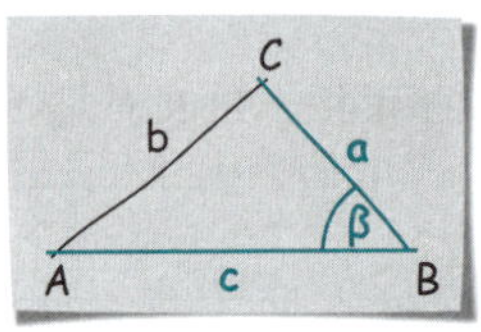

Beginne mit einer Seite, z. B. c. Der Winkel β liegt bei B. Übertrage ihn entsprechend. Über den Punkt C weißt du, dass er auf dem Schenkel von β liegt, der nicht der Seite c entspricht. Man sagt „freier Schenkel von β". Außerdem liegt C 2,5 cm von B entfernt, also auf einem Kreis um B mit Radius 2,5 cm. Der Schnittpunkt mit dem freien Schenkel von β ist C.

Konstruktion:

Konstruktionsschritt 1

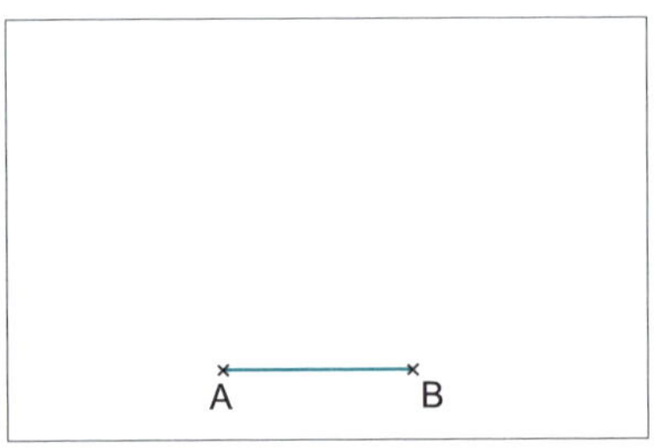

Konstruktionsschritt 2

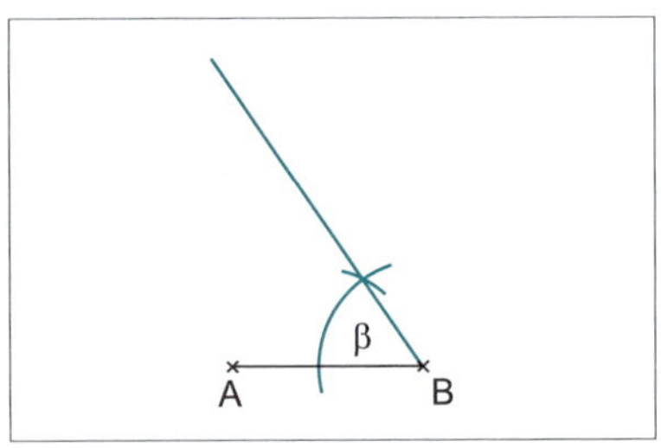

Konstruktionsschritt 3

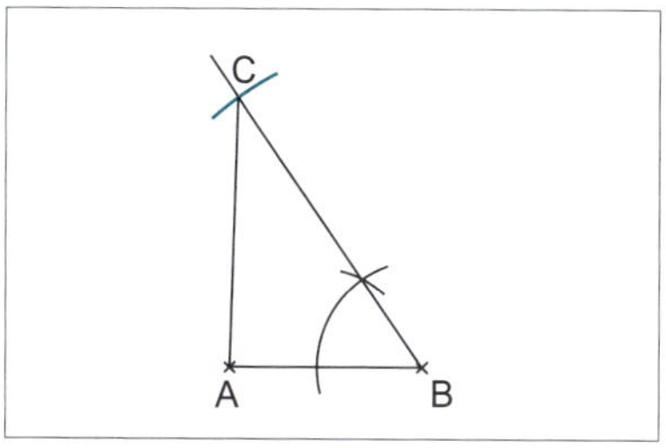

Beschreibung:

Zeichne c = $\overline{AB}$.
Trage β in B an c an.
Zeichne einen Kreis um B mit Radius a.
Der Schnittpunkt des Kreises mit dem freien Schenkel von β ist C.

3. Kongruenzsatz **WSW**: Konstruiere das Dreieck ABC mit c = 2,5 cm, α = 70° und β = 35°. Beschreibe dein Vorgehen.

Lösung:

Planfigur:

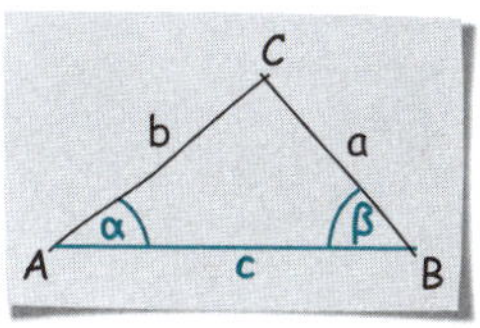

Beginne mit der Seite c. Über den Punkt C weiß man, dass er auf dem freien Schenkel von α und auf dem freien Schenkel von β liegt. Übertrage die Winkel α und β entsprechend ihrer Lage bei A und B. Der Schnittpunkt der freien Schenkel von α und β ist C.

Konstruktion:

Konstruktionsschritt 1

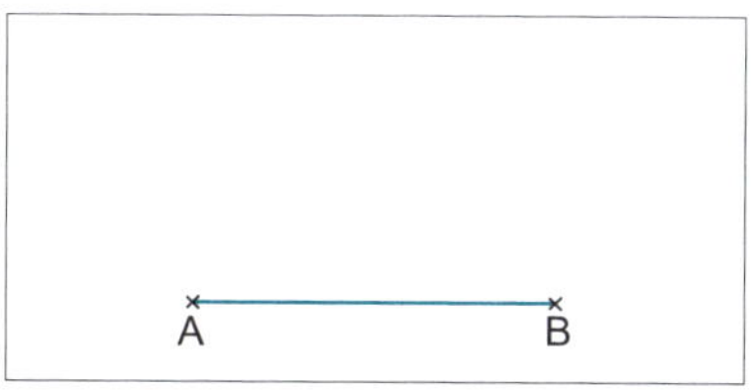

Konstruktionsschritt 2

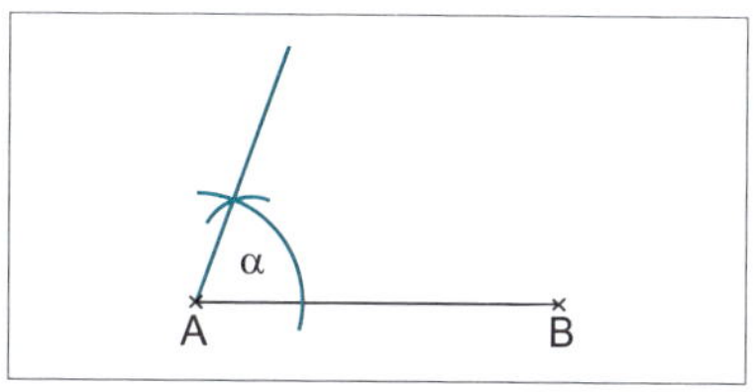

Konstruktionsschritt 3

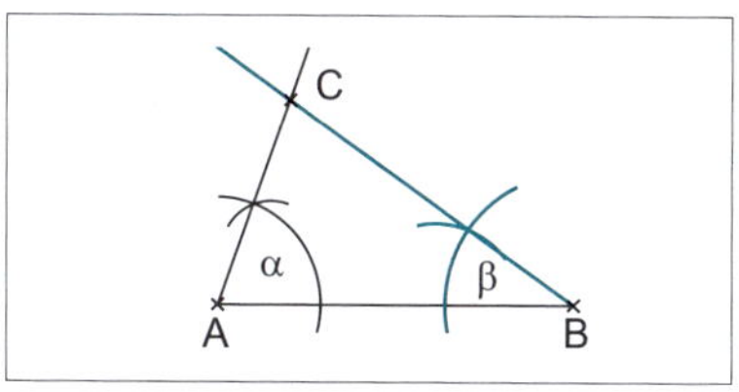

Beschreibung:

Zeichne $c = \overline{AB}$.

Trage α in A an c an.

Trage β in B an c an.

Der Schnittpunkt der freien Schenkel von α und β ist C.

Die Dreieckskonstruktion im Fall **SWW** lässt sich mithilfe der Winkelsumme im Dreieck auf die obere Dreieckskonstruktion (**WSW**) zurückführen (siehe S. 124, Aufgabe 187 d).

4. Kongruenzsatz **SsW**: Konstruiere das Dreieck ABC mit $a = 3$ cm, $c = 2$ cm und $\alpha = 45°$. Beschreibe dein Vorgehen.

Lösung:

Planfigur:

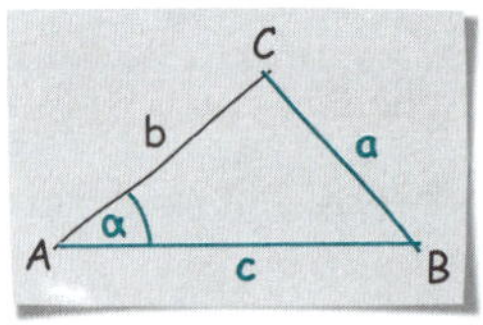

Beginne mit der Seite c und übertrage α bei A entsprechend. Über den Punkt C weißt du, dass er auf dem freien Schenkel von α und gleichzeitig 3 cm von B entfernt liegt, also auf einem Kreis um B mit Radius 3 cm. Der Schnittpunkt des Kreises mit dem freien Schenkel von α ist C.

Konstruktion:

Konstruktionsschritt 1

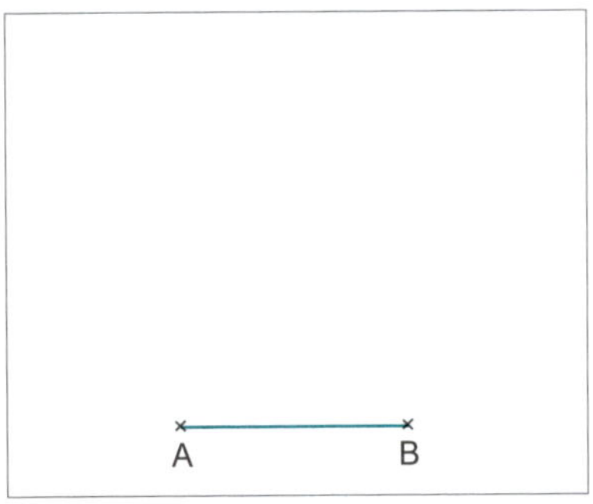

Konstruktionsschritt 2

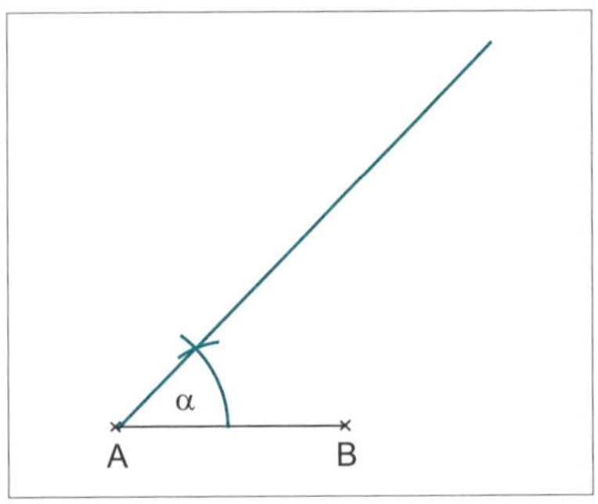

Konstruktionsschritt 3

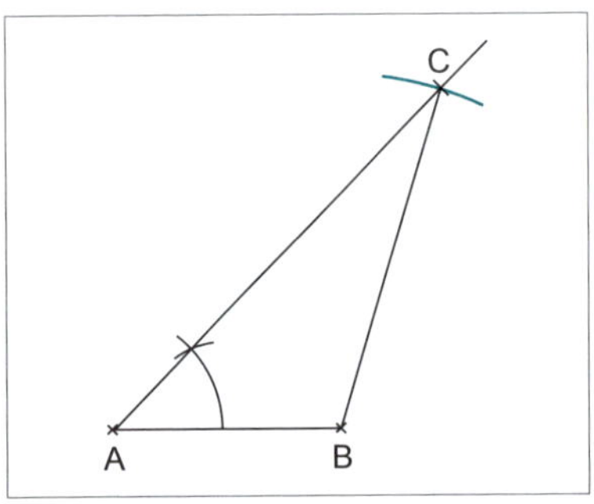

Beschreibung:
Zeichne $c = \overline{AB}$.
Trage α in A an c an.
Zeichne einen Kreis um B mit Radius a.
Der Schnittpunkt des Kreises mit dem freien Schenkel von α ist C.

Da in Beispiel 4 der gegebene Winkel der **größeren Seite** gegenüberliegt, schneidet der Kreis um B mit Radius a den freien Schenkel von α genau einmal und es gibt **genau ein** Dreieck als Lösung. Das ist die Aussage von Kongruenzsatz **SsW**.
Ist die Seite a jedoch kleiner als die Seite c (oder gleich groß), kann der Kreis den Schenkel gar nicht, genau einmal oder zweimal schneiden.

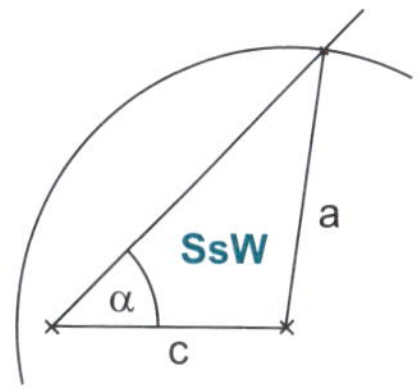

Kein Dreieck:

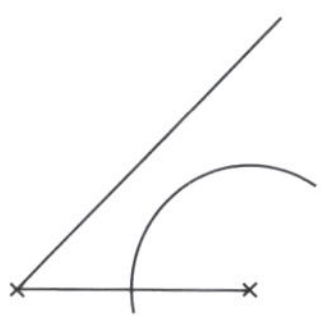

Ein Dreieck:

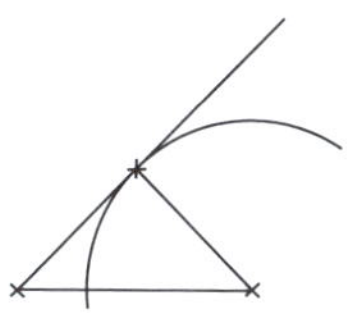

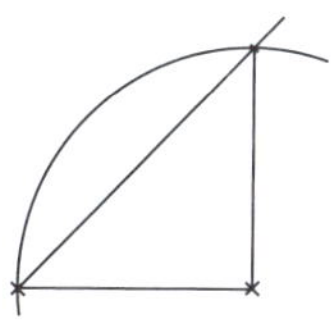

Zwei nicht kongruente Dreiecke:

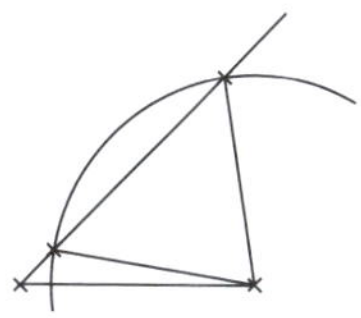

186 Bei der Konstruktion von Dreiecken ist Max bei den Konstruktionsbeschreibungen etwas durcheinandergekommen.
Bringe die einzelnen Schritte in eine sinnvolle Reihenfolge und gib den entsprechenden Kongruenzsatz an, der zur Konstruktion des Dreiecks verwendet wurde. L 186–191

a)

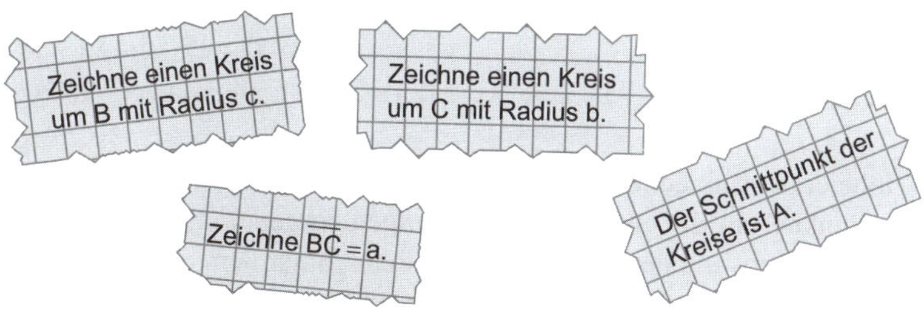

b)

Trage β in B an c an.

Zeichne einen Kreis um B mit Radius a.

Der Schnittpunkt des Kreises mit dem freien Schenkel von β ist C.

Zeichne $\overline{AB} = c$.

c)

Trage α in A an c an.

Zeichne $\overline{AB} = c$.

Der Schnittpunkt der freien Schenkel von α und β ist C.

Trage β in B an c an.

d)

Trage γ in C an b an.

Zeichne einen Kreis um A mit Radius c.

Zeichne $\overline{CA} = b$.

Der Schnittpunkt des Kreises mit dem freien Schenkel von γ ist B.

187 Konstruiere alle Dreiecke ABC und beschreibe dein Vorgehen, wenn:

a) $a = 3$ cm, $b = 2$ cm, $c = 4$ cm
b) $b = 4$ cm, $c = 3$ cm, $\alpha = 40°$
c) $a = 3$ cm, $\beta = 60°$, $\gamma = 82°$
d) $a = 3{,}5$ cm, $\alpha = 45°$, $\beta = 70°$
e) $a = 2{,}5$ cm, $c = 3{,}5$ cm, $\gamma = 75°$
f) $a = 3$ cm, $c = 4{,}3$ cm, $\alpha = 35°$

188 Um die Höhe einer senkrecht ansteigenden Kletterwand zu bestimmen, werden von einem Punkt P am Boden aus zwei Messungen vorgenommen. Der Abstand zum Fuß der Kletterwand beträgt 12 m, der Winkel, unter dem der Fuß und die Oberkante der Kletterwand von P aus zu sehen sind, beträgt 58°.
Bestimme die Höhe der Kletterwand mithilfe einer Konstruktion im Maßstab 1 : 600.

189 Um die Höhe der Zugspitze zu bestimmen, wurde auf einer ebenen Wiese bei Garmisch-Partenkirchen eine auf den Berg zulaufende Strecke $\overline{AB}$ der Länge 1 120 m abgesteckt. In dem Dreieck ABG (G bezeichnet den Gipfel der Zugspitze) kann man keine weitere Seite mehr messen, aber mithilfe eines Theodolits lassen sich die Winkel $\alpha = 33°$ und $\beta = 45°$ bestimmen.

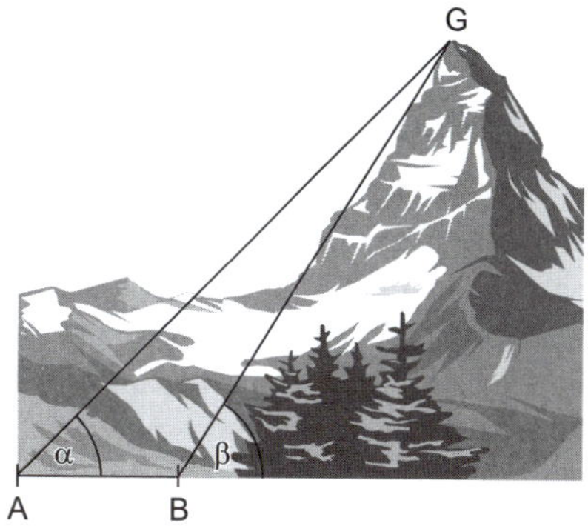

Bestimme mithilfe einer Konstruktion (Maßstab 1 : 80 000) die Höhe der Zugspitze. Die Wiese liegt 882 m über dem Meeresspiegel (ü. d. M.).

190 Um ein Bild eines dreidimensionalen Objektes so zeichnen zu können, dass der Betrachter bzw. die Betrachterin den Eindruck der Räumlichkeit bekommt, werden bestimmte Längen nicht maßstabsgetreu übernommen, sondern verzerrt abgebildet. Aus diesem Grund kann die tatsächliche Länge einiger Strecken anhand der Zeichnung nicht direkt bestimmt werden. Mithilfe von maßstabsgetreuen Konstruktionen einzelner Teile des Objektes (z. B. Dreiecke) in unterschiedlichen Schnittebenen kann die wirkliche Länge der verzerrten Strecken bestimmt werden. Von der gezeichneten Pyramide mit rechteckiger Grundfläche sind die Längen $|\overline{AB}| = 3$ cm, $|\overline{BC}| = 4$ cm und $|\overline{FS}| = 3{,}5$ cm bekannt. Konstruiere folgende Dreiecke in wahrer Größe und bestimme so die tatsächlichen Größen $|\overline{BD}|$ und $|\overline{BS}|$.

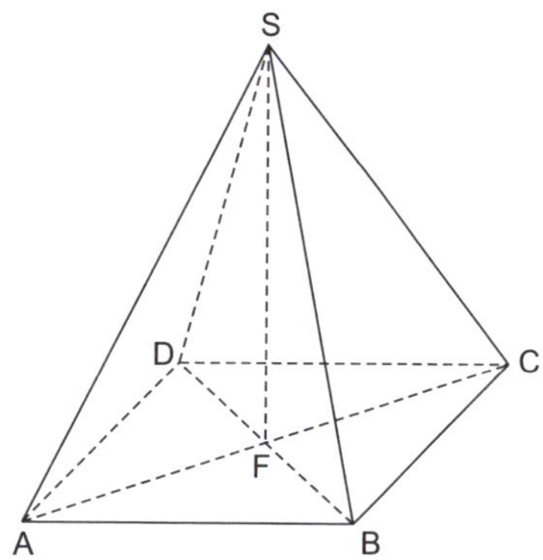

a) Dreieck ABD

b) Dreieck FBS

191 Eine der steilsten Straßen der Welt ist die Baldwin Street in Neuseeland. Sie hat eine Steigung von ca. 35 %, d. h., pro 100 m in waagrechter Richtung nimmt die Höhe um 35 m zu. Welche Strecke muss man auf dieser Straße zurücklegen, um einen Höhenunterschied von 14 m zu überwinden?
Bestimme die gesuchte Streckenlänge durch Konstruktion eines geeigneten rechtwinkligen Dreiecks und beschreibe dein Vorgehen.

4 Gleichschenkliges und gleichseitiges Dreieck

Bevor du die Lektüre dieses Kapitels vertiefst, solltest du zunächst Papier und Stift zur Hand nehmen und ohne groß darüber nachzudenken ein Dreieck skizzieren. Jetzt betrachte dein Dreieck genau und überlege, ob dir daran etwas auffällt. Untersuchungen haben gezeigt, dass nur etwa 10 % der Testpersonen bei der obigen Aufforderung ein allgemeines Dreieck ohne besondere Eigenschaften zeichnen. Sehr häufig weisen die Dreiecke einen rechten Winkel oder aber mindestens zwei nahezu gleich lange Dreiecksseiten auf. Vielleicht geben wir hier unbewusst Formen des täglichen Lebens wie Giebeldächer oder Warnschilder wieder. Eventuell spiegelt sich hier aber auch ein in der menschlichen Psyche verankertes Empfinden wider, dem zufolge symmetrische Figuren generell als schön wahrgenommen werden. Und tatsächlich hat ein Dreieck mit zwei oder drei gleich langen Seiten mindestens eine Symmetrieachse.

Ein Dreieck mit **zwei gleich langen Seiten** heißt **gleichschenkliges** Dreieck. Die gleich langen Seiten heißen **Schenkel**, die dritte Seite **Basis**. Die Winkel, die an die Basis anschließen, werden **Basiswinkel** genannt.

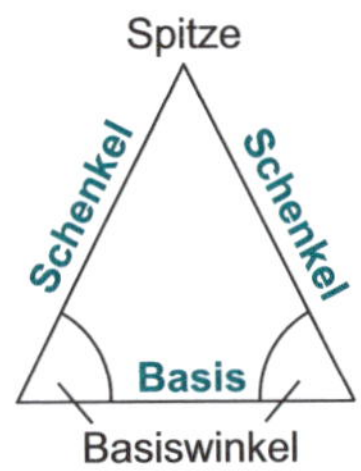

Satz:
Gilt in einem Dreieck eine der folgenden Aussagen, so gelten auch die anderen:
- Das Dreieck ist gleichschenklig.
- Das Dreieck ist achsensymmetrisch.
- Das Dreieck besitzt zwei gleich große Winkel.
- Die Mittelsenkrechte einer Seite ist gleichzeitig Höhe und Winkelhalbierende.

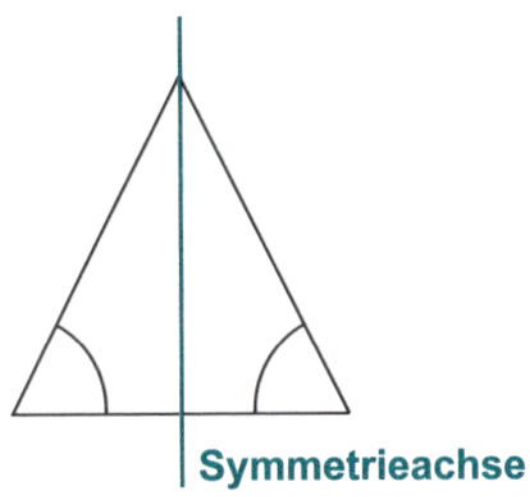

Ein Dreieck mit **drei gleich langen Seiten** heißt **gleichseitiges** Dreieck.

Satz:
Gilt in einem Dreieck eine der folgenden Aussagen, so gelten auch die anderen:
- Das Dreieck ist gleichseitig.
- Das Dreieck hat drei gleich große Winkel.
- Jeder Winkel im Dreieck ist 60° groß.
- Das Dreieck hat drei Symmetrieachsen.
- Bei allen Seiten ist die Mittelsenkrechte zugleich Höhe und Winkelhalbierende.

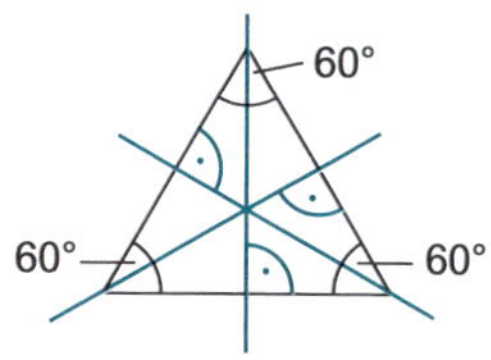

Beispiele

1. Berechne die fehlenden Winkel in einem gleichschenkligen Dreieck mit Spitze C, wenn …
   a) der Basiswinkel 30° beträgt.
   b) der Winkel an der Spitze 68° beträgt.

   Lösung:
   a) Mithilfe der Winkelsumme im Dreieck lässt sich γ berechnen:
   $\gamma = 180° - \alpha - \beta = 180° - 2 \cdot \alpha = 180° - 2 \cdot 30° = 120°$
   b) Mithilfe der Winkelsumme im Dreieck lässt sich die Summe von α und β berechnen:
   $\alpha + \beta = 180° - \gamma$
   Da α und β gleich groß sind, gilt:
   $\alpha = \beta = (\alpha + \beta) : 2$
   Gesamtansatz: $\alpha = \beta = (180° - \gamma) : 2 = (180° - 68°) : 2 = 112° : 2 = 56°$

2. Gib die Länge von x mit Begründung an.

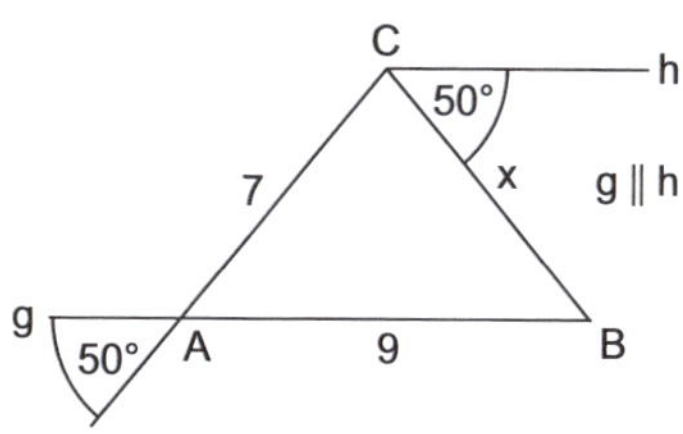

   Lösung:
   $\sphericalangle BAC = 50°$ (Scheitelwinkel)
   $\sphericalangle CBA = 50°$ (Wechselwinkel an parallelen Geraden)
   Das Dreieck ABC ist demnach gleichschenklig mit Basis $\overline{AB}$.
   $\Rightarrow x = |\overline{AC}| = 7$

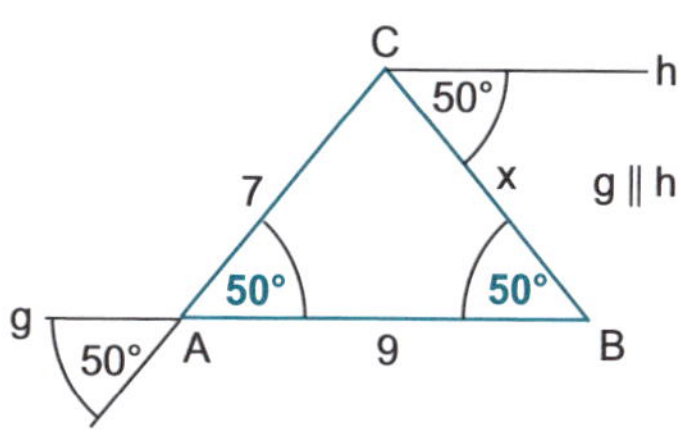

192 Berechne die fehlenden Winkel in einem gleichschenkligen Dreieck, wenn … L 192–203

a) der Basiswinkel 46° groß ist.

b) der Winkel an der Spitze 80° groß ist.

c) ein Außenwinkel 100° groß ist. Gibt es mehrere Möglichkeiten?

d) ein Außenwinkel 80° groß ist. Gibt es mehrere Möglichkeiten?

193 Berechne mithilfe einer Gleichung die fehlenden Winkel in einem gleichschenkligen Dreieck, wenn …

a) der Winkel an der Spitze doppelt so groß ist wie ein Basiswinkel.

b) ein Basiswinkel 130 % des Winkels an der Spitze beträgt.

c) der Winkel an der Spitze um 15° größer als ein Basiswinkel ist.

194 Gib für ein gleichschenkliges Dreieck jeweils einen Term an, mit dessen Hilfe du …

a) den Winkel an der Spitze anhand des Basiswinkels berechnen kannst.

b) den Außenwinkel des Winkels an der Spitze anhand des Basiswinkels berechnen kannst.

195 Konstruiere folgende Winkel:

a) 60° b) 15° c) 105°

d) 37,5° e) 142,5°

196 Der Umfang eines gleichschenkligen Dreiecks ist 18 cm.
Berechne mithilfe einer Gleichung die Seitenlängen, wenn …

a) die Basis 3 cm länger als ein Schenkel ist.

b) die Basis 60 % kürzer als ein Schenkel ist.

c) ein Schenkel 30 % größer als die Basis ist.

197 Über der Seite $\overline{CD}$ eines Quadrates ABCD wird ein gleichseitiges Dreieck CED gezeichnet.
Berechne die benannten Winkel mit Begründung.

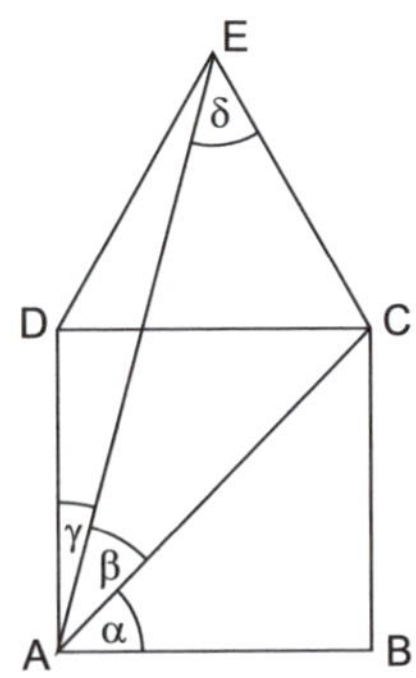

198 Begründe oder widerlege die folgenden Aussagen.

a) Zwei gleichschenklige Dreiecke sind kongruent, wenn sie die gleichen Basiswinkel haben.

b) Zwei gleichschenklige Dreiecke sind kongruent, wenn sie denselben Umfang haben.

c) Zwei gleichseitige Dreiecke sind kongruent, wenn sie denselben Umfang haben.

d) Zwei gleichschenklige Dreiecke sind kongruent, wenn sie in zwei Seiten übereinstimmen.

e) Zwei gleichschenklige Dreiecke sind kongruent, wenn sie in der Basis und einem Winkel übereinstimmen.

199 Bestimme die Seitenlängen $a = |\overline{BE}|$, $b = |\overline{CE}|$, $c = |\overline{ED}|$, $d = |\overline{AF}|$, $e = |\overline{CD}|$ und $f = |\overline{CG}|$ jeweils mit Begründung. (Zeichnung nicht maßstäblich!)

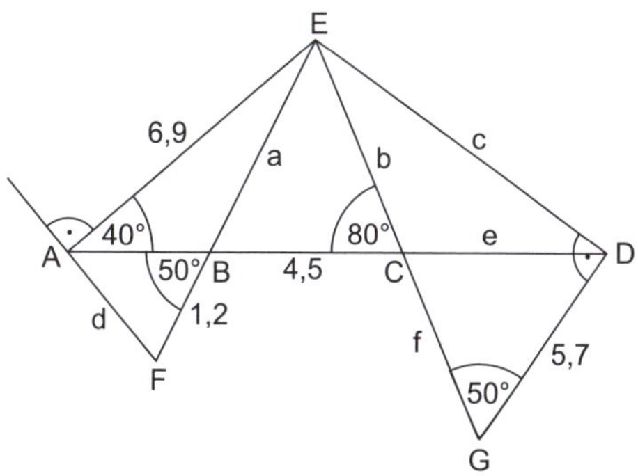

200 Der Basiswinkel eines gleichschenkligen Dreiecks beträgt 70°. Die Mittelpunkte der Schenkel a und b heißen S_1 und S_2, die Mittelsenkrechten zu a und b schneiden sich in M.

a) Zeichne eine Skizze.

b) Berechne $\sphericalangle S_1MS_2$.

✳ c) Untersuche, welcher Zusammenhang zwischen $\sphericalangle S_1MS_2$ und dem Basiswinkel besteht. Gilt dieser bei jedem gleichschenkligen Dreieck?

201 Der Basiswinkel eines gleichschenkligen Dreiecks beträgt 60°. Die Winkelhalbierenden der Basiswinkel schneiden sich in M.

a) Zeichne eine Skizze.

b) Berechne $\sphericalangle AMB$.

✳ c) Suche zwei Zusammenhänge zwischen $\sphericalangle AMB$ und dem Basiswinkel. Gelten diese Zusammenhänge bei jedem gleichschenkligen Dreieck?

202 Bestimme, unter welchem Winkel sich je zwei Symmetrieachsen eines gleichseitigen Dreiecks schneiden.
Achtung: Als Schnittwinkel zweier Geraden wird immer der kleinere der beiden Winkel betrachtet!

203 Konstruiere jeweils ein gleichschenkliges Dreieck ABC und beschreibe dein Vorgehen.

a) Basis $c = 3$ cm, $\alpha = 40°$
b) $a = 4$ cm, $\alpha = 70°$, Spitze bei C
c) $a = 3$ cm, $b = c$, $\beta = 70°$
d) Basis $a = 3$ cm, $b = 4$ cm
e) $c = 4$ cm, $\gamma = 50°$, $a = b$
f) $\alpha = \gamma = 40°$, $c = 3{,}5$ cm
* g) $\gamma = 70°$, $w_\gamma = 1{,}9$ cm, $a = b$
* h) Basis $c = 4{,}5$ cm, $h_c = 2$ cm

5 Rechtwinklige Dreiecke und der Satz von Thales

Neben den symmetrischen Dreiecken mit zwei oder drei gleich langen Seiten spielen in der Mathematik und im Alltag vor allem die rechtwinkligen Dreiecke eine wichtige Rolle. Mit ihrer Hilfe lassen sich beispielsweise Abstände berechnen und Ingenieurinnen und Ingenieure benutzen sie, um Autoscheinwerfer zu konstruieren. Grund genug, sich schon jetzt etwas genauer mit diesen besonderen Dreiecken zu beschäftigen.

Ein Dreieck mit einem rechten Winkel heißt **rechtwinkliges Dreieck**. Als **Katheten** bezeichnet man die beiden an den rechten Winkel anschließenden Seiten. Die dem rechten Winkel gegenüberliegende Seite heißt **Hypotenuse**.

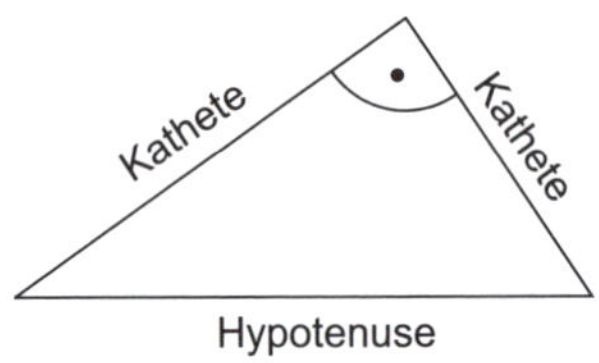

Beachte: In einem rechtwinkligen Dreieck sind die Katheten zugleich Höhen.

Satz des Thales:
Wenn C auf dem Halbkreis über $\overline{AB}$ liegt, dann ist der Winkel bei C ein rechter Winkel.

Umkehrung des Satzes von Thales:
Wenn das Dreieck ABC bei C einen rechten Winkel hat, dann liegt C auf dem Halbkreis über $\overline{AB}$.

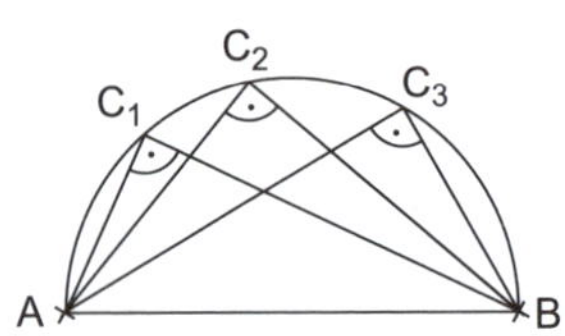

Der Kreis mit dem Durchmesser $\overline{AB}$ heißt auch **Thaleskreis** über $\overline{AB}$. Entsprechendes gilt natürlich auch für rechte Winkel bei A bzw. B.

Beispiel

Bestimme alle benannten Winkel.

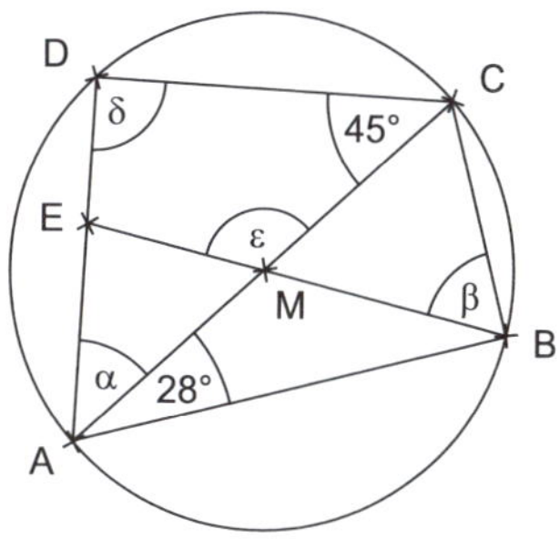

Lösung:

ΔACD ist rechtwinklig mit $\delta = 90°$, da D auf dem Thaleskreis über $\overline{AC}$ liegt.

$\Rightarrow \ \alpha = 180° - \delta - 45°$
$= 180° - 90° - 45° = 45°$

(Winkelsumme in ΔACD)

ΔABM ist gleichschenklig mit Basiswinkel 28°, da $|\overline{AM}| = |\overline{BM}|$.

$\Rightarrow \ \sphericalangle MBA = 28°$

ε ist der Scheitelwinkel von $\sphericalangle AMB$, den man anhand der Winkelsumme im Dreieck ABM erhält:

$\varepsilon = \sphericalangle AMB = 180° - 2 \cdot 28° = 180° - 56° = 124°$

ΔABC ist rechtwinklig mit $\sphericalangle CBA = 90°$, da B auf dem Thaleskreis über $\overline{AC}$ liegt.

$\Rightarrow \ \beta = 90° - \sphericalangle MBA = 90° - 28° = 62°$

204 Konstruiere alle rechtwinkligen Dreiecke ABC mit den angegebenen Eigenschaften und beschreibe dein Vorgehen.

L 204 – 215

a) $a = 3$ cm, $c = 4$ cm, $\gamma = 90°$ b) $b = 4$ cm, $\alpha = 35°$, $\beta = 90°$

c) $c = 6$ cm, $a = b$, $\gamma = 90°$ d) $c = 5$ cm, $h_c = 2$ cm, $\gamma = 90°$

205 Entscheide mithilfe des Satzes von Thales, ob die folgenden Dreiecke rechtwinklig sind, und begründe deine Entscheidung.

ΔABC ΔBCD

ΔBGE ΔBCE

ΔBFG ΔBFC

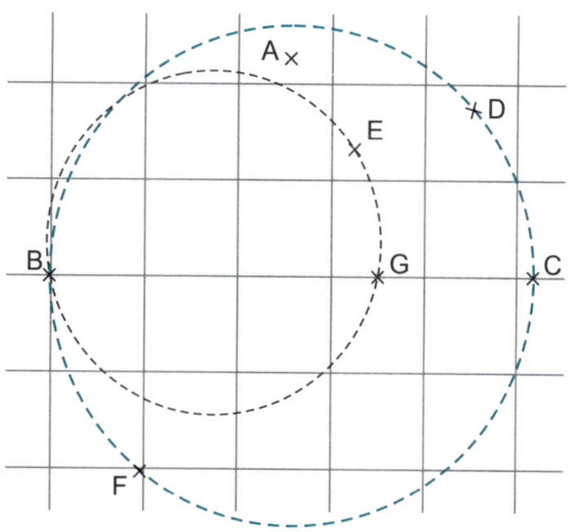

206 a) Konstruiere ein Dreieck aus $a = b = 4$ cm, $\alpha = 45°$.

b) Berechne den Flächeninhalt exakt. Begründe deine Berechnung.

207 Konstruiere mithilfe des Thaleskreises ein Rechteck mit folgenden Größen und beschreibe dein Vorgehen.

a) $|\overline{AC}| = 6$ cm und $|\overline{AB}| = 4$ cm b) $|\overline{AC}| = 5$ cm und $\sphericalangle BAC = 65°$

208 Beim Umbau eines Hauses wird ein kreisrundes Fenster mit 1,20 m Durchmesser durch ein eckiges Fenster ersetzt. Das Fenster soll zwischen 70 cm und 100 cm hoch sein.
Bestimme die maximale Breite des Fensters, wenn das Loch in der Mauer nicht vergrößert werden soll. Löse mithilfe einer maßstabsgetreuen Konstruktion.

209 Zur Positionsbestimmung auf hoher See misst der Kapitän den Winkel, unter dem er die zwei Leuchttürme L_1 und L_2 bzw. den Leuchtturm L_1 und einen Felsen F sieht. In seiner Seekarte liegt L_1 bei $(8|6)$ und L_2 bei $(2|7)$, der Felsen bei $(8|1)$. Beide Winkel betragen 90°.
(Platzbedarf: oben 10, unten 0, rechts 11, links 0)
Bestimme, wo sich das Schiff befindet.

210 Zwischen den Markierungsstangen A und B soll eine 2,5 m breite gerade Skipiste so verlaufen, dass sich die Stangen auf verschiedenen Seiten und genau am Rand der Piste befinden.
Konstruiere die möglichen Lagen der Piste für $A(3|6{,}5)$, $B(4|1)$, Maßstab 1 : 100.
(Platzbedarf: oben 7, unten 0, rechts 7, links 0)

211 Bestimme alle benannten Winkel für $\alpha = 30°$ und gib die Länge von $\overline{AB}$ an, wenn $|\overline{BC}| = 2$ cm.

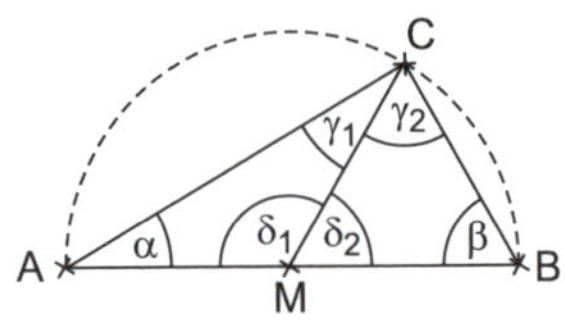

212 Bestimme γ, wenn $\alpha = 110°$ und $\beta = 35°$.

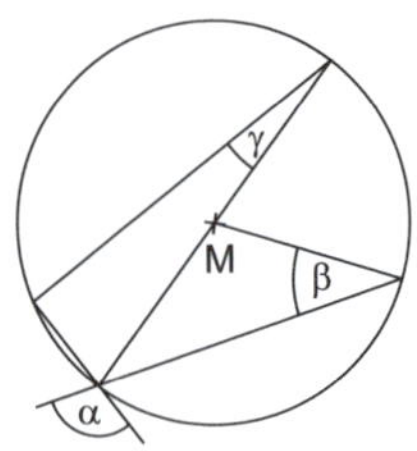

213 In einem Dreieck ist eine Seite doppelt so lang wie ihre Seitenhalbierende. Bestimme den dieser Seite gegenüberliegenden Winkel.

214 Zeichne in ein spitzwinkliges gleichschenkliges Dreieck ABC mit Spitze C die Höhen h_a und h_b ein. Die Höhenfußpunkte sind H_a und H_b, der Schnittpunkt der Höhen ist H.
Begründe, dass die Ecken des Vierecks HH_aCH_b auf einem Kreis liegen, und konstruiere den Mittelpunkt M des Kreises.

215 In einem gleichschenkligen Dreieck ABC mit Spitze C schneidet die Winkelhalbierende w_α die Strecke $\overline{BC}$ in W. Das Lot zu w_α in W schneidet die Halbgerade [AB im Punkt P.

a) Fertige eine Skizze an.

* b) Begründe, dass die Strecke $\overline{AP}$ doppelt so lang wie die Strecke $\overline{BW}$ ist.

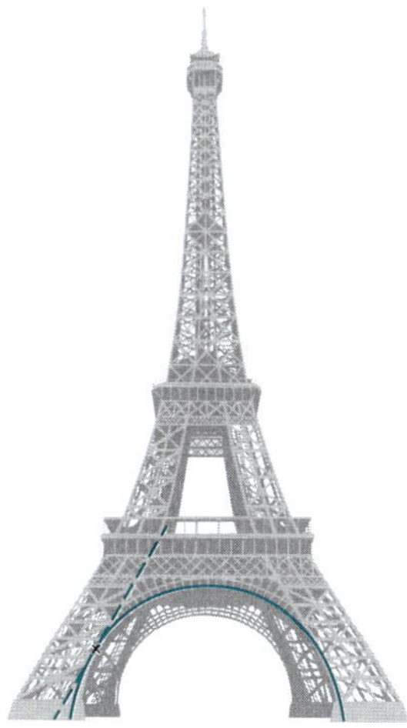

6 Konstruktion von Kreistangenten

Sicherlich kennst du den Eiffelturm in Paris, eines der meistbesuchten Bauwerke in Europa. Der Turm steht auf vier riesigen Stützpfeilern, die in der untersten Ebene durch große Bögen miteinander verbunden sind. Diese Bögen sind fast ganze Halbkreise, wobei die Stützpfeiler wie Tangenten an den Bögen liegen.

Eine **Tangente** ist eine Gerade, die einen Kreis in einem Punkt berührt. Dieser Punkt heißt **Berührpunkt**.

Die Gerade durch den Berührpunkt und den Mittelpunkt steht senkrecht auf der Tangente.

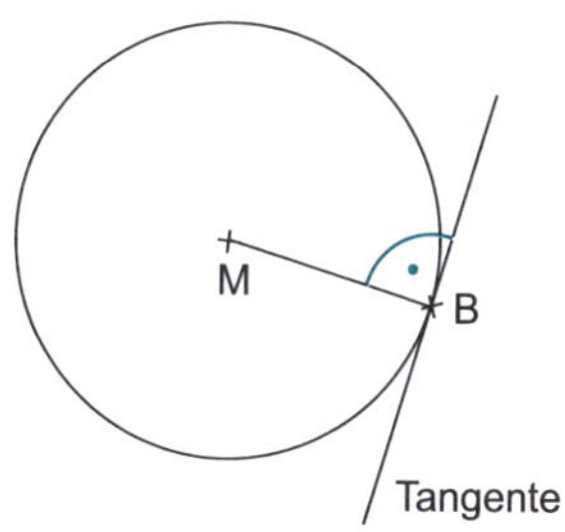

Für die Konstruktion einer Tangente zu einem gegebenen Punkt B **auf dem Kreis** musst du nur das **Lot** in B zu MB errichten (siehe S. 66 ff.).

Eine Tangente an einen Kreis von einem Punkt P **außerhalb des Kreises** kannst du mithilfe des **Satzes von Thales** konstruieren.

Beispiel

Konstruiere an einen Kreis die Tangenten durch den Punkt P, wenn P außerhalb des Kreises liegt.

Lösung:

Planfigur:

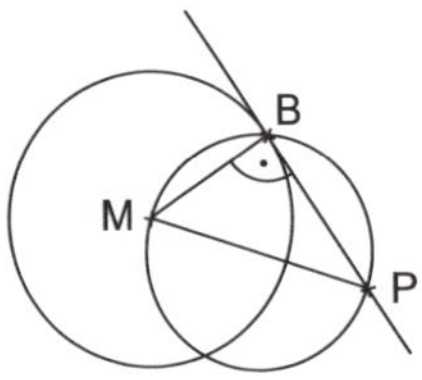

Gesucht ist der Berührpunkt B. Angenommen, du weißt, wo sich der Berührpunkt befindet. Dann kannst du feststellen, dass das Dreieck MPB rechtwinklig ist. Nach dem Satz des Thales liegt der Punkt B somit auf dem Thaleskreis über $\overline{MP}$.

Beschreibung:

Zeichne $\overline{MP}$.

Konstruiere den Mittelpunkt von $\overline{MP}$. Zeichne um ihn einen Kreis mit Radius $\frac{1}{2}\overline{MP}$.

Die Schnittpunkte mit dem gegebenen Kreis sind die Berührpunkte B_1 und B_2. Die Geraden PB_1 und PB_2 sind die gesuchten Tangenten.

Es gibt zwei Schnittpunkte und somit auch zwei Tangenten.

Konstruktion:

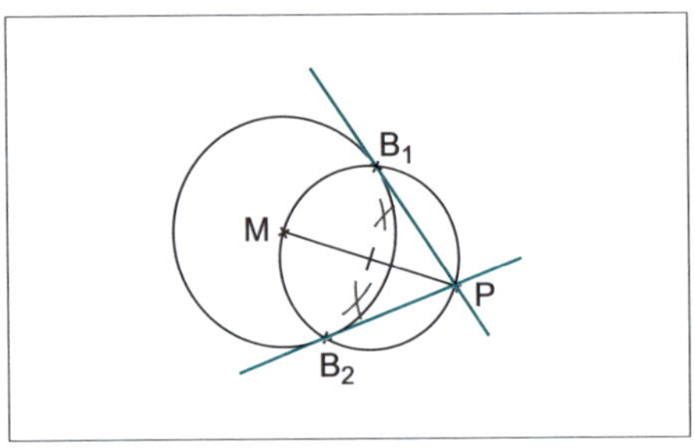

216 Zeichne die Punkte M(3 | 3), P(1 | 2) und Q(7 | 6) sowie den Kreis $k\left(M, \left|\overline{MP}\right|\right)$ in ein Koordinatensystem.

a) Konstruiere die Tangenten an k durch P. Beschreibe dein Vorgehen.

b) Konstruiere die Tangenten an k durch Q und gib die Koordinaten der Berührpunkte an. Beschreibe dein Vorgehen.

L 216 – 219

217 Zeichne den abgebildeten Heißluftballon mit $|\overline{AM}| = 3$ cm und $|\overline{CM}| = 7$ cm.
Der unten hängende Korb ist ein Quadrat mit Seitenlänge 2 cm.
Konstruiere hierbei die Lage der Punkte A und B so, dass EA und DB Tangenten an den Kreis um M sind. Beschreibe dein Vorgehen.

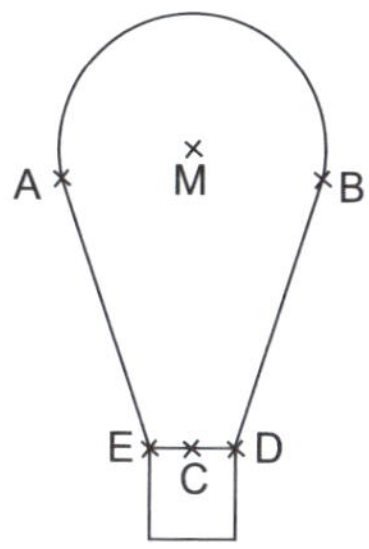

218 Die Arbeitsplatte einer Designerküche hat eine in den Raum ragende Ecke, an der die Seiten einen 70°-Winkel einschließen. Diese spitze Ecke stellt sich als äußerst verletzungsgefährlich heraus und soll nachträglich abgerundet werden, sodass die Ränder der Platte ohne Knick in einen Kreisbogen mit Radius 1 m übergehen.
Konstruiere den Kreismittelpunkt M und den Rand der Arbeitsplatte an dieser Ecke im Maßstab 1:25.

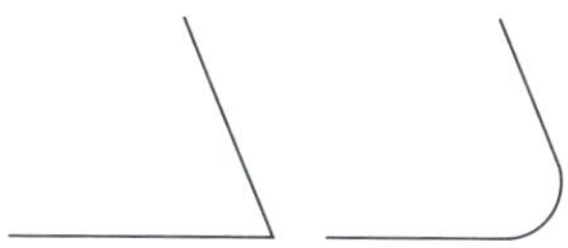

219 Untersuche, wo sich die Mittelpunkte der gesuchten Kreise befinden. Gib die Anzahl der möglichen Lösungen an.

a) Gegeben sind eine Gerade g und ein Radius r. Gesucht sind Kreise mit Radius r, die von g berührt werden.

b) Gegeben sind zwei nicht aufeinanderliegende Geraden g und h. Gesucht sind Kreise, die von beiden Geraden berührt werden.
Gehe auf die unterschiedlichen Lagen von g und h zueinander ein.

c) Gegeben sind drei Geraden g, h und k. Gesucht sind Kreise, die alle drei Geraden als Tangenten haben.
Gehe auf die unterschiedlichen Lagen von g, h und k ein.

7 Besondere Linien im Dreieck

Vielleicht kennst du folgendes Problem: Du hast einen dreieckigen Stoffrest oder ein dreieckiges Stück Blech und willst daraus einen möglichst großen Kreis ausschneiden. Auf gut Glück wird dies nicht gelingen. Entweder entsteht unnötig viel Verschnitt oder dem Kreis fehlt an einer Stelle ein Stück. Mit Zirkel und Lineal ist der Mittelpunkt des optimalen Kreises dagegen schnell gefunden.

Die **Winkelhalbierenden** eines Dreiecks sind die Geraden, die die **Innenwinkel** des Dreiecks **halbieren**. Sie schneiden sich in einem Punkt. Der Kreis um diesen Punkt, der die Seiten a, b und c berührt, heißt **Inkreis** des Dreiecks.

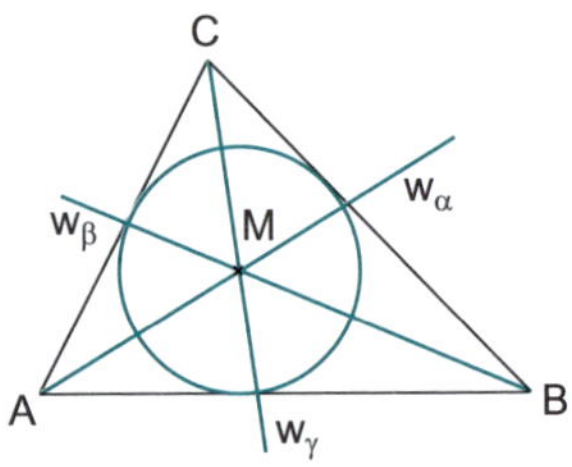

Da jede Winkelhalbierende die Symmetrieachse eines Winkels ist, haben dessen Schenkel von jedem Punkt der Symmetrieachsen den gleichen Abstand. Der Schnittpunkt der Winkelhalbierenden hat von den drei Seiten des Dreiecks somit den gleichen Abstand und ist Mittelpunkt eines Kreises, der alle drei Dreiecksseiten berührt.

Die **senkrecht** durch den **Mittelpunkt** einer Seite verlaufenden Geraden werden als **Mittelsenkrechten** des Dreiecks bezeichnet. Sie schneiden sich in einem Punkt. Der Kreis um diesen Punkt, der A, B und C enthält, heißt **Umkreis** des Dreiecks.

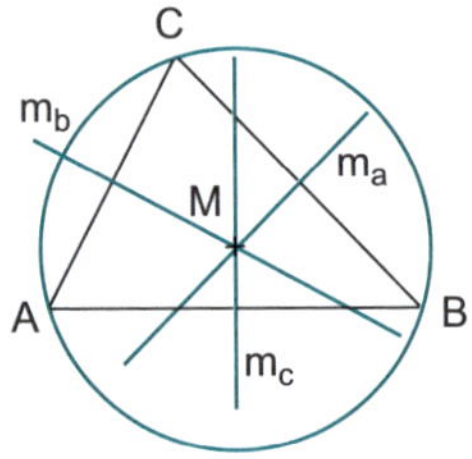

Da die Mittelsenkrechten die Symmetrieachsen der Dreiecksseiten sind, liegen jeweils zwei Eckpunkte des Dreiecks von allen Punkten auf der zugehörigen Mittelsenkrechten gleich weit entfernt. Der Schnittpunkt aller Mittelsenkrechten ist von den drei Eckpunkten des Dreiecks somit jeweils gleich weit entfernt und deshalb der Mittelpunkt eines Kreises, auf dem die Eckpunkte des Dreiecks liegen.

- Die **Höhen** eines Dreiecks sind die **Lote** von den Eckpunkten auf die jeweils **gegenüberliegende** Dreiecksseite oder deren Verlängerung.

  Die Höhen eines Dreiecks schneiden sich in einem Punkt.

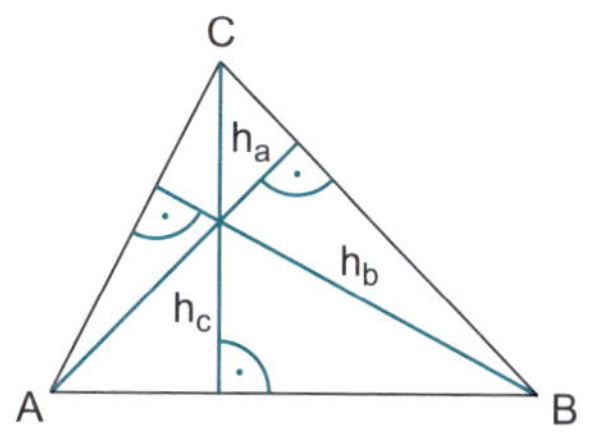

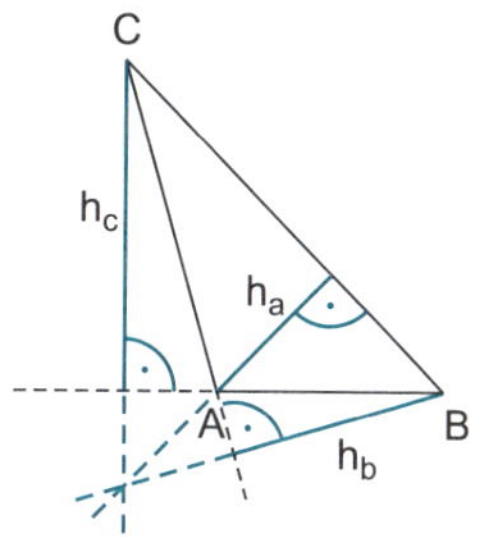

- Die **Seitenhalbierenden** eines Dreiecks sind die Geraden, die durch den **Mittelpunkt** einer Dreiecksseite und durch den der Seite **gegenüberliegenden Eckpunkt** gehen.

  Sie schneiden sich in einem Punkt. Dieser Punkt wird auch **Schwerpunkt** des Dreiecks genannt.

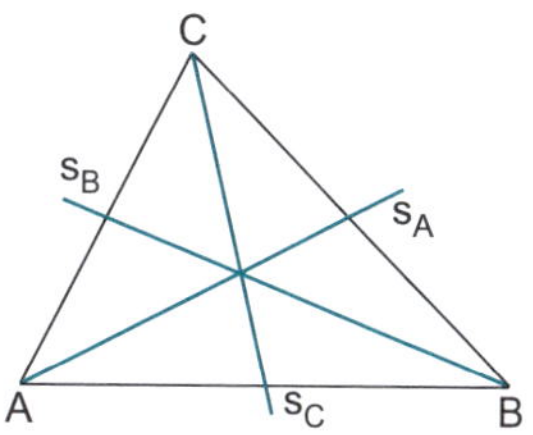

Beachte: Wird in einem Dreieck für die Winkelhalbierende, die Mittelsenkrechte oder die Seitenhalbierende eine Länge angegeben, z. B. $w_\alpha = 6$ cm, so gibt dies die Länge des innerhalb des Dreiecks verlaufenden Abschnitts der Winkelhalbierenden, Mittelsenkrechten oder Seitenhalbierenden an. Das gilt auch für die Höhe, falls sie durch das Dreieck verläuft. Liegt sie jedoch außerhalb des Dreiecks, so wird als Länge der Höhe die Länge des Lotes bis zur Verlängerung der entsprechenden Seite bezeichnet.

Zur **Konstruktion von Dreiecken** werden gelegentlich auch diese besonderen Linien vorgegeben. Oft lassen sich die Dreiecke in **Teildreiecke zerlegen**, die die Konstruktion ermöglichen. Anhand der Kongruenzsätze kannst du eindeutig konstruierbare Teildreiecke erkennen. Allerdings heißt dies nicht, dass es dann nur eine mögliche Lösung für das gesamte Dreieck gibt.

Aufpassen musst du vor allem bei Besonderheiten, die **außerhalb des Dreiecks** liegen können. Dies sind die **Höhen** und der **Umkreismittelpunkt**. In diesem Fall hilft es, eventuell mehrere Planfiguren zu zeichnen, die die prinzipiell unterschiedliche Lage von z. B. Höhen berücksichtigen (siehe S. 139, Beispiel 2).

Lassen sich die Kongruenzsätze nicht anwenden, so gibt es evtl. auch mehrere Lösungen. In jedem Einzelfall musst du genaue Überlegungen anstellen, warum weitere Lösungen vielleicht nicht existieren. Wenn es in der Aufgabenstellung nicht anders verlangt wird, werden immer alle Lösungen konstruiert.

Beispiele

1. Konstruiere alle Dreiecke ABC mit $c = 5$ cm, $\alpha = 20°$ und $r_{Umkreis} = 3$ cm. Beschreibe dein Vorgehen.

Lösung:

Planfigur 1:

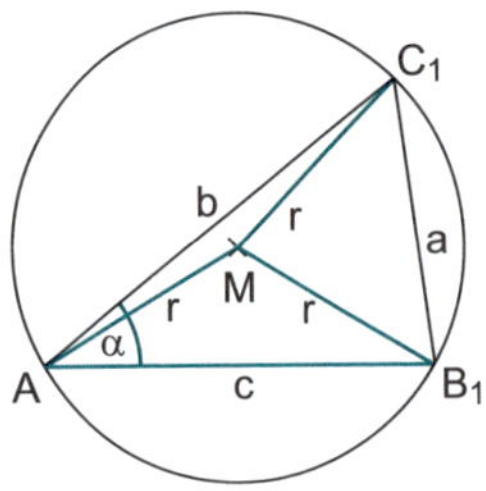

Planfigur 2:

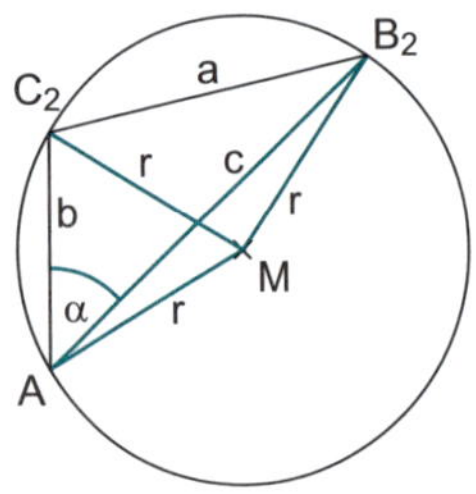

In diesem Fall ist der Umkreisradius $r = r_{Umkreis}$ gegeben. Der Mittelpunkt des Umkreises kann oberhalb (Planfigur 1) oder unterhalb (Planfigur 2) der Seite c liegen. Dies führt zu zwei unterschiedlichen Lösungen.

Die Punkte A, B und C liegen alle auf dem Umkreis, den du als Erstes zeichnen kannst.

Um die Seite c in den Umkreis abzutragen, wählst du einen Punkt A auf dem Umkreis und ziehst einen geeigneten Kreisbogen mit Radius c um A. Hierbei entstehen zwei Schnittpunkte mit dem Umkreis: B_1 und B_2. Dies ergibt dann auch zwei unterschiedliche Dreiecksseiten $\overline{AB_1}$ und $\overline{AB_2}$.

An beide trägst du α an und erhältst so C_1 und C_2 als Schnittpunkte der freien Schenkel von α mit dem Umkreis.

Beschreibung:

Zeichne einen Kreis k mit Radius $r_{Umkreis}$.
A ist ein beliebiger Punkt auf dem Kreis k.
Zeichne einen Kreis um A mit Radius c.
Die Schnittpunkte mit dem Kreis k sind B_1 und B_2.
Trage in A den Winkel α jeweils an AB_1 und an AB_2 an.
Der Schnittpunkt des jeweiligen freien Schenkels von α mit dem Kreis k ist C_1 bzw. C_2.

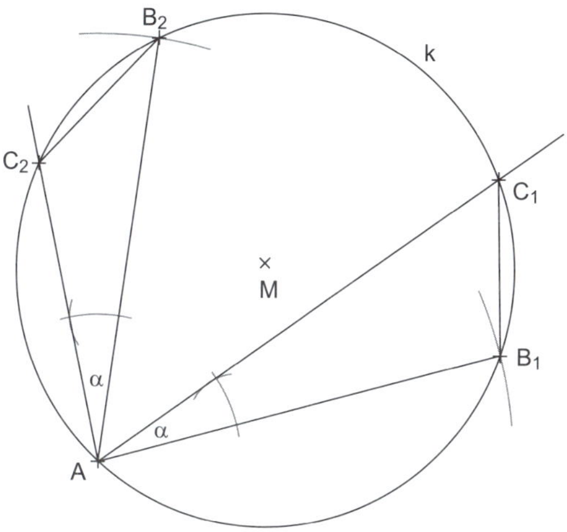

Eine weitere Möglichkeit ist, dass du das Teildreieck AB_1M konstruierst. Hier liegt der Umkreismittelpunkt M oberhalb der Seite c. Das Dreieck AB_1M ist nach SSS eindeutig konstruierbar. C_1 erhältst du wieder mithilfe des Winkels α und des Umkreises.

Die zweite Lösung erhältst du, indem du das Teildreieck AMB_2 konstruierst. Hier liegt der Umkreismittelpunkt M unterhalb der Seite c. Auch dieses Dreieck ist nach SSS eindeutig konstruierbar und du erhältst C_2 wieder mithilfe des Winkels α und des Umkreises.

2. Konstruiere alle möglichen Dreiecke ABC mit $c = 4$ cm, $\alpha = 30°$ und $h_a = 3{,}7$ cm. Beschreibe dein Vorgehen.

Lösung:

Da eine Höhe gegeben ist, solltest du eine Überlegung zur möglichen Lage der Höhe machen. Bei der Suche nach allen möglichen Lösungen hilft eine Unterscheidung nach den Winkeln im Dreieck. Da $\alpha = 30°$ gegeben ist, ist α in jedem Fall ein spitzer Winkel. Für alle anderen Fälle solltest du Planfiguren zeichnen.

Planfigur 1 (alle Winkel sind spitz):

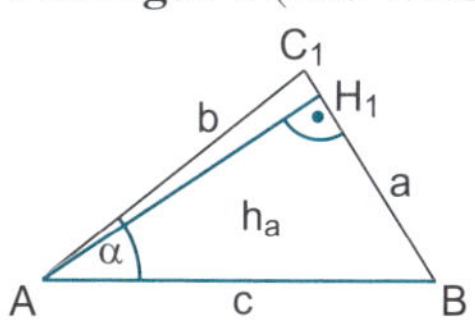

Alle Höhen liegen innerhalb des Dreiecks.

Das Teildreieck ABH_1 lässt sich mithilfe des Thaleskreises über $\overline{AB}$ konstruieren. Es ist nach SsW eindeutig konstruierbar. Der Punkt C liegt auf BH_1 und einem Schenkel von α.

Planfigur 2 (β ist stumpf):

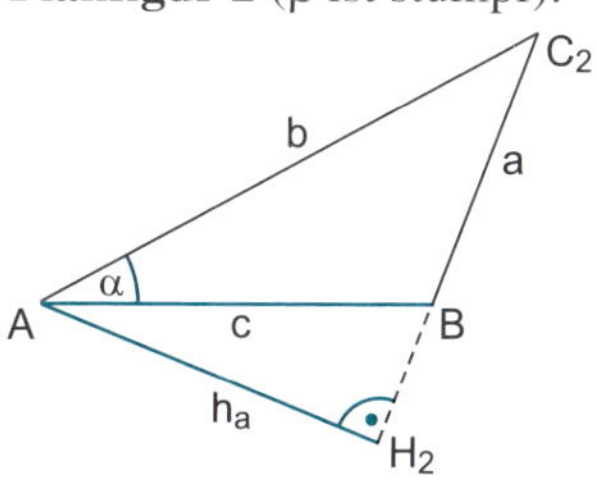

Die Höhe h_a liegt hier außerhalb des Dreiecks.

In diesem Fall konstruierst du mithilfe des Thaleskreises über $\overline{AB}$ das Teildreieck AH_2B, das nach SsW eindeutig ist. Der Punkt C liegt auch wieder auf BH_2 und einem Schenkel von α.

Planfigur 3 (γ ist stumpf):

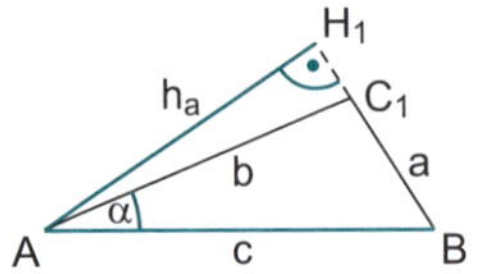

Die Höhe h_a liegt auch hier außerhalb des Dreiecks.

In diesem Fall wird aber das Teildreieck ABH_1 konstruiert, das du bereits im 1. Fall betrachtet hast. Das führt also zu keiner neuen Lösung.

Ob die Höhe h_a außerhalb oder innerhalb des Dreiecks ABC liegt, siehst du erst bei der konkreten Konstruktion, da dies von der Größe des Winkels α abhängt.

Konstruiere nun zunächst die Teildreiecke ABH_1 und AH_2B mithilfe des Thaleskreises über $\overline{AB}$. Die Punkte C_1 und C_2 erhältst du anschließend mithilfe des Winkels α. Der Punkt C_1, der zum Dreieck mit Höhenfußpunkt H_1 gehört, liegt auf H_1B und dem freien Schenkel von α. Der Punkt C_2, der zum Dreieck mit Höhenfußpunkt H_2 gehört, liegt auf H_2B und dem freien Schenkel von α.

Beschreibung:

Zeichne $c = \overline{AB}$.
Konstruiere den Thaleskreis über $\overline{AB}$.
Zeichne einen Kreis um A mit Radius h_a.
Die Schnittpunkte mit dem Thaleskreis sind die Punkte H_1 und H_2.

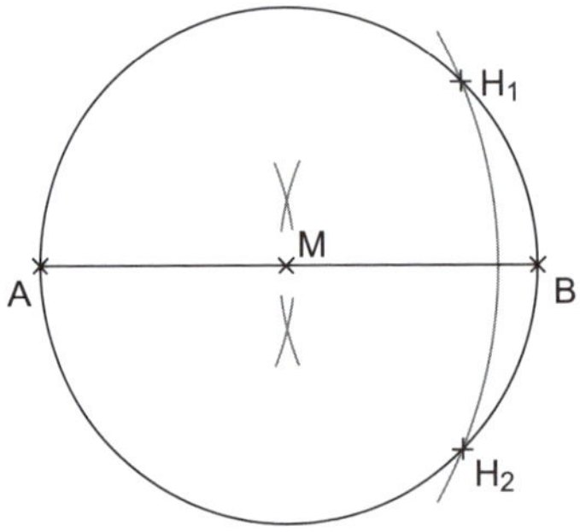

Trage in A an AB den Winkel α an.
Der Schnittpunkt des freien Schenkels von α mit BH_1 ist der Punkt C_1. Der Schnittpunkt mit BH_2 ist der Punkt C_2.

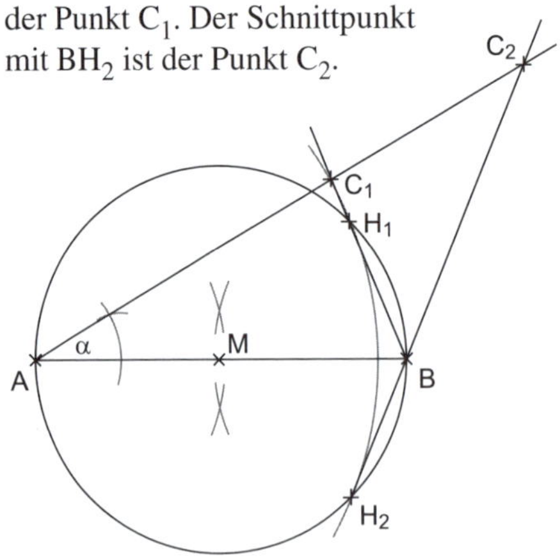

220 Konstruiere das Dreieck ABC und seinen Umkreis. Triff auch jeweils eine Aussage darüber, wo der Umkreismittelpunkt liegt.

L 220 – 232

a) $\alpha = 110°$, $\beta = 30°$, $c = 3{,}5$ cm b) $a = c = 5$ cm, $b = 6$ cm

c) $a = 2{,}5$ cm, $b = 6$ cm, $\beta = 90°$

221 Konstruiere das Dreieck ABC und seinen Inkreis.

Tipp: Beachte, dass nicht alle Dreieckskonstruktionen eindeutig sind. Konstruiere immer alle Lösungen.

a) $a = 8$ cm, $b = 6$ cm, $\alpha = 90°$ b) $a = b = c = 5{,}5$ cm

c) $a = 7$ cm, $c = 3{,}6$ cm, $\gamma = 25°$

222 Gegeben ist die Konstruktionsbeschreibung eines Dreiecks. Überlege jeweils, welche Größen gegeben sein müssen, um die Konstruktion entsprechend durchführen zu können. Führe die Konstruktion durch und verwende hierbei die notwendigen Größen aus der rechts angegebenen Sammlung.

$a = 5{,}5$ cm $b = 4$ cm $c = 3{,}2$ cm

$w_\alpha = 4{,}5$ cm $w_\beta = 3$ cm $w_\gamma = 5$ cm

$\alpha = 60°$ $\beta = 128°$ $\gamma = 50°$

Tipp: Wird für die Winkelhalbierende eine Länge angegeben, z. B. $w_\gamma = 5$ cm, so gibt dies die Länge des innerhalb des Dreiecks verlaufenden Abschnitts der Winkelhalbierenden an.

a) Zeichne die Strecke $\overline{BC}$ mit Länge a.
Der Schnittpunkt der Winkelhalbierenden w_γ mit dem Kreis um C mit Radius w_γ ist D.
Der Schnittpunkt des freien Schenkels von γ mit der Geraden BD ist A.

b) Zeichne die Strecke $\overline{AB}$ mit Länge c.
Trage β in B an c an.
Der Schnittpunkt des freien Schenkels von β mit dem Kreis um A mit Radius w_α ist D.
Spiegele B an der Geraden AD und bezeichne den gespiegelten Punkt mit E.
Der Schnittpunkt von BD mit AE ist C.

223 Konstruiere alle Dreiecke ABC mit folgenden Größen und beschreibe dein Vorgehen.

a) $b = 5$ cm, $\alpha = 45°$, $h_b = 3$ cm

b) $\beta = 45°$, $h_c = 3{,}5$ cm, $w_\gamma = 4$ cm

c) $c = 5$ cm, $\gamma = 50°$, $h_b = 4{,}5$ cm

d) $c = 6$ cm, $b = 5$ cm, $h_a = 4$ cm

e) $r_{Umkreis} = 3{,}5$ cm, $\alpha = 50°$, $\gamma = 90°$

f) $\gamma = 40°$, $\beta = 70°$, $w_\gamma = 4$ cm

g) $b = 7$ cm, $\alpha = 70°$, $w_\gamma = 6{,}7$ cm

h) $r_{Inkreis} = 2$ cm, $\alpha = 60°$, $b = 6{,}5$ cm

224 Gegeben sei der Umkreisradius eines Dreiecks.
Gib weitere Größen an, sodass es bei der Konstruktion des Dreiecks aus den gegebenen Größen …

a) keine Lösung gibt.

b) zwei Lösungen gibt.

c) genau eine Lösung gibt.

225 Begründe, dass jedes Viereck mit zwei gegenüberliegenden rechten Winkeln einen Umkreis hat.

226 Zeichne ein Dreieck und konstruiere den Schnittpunkt der Mittelsenkrechten. Begründe, warum sich der Schnittpunkt der Mittelsenkrechten in einem Dreieck auf einer Geraden bewegt, wenn du eine Ecke des Dreiecks verschiebst.

227 Für die zwei Grundschulen in A-Dorf A(1|5) und B-Zell B(9|1) und die Realschule in C-Stadt C(9|5) soll eine neue Turnhalle gebaut werden.
Um den Anfahrtsweg für die drei Schulen möglichst gerecht zu gestalten, soll die Entfernung (Luftlinie) von allen Schulen zur Turnhalle jeweils gleich groß sein. Wo wird die neue Turnhalle gebaut? Konstruiere ihren Standort und gib die Koordinaten an.

228 Daniel bastelt Anhänger für den Weihnachtsbaum als Laubsägearbeit. Aus dünnem Holz sägt er eine dreieckige gleichschenklige Krippe mit Basis 3 cm und Höhe 4 cm aus, die er in einen 5 mm breiten Holzring einfügen will.
Bestimme mithilfe einer Konstruktion, wie groß der innere Durchmesser des Holzrings sein muss, damit die Krippe hineinpasst.

229 Gegeben sind die Punkte A(7|9), B(0|7) und C(5|−1).
Bestimme mithilfe einer Konstruktion den Abstand zwischen dem Höhenschnittpunkt und dem Schwerpunkt im Dreieck ABC.

230 Bei einem Wohnhaus hat eine Dachfläche die Form eines gleichschenkligen Dreiecks mit Basis 8 m und Schenkellänge 5 m. Sie soll vollständig mit Solarzellen ausgelegt werden.

a) Bestimme, welche Last die Dachfläche tragen muss, wenn 1 m^2 der Solarzellen 12 kg wiegt.

b) Zur Stabilisierung soll die Dachfläche im Schwerpunkt durch einen Pfeiler verstärkt werden.
Bestimme mit einer maßstabsgetreuen Konstruktion die Stelle, an der der Pfeiler angesetzt wird.

231 Um ein Bild eines dreidimensionalen Objektes so zu zeichnen, dass der Betrachter bzw. die Betrachterin den Eindruck der Räumlichkeit bekommt, werden bestimmte Längen nicht maßstabsgetreu übernommen, sondern verzerrt abgebildet (siehe z. B. nebenstehende Skizze). Aus diesem Grund kann die tatsächliche Länge einiger Strecken anhand der Zeichnung nicht direkt bestimmt werden.

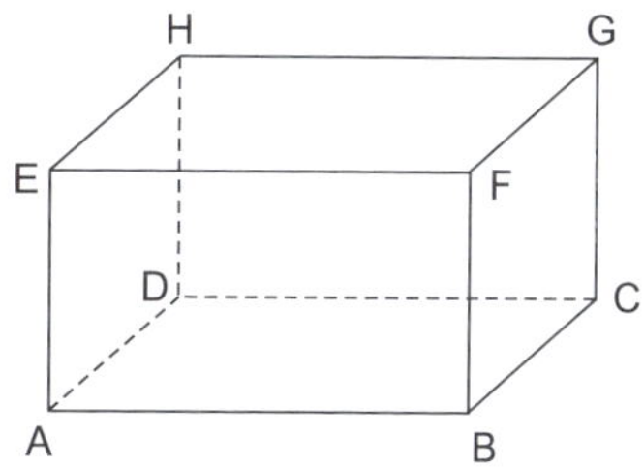

Mithilfe von maßstabsgetreuen Konstruktionen einzelner Teile des Objektes (z. B. Dreiecke und Vierecke) in unterschiedlichen Schnittebenen kann die tatsächliche Länge der verzerrten Strecken bestimmt werden.
In Quader ABCDEFGH (siehe obige Abbildung) mit $|\overline{AB}| = 6$ cm, $|\overline{BC}| = 4$ cm und $|\overline{AE}| = 3$ cm sei N der Mittelpunkt von $\overline{BC}$.
Konstruiere

a) ΔABD

✳ b) ΔANH

in wahrer Größe und bestimme so die wahre Größe von $\overline{BD}$, $\overline{AN}$, $\sphericalangle NAH$ und $\sphericalangle HNA$.

232 Daniela gibt eine Party. Im Hobbykeller ihrer Eltern (siehe Quader in nebenstehender Skizze), der 6 m lang, 5 m breit und 3 m hoch ist, spannt sie Schnüre, um daran die Dekoration zu befestigen.
Wie viel Schnur braucht sie mindestens, um die Schnüre

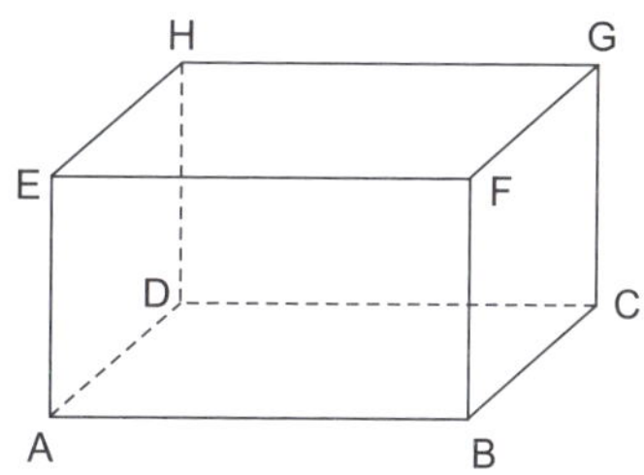

a) von E zu G

b) von A zu G

spannen zu können? Löse mithilfe einer maßstabsgetreuen Konstruktion.

Grundwissen der 5. bis 7. Klasse

Abstand

Der Abstand ist die kürzeste Entfernung zweier Objekte.

Beispiele:

- Der Abstand der Punkte A und B ist die Länge $|\overline{AB}|$ der Strecke $\overline{AB}$.
- Der Abstand von Punkt A und Gerade g ist die Länge $|\overline{AF}|$ der Strecke $\overline{AF}$, wobei F der Lotfußpunkt des Lotes durch A auf g ist.

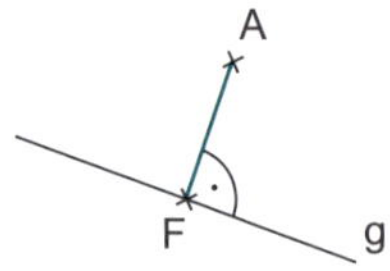

- Der Abstand der parallelen Geraden g und h ist die Länge der Strecke von einem beliebigen auf g liegenden Punkt A zum Lotfußpunkt des Lotes von A auf h.

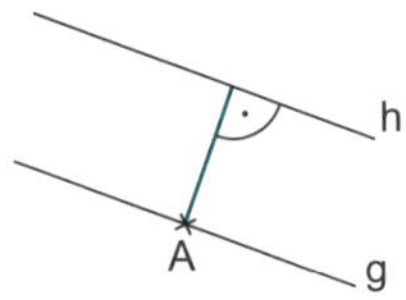

Achsensymmetrie

Zwei Punkte A und A' sind symmetrisch bezüglich der Symmetrieachse a, wenn die Verbindungsstrecke der Punkte senkrecht auf der Achse a steht und von ihr halbiert wird.

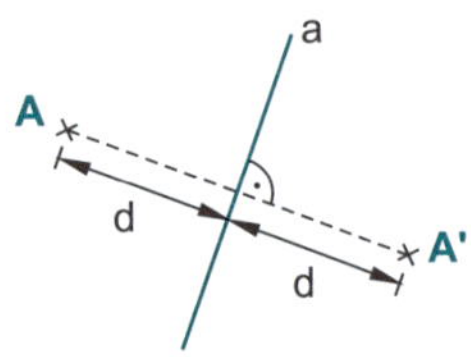

Achsensymmetrisches Trapez

Ein Trapez, das achsensymmetrisch zur Mittelsenkrechten einer der parallelen Seiten ist, heißt achsensymmetrisches Trapez.

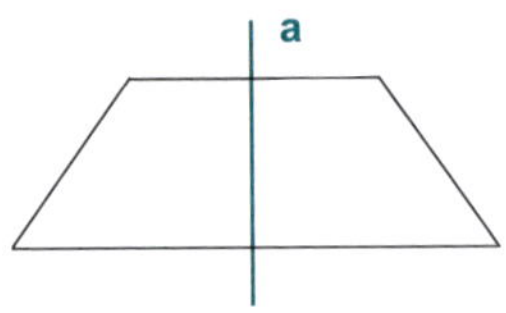

Eigenschaften:

- Die Schenkel sind gleich lang.
- Die Diagonalen sind gleich lang.
- Die beiden an einer der parallelen Seiten anliegenden Winkel sind gleich groß.

Addition

Der Term einer Addition heißt Summe.

1. Summand + 2. Summand = Summenwert

Addition/Subtraktion von Brüchen

Bringe die Brüche durch Erweitern auf einen gleichen Nenner (Hauptnenner bzw. kgV der ursprünglichen Nenner). Addiere/Subtrahiere die Zähler und behalte den gemeinsamen Nenner bei.

Addition/Subtraktion von Dezimalzahlen

Addiere/Subtrahiere die Dezimalen mit dem gleichen Stellenwert. Erweitere bei Bedarf eine Dezimalzahl durch Anhängen von Nullen.

Arithmetisches Mittel (Durchschnitt)

Das arithmetische Mittel wird berechnet als:

$$\frac{\text{Summe der einzelnen Werte}}{\text{Gesamtanzahl an Werten}}$$

Begründen / Beweisen

Um eine Behauptung zu beweisen, muss die Behauptung allgemein, d. h. für alle möglichen Fälle, gezeigt werden. Es reicht nicht, ein Beispiel zu finden. Von der Voraussetzung aus wird oft in mehreren Schritten durch allgemeingültige Folgerungen auf die Behauptung geschlossen.

Um eine Behauptung zu widerlegen, reicht ein Gegenbeispiel, d. h. ein Beispiel, in dem die Behauptung nicht zutrifft.

Betrag

Als Betrag einer Zahl wird ihr Abstand zur Null auf der Zahlengeraden bezeichnet.

Beispiele: $|-3| = 3$ und $|3| = 3$

Binomische Formeln

$(a+b)^2 = a^2 + 2ab + b^2$ (1. binomische Formel)

$(a-b)^2 = a^2 - 2ab + b^2$ (2. binomische Formel)

$(a-b)(a+b) = a^2 - b^2$ (3. binomische Formel)

Brüche

Nenner: Anzahl der gleichen Teile, in die ein Ganzes aufgeteilt wurde

Zähler: Anzahl der gleichen Teile des Ganzen, die gemeint sind

$$\text{Bruch} = \frac{\text{Zähler}}{\text{Nenner}}$$

Dezimalzahlen (Dezimalbrüche)

Dezimalzahlen sind Zahlen in Kommaschreibweise.

Diagramm
Ein Diagramm dient der grafischen Veranschaulichung.

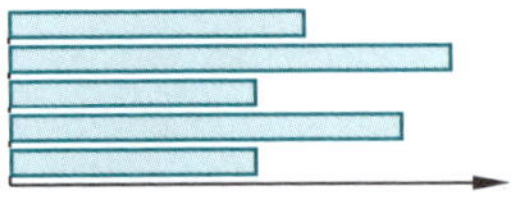

Balkendiagramm

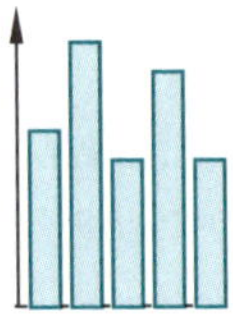

Säulendiagramm

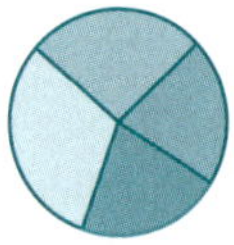

Kreisdiagramm

Streifendiagramm

Division
Der Term einer Division heißt Quotient.
Dividend : Divisor = Quotientenwert
Der Quotientenwert ist genau dann null, wenn der Dividend null ist.
Die Division durch null ist nicht möglich.

Division von Brüchen
Durch einen Bruch wird dividiert, indem man mit dem Kehrbruch multipliziert.

$$\frac{a}{b} : \frac{c}{d} = \frac{a}{b} \cdot \frac{d}{c}$$

Division von Dezimalzahlen
Man verschiebt das Komma bei Divisor und Dividend um die gleiche Stellenzahl, bis der Divisor eine ganze Zahl ist.
Beim Überschreiten des Kommas des Dividenden wird beim Ergebnis ein Komma gesetzt.

Drachenviereck
Ein Viereck, bei dem eine Diagonale Symmetrieachse ist, heißt Drachenviereck.

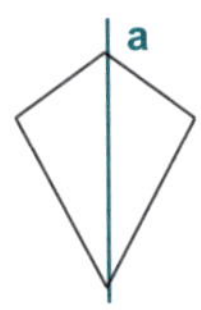

Eigenschaften:
- Je zwei Seiten, deren gemeinsamer Endpunkt auf der Symmetrieachse liegt, sind gleich lang.
- Die Symmetrieachse ist Winkelhalbierende der beiden entsprechenden Winkel; die beiden anderen Winkel sind gleich groß.
- Die Diagonalen stehen senkrecht aufeinander, wobei die eine der beiden von der anderen halbiert wird.

Dreieck

Die gängigen Bezeichnungen im Dreieck findest du in nebenstehender Abbildung. Die Summe der Innenwinkel (hier: α, β, γ) beträgt 180°.

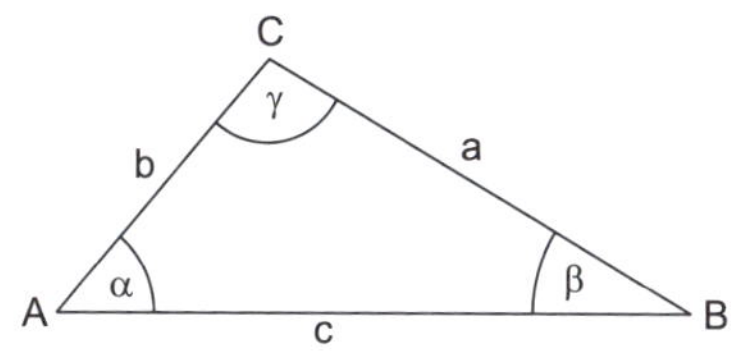

Element

Eine Zahl ist Element einer Zahlenmenge, wenn die Zahl in der Menge enthalten ist. (Schreibweise: $\in$, $\notin$)

Erweitern

Der Wert eines Bruchs bleibt erhalten, falls Zähler und Nenner mit der gleichen Zahl multipliziert werden.

$\frac{a}{b} = \frac{a \cdot n}{b \cdot n}$ $a, b, n \in \mathbb{Z}$; $b \neq 0; n \neq 0$

Faktorisieren einer Summe

Kommt in jedem Summanden ein gleicher Faktor vor, so kann man diesen Faktor ausklammern und die Summe als Produkt schreiben.

Flächeninhalt

Einheiten: 1 km^2, 1 ha (Hektar), 1 a (Ar), 1 m^2, 1 dm^2, 1 cm^2, 1 mm^2

Umrechnungstabelle:

$1\,km^2 = 100\,ha$

$1\,ha = 100\,a$

$1\,a = 100\,m^2$

$1\,m^2 = 100\,dm^2$

$1\,dm^2 = 100\,cm^2$

$1\,cm^2 = 100\,mm^2$

Formeln zur Flächenberechnung:

Dreieck	$A = \frac{1}{2} a \cdot h_a = \frac{1}{2} b \cdot h_b = \frac{1}{2} c \cdot h_c$
Parallelogramm	$A = a \cdot h_a = b \cdot h_b$
Quadrat	$A = a^2$
Rechteck	$A = a \cdot b$
Trapez	$A = \frac{1}{2}(a + c) \cdot h$ mit $a \parallel c$

Komplizierte Flächen lassen sich oft bestimmen, indem sie in Rechtecke zerlegt oder zu Rechtecken ergänzt werden. Häufig lassen sie sich auch zu berechenbaren Flächen umbauen.

Gerade

Die Verlängerung der Strecke $\overline{AB}$ über A und B hinaus ergibt die Gerade AB. Geraden werden häufig mit kleinen lateinischen Buchstaben bezeichnet: g, h, …

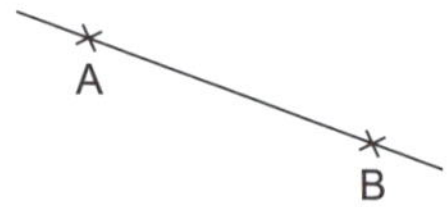

Gleichschenkliges Dreieck

Ein Dreieck mit zwei gleich langen Seiten heißt gleichschenkliges Dreieck.
Die beiden gleich langen Seiten nennt man Schenkel, die dritte Seite Grundseite oder Basis. Die an der Basis anliegenden Winkel heißen Basiswinkel.
In einem gleichschenkligen Dreieck sind die Basiswinkel gleich groß.

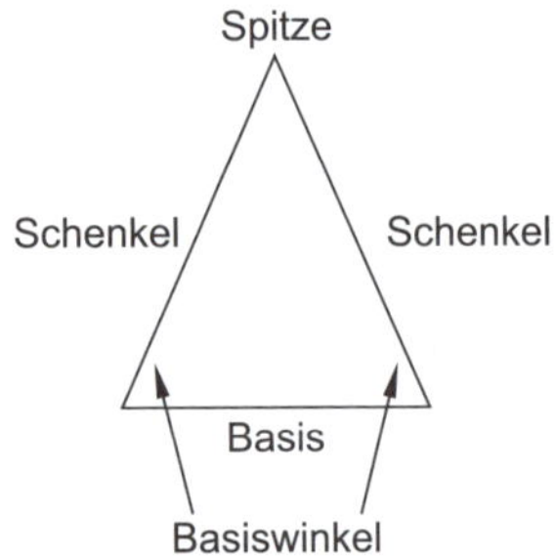

Gleichseitiges Dreieck

Ein Dreieck mit drei gleich langen Seiten heißt gleichseitig.
In einem gleichseitigen Dreieck sind alle Winkel gleich groß und betragen jeweils 60°.

Halbgerade

Verlängert man die Strecke von A nach B über B hinaus, so entsteht die Halbgerade [AB. Halbgeraden werden oft mit kleinen lateinischen Buchstaben bezeichnet: g, h, …

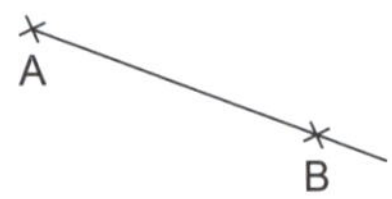

Höhe

Die Höhe eines Dreiecks ist das Lot von einem Eckpunkt auf die jeweils gegenüberliegende Dreiecksseite.

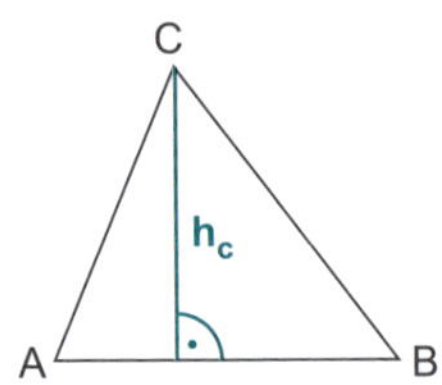

Inkreis

Sind alle Seiten eines n-Ecks Tangenten an einen Kreis, so wird dieser als Inkreis des n-Ecks bezeichnet.

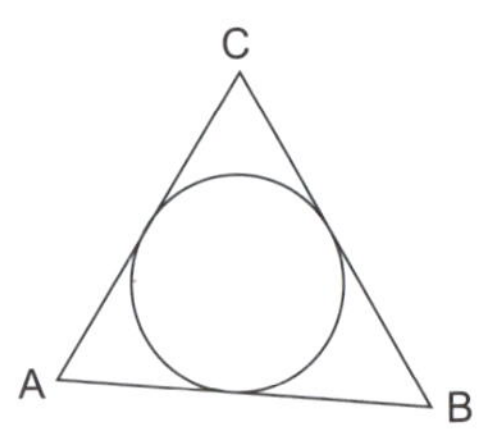

Kegel

Die Grundfläche ist ein Kreis.
Die gekrümmte Mantelfläche lässt sich zu einem Kreissektor „auseinanderrollen“.

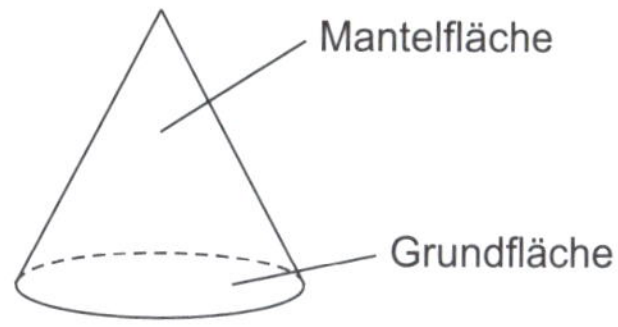

Kegelnetz:

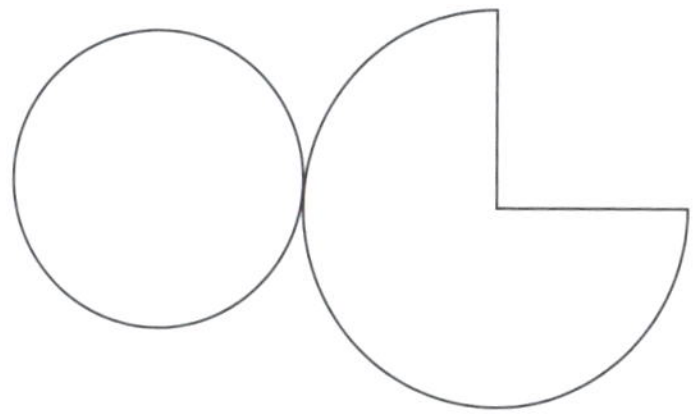

kgV (kleinstes gemeinsames Vielfaches)

Das kleinste gemeinsame Element aus den Vielfachenmengen von Zahlen wird kgV genannt.

Kongruenz

Figuren, die ausgeschnitten so aufeinandergelegt werden können, dass sie zur Deckung kommen, nennt man deckungsgleich oder kongruent.
Man schreibt: $F_1 \cong F_2$

Kongruenzsätze

- Zwei Dreiecke sind kongruent, wenn sie in drei Seiten übereinstimmen. (SSS)
- Zwei Dreiecke sind kongruent, wenn sie in zwei Seiten und dem dazwischenliegenden Winkel übereinstimmen. (SWS)
- Zwei Dreiecke sind kongruent, wenn sie in einer Seite und zwei Winkeln übereinstimmen. (WSW bzw. SWW)
- Zwei Dreiecke sind kongruent, wenn sie in zwei Seiten und dem der größeren Seite gegenüberliegenden Winkel übereinstimmen. (SsW)

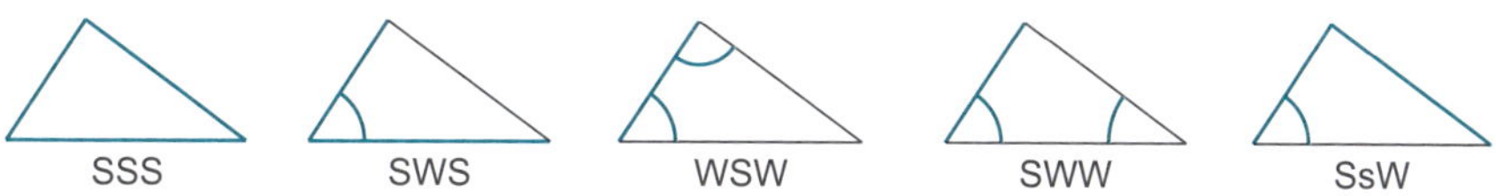

Koordinaten

Die x- und y-Koordinaten geben die Lage eines Punktes im Koordinatensystem an.

Koordinatensystem

Zwei sich senkrecht bei den Nullpunkten kreuzende Zahlengeraden ergeben ein Koordinatensystem (KOSY).
Der Nullpunkt wird als Ursprung des Koordinatensystems bezeichnet.
Das Koordinatensystem unterteilt die Zeichenebene in vier Quadranten.

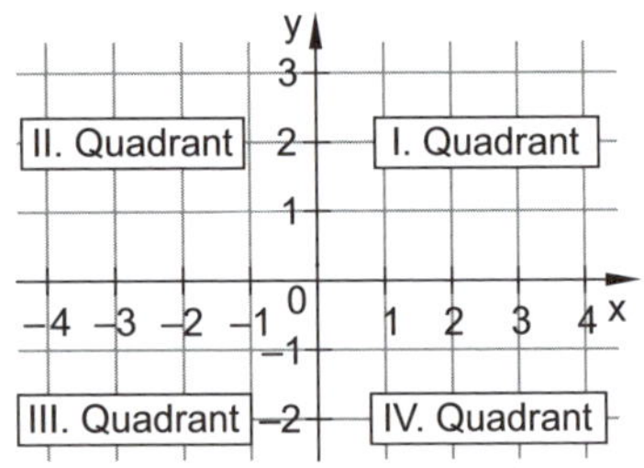

Kreis

Alle Punkte eines Kreises haben vom Mittelpunkt den gleichen Abstand. Dieser Abstand heißt Radius.
Kurzschreibweise: k(M, r) „Kreis um Mittelpunkt M mit Radius r“
Eine Sehne ist eine Strecke, die von einem Punkt auf der Kreislinie zu einem anderen Punkt auf der Kreislinie verläuft.
Der Durchmesser eines Kreises ist eine Sehne durch den Mittelpunkt des Kreises. Sie hat die doppelte Länge des Radius.

Kugel

Alle Punkte auf der Oberfläche haben den gleichen Abstand zum Mittelpunkt.

Kürzen

Der Wert eines Bruchs ändert sich nicht, falls Zähler und Nenner durch die gleiche Zahl dividiert werden.

$\frac{a}{b} = \frac{a:n}{b:n}$ $\quad a, b, n \in \mathbb{Z}$; $\quad b \neq 0; n \neq 0$

Lot

Das Lot zu einer Geraden g ist eine Gerade, die senkrecht auf g steht. Der Schnittpunkt des Lotes mit der Geraden heißt Lotfußpunkt.

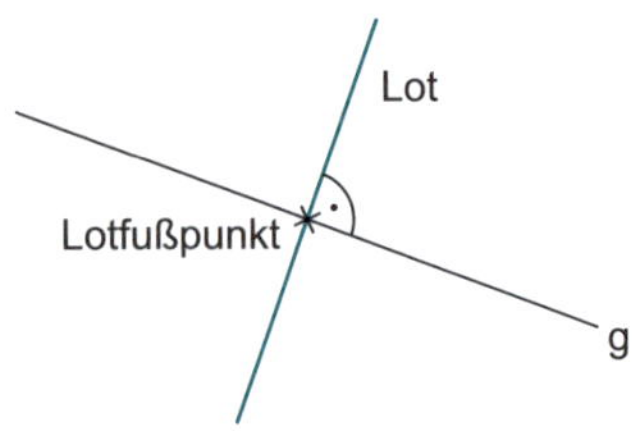

Maßstab

Maßstab 1 : 50 bedeutet, dass 1 cm in der Zeichnung 50 cm in Wirklichkeit entspricht.

Beispiele:

- 4 cm in der Zeichnung: $4\text{ cm} \cdot 50 = 200\text{ cm} = 2\text{ m}$ in Wirklichkeit
- 8 m in Wirklichkeit: $8\text{ m} : 50 = 800\text{ cm} : 50 = 16\text{ cm}$ in der Zeichnung

Mathematischer Satz

Jeder mathematische Satz besteht aus einer Voraussetzung und einer Behauptung.

Beispiel: Jede durch 4 teilbare Zahl ist auch durch 2 teilbar.

Ist der Satz in der Wenn-dann-Form formuliert, so lassen sich Voraussetzung und Behauptung leicht ablesen.

Beispiel:

$\underbrace{\text{Wenn eine Zahl durch 4 teilbar ist}}_{\text{Voraussetzung}}, \underbrace{\text{dann ist sie auch durch 2 teilbar}}_{\text{Behauptung}}.$

Beim Kehrsatz sind Voraussetzung und Behauptung vertauscht.

Beispiel: Wenn eine Zahl durch 2 teilbar ist, dann ist sie auch durch 4 teilbar.

Mittelsenkrechte

Die Mittelsenkrechte $m_{\overline{AB}}$ zur Strecke $\overline{AB}$ ist die Gerade, die senkrecht auf $\overline{AB}$ steht und $\overline{AB}$ halbiert. Sie ist die Symmetrieachse der Strecke $\overline{AB}$.

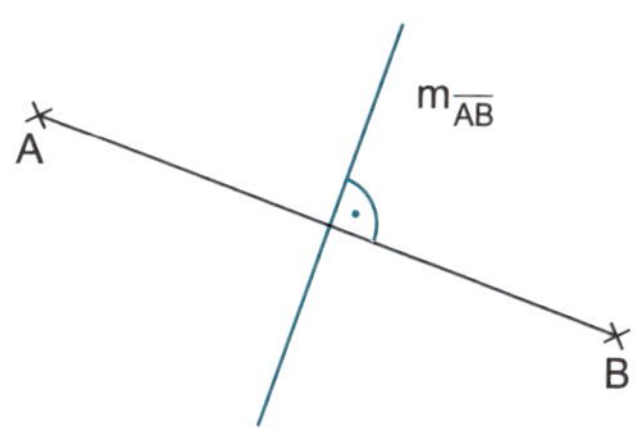

Multiplikation

Der Term einer Multiplikation heißt Produkt.

1. Faktor · 2. Faktor = Produktwert

Ein Produkt ist genau dann null, wenn mindestens ein Faktor null ist.

Multiplikation von Brüchen

Multipliziere Zähler mit Zähler und Nenner mit Nenner.

$\frac{a}{b} \cdot \frac{c}{d} = \frac{a \cdot c}{b \cdot d}$

Multiplikation von Dezimalzahlen

Multipliziere die Dezimalzahlen ohne Rücksicht auf das Komma.

Das Ergebnis hat gleich viele Dezimalstellen wie beide Faktoren zusammen.

Multiplikation von Summen

Summen als Faktoren werden durch die Anwendung des Distributivgesetzes berechnet:

$(a+b) \cdot (c+d) = a \cdot c + a \cdot d + b \cdot c + b \cdot d$

Nebenwinkel

An einer Geradenkreuzung nebeneinanderliegende Winkel heißen Nebenwinkel.

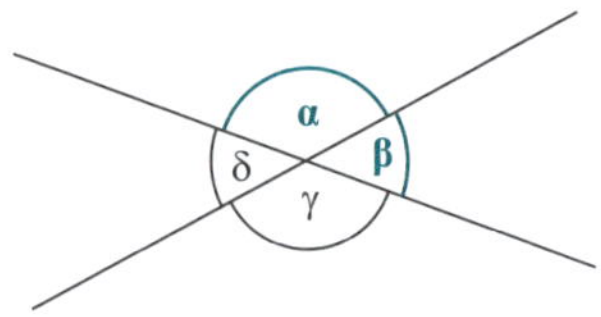

Netz

Schneidet man einen Körper so auf, dass er sich zu einer zusammenhängenden Fläche auseinanderfalten lässt, so wird diese Fläche als Netz des Körpers bezeichnet.

Oberfläche

Die Oberfläche eines Körpers besteht aus allen Flächen, die einen Körper begrenzen.

Für die Oberfläche eines Quaders mit den Kantenlängen a, b und c gilt:

$O_{Quader} = 2 \cdot a \cdot b + 2 \cdot a \cdot c + 2 \cdot b \cdot c = 2 \cdot (a \cdot b + a \cdot c + b \cdot c)$

Sonderfall: $O_{Würfel} = 6 \cdot a^2$

Parallele Geraden oder Strecken

Zwei Geraden oder Strecken verlaufen parallel zueinander, wenn sie an jeder beliebigen Stelle den gleichen Abstand haben.

Parallelogramm

Ein Viereck, bei dem die jeweils gegenüberliegenden Seiten zueinander parallel sind, heißt Parallelogramm.

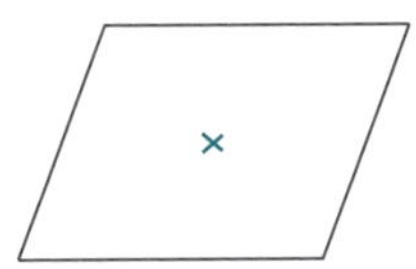

Eigenschaften:

- Gegenüberliegende Seiten sind gleich lang.
- Gegenüberliegende Winkel sind gleich groß.
- Die Diagonalen halbieren sich.
- Benachbarte Winkel ergänzen sich zu 180°.
- punktsymmetrisch zum Diagonalenschnittpunkt

Potenz

Kurzschreibweise für Produkte mit gleichen Faktoren

Exponent

$a^n = \underbrace{a \cdot a \cdot \ldots \cdot a}_{\text{n Faktoren}}$

Basis

Primfaktorzerlegung

Eine Zahl wird als Produkt dargestellt, das nur aus Primzahlen besteht.

Primzahlen

Primzahlen sind natürliche Zahlen, die genau zwei verschiedene Teiler haben, nämlich 1 und die Zahl selbst.

Prisma

Grund- und Deckfläche eines n-seitigen Prismas sind zwei identische n-Ecke, die parallel übereinanderliegen. Die Seitenflächen bestehen aus Rechtecken.

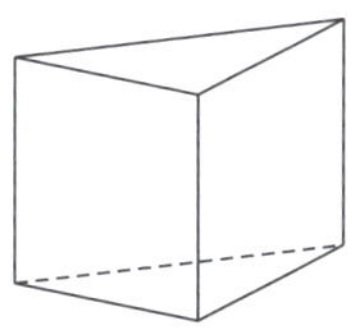

dreiseitiges Prisma

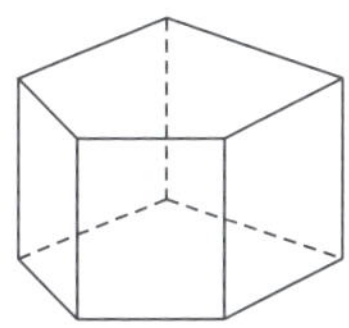

fünfseitiges Prisma

Prozent

„Prozent" bedeutet „je hundert" und wird bei der Berechnung von Anteilen verwendet:

$1\,\% = \frac{1}{100}$

Promille bedeutet „je tausend":

$1\,‰ = \frac{1}{1\,000}$

Verschiebt man das Komma einer rationalen Zahl um zwei Stellen nach rechts, so erhält man ihren Wert in Prozent:
$0{,}01 = 1\,\%$

Prozentrechnung

Prozentwert: $PW = GW \cdot PS$

Prozentsatz: $PS = \frac{PW}{GW}$

Grundwert: $GW = \frac{PW}{PS}$

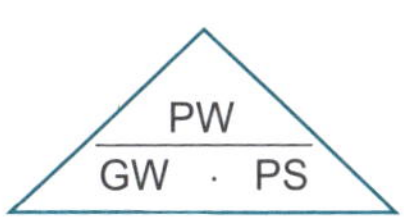

Punktsymmetrie

Zwei Punkte P und P' sind punktsymmetrisch bezüglich des Zentrums Z, wenn die Verbindungsstrecke der Punkte von Z halbiert wird.

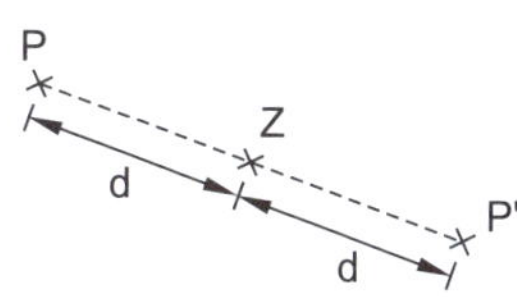

Pyramide

Die Grundfläche einer Pyramide ist ein n-Eck. Die Seitenflächen sind immer Dreiecke.

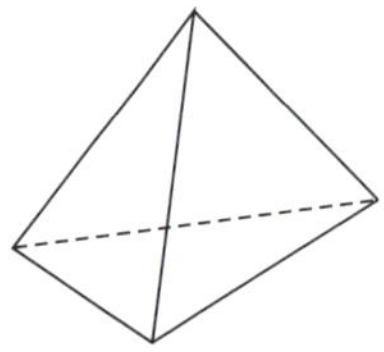

dreiseitige Pyramide

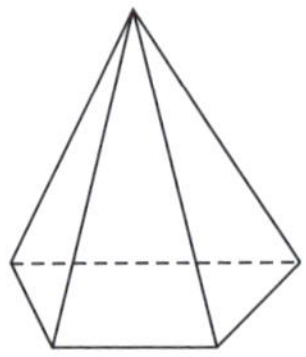

vierseitige Pyramide

Quader

Die sechs Seiten eines Quaders sind Rechtecke, wobei die beiden gegenüberliegenden Seitenflächen jeweils identisch sind. Aneinander angrenzende Seiten stehen aufeinander senkrecht.

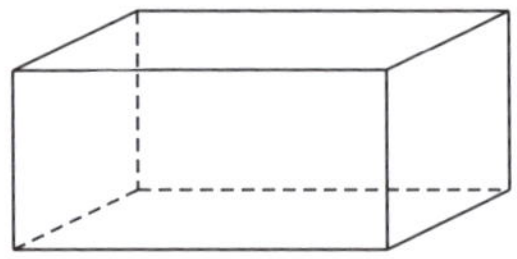

Quadernetz:

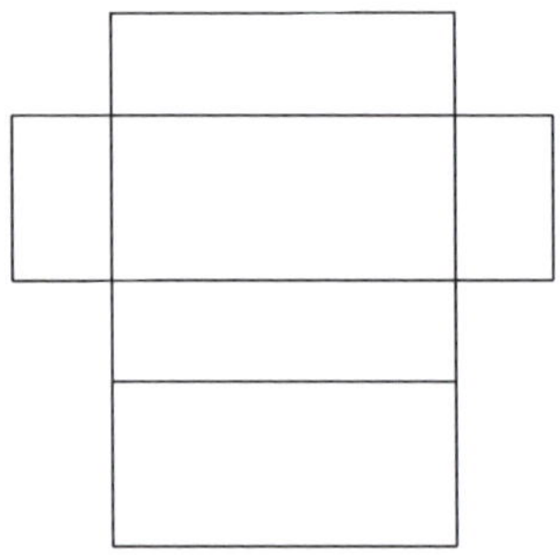

Quadrat

Ein Rechteck mit vier gleich langen Seiten heißt Quadrat.

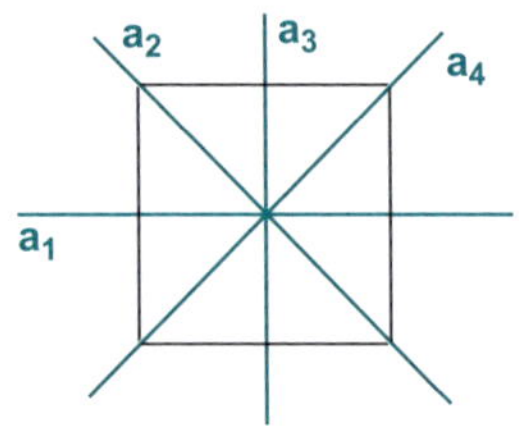

Eigenschaften:

- Die Diagonalen sind gleich lang, halbieren sich gegenseitig und stehen aufeinander senkrecht.
- punktsymmetrisch zum Diagonalenschnittpunkt
- achsensymmetrisch zu den Diagonalen und zu den Mittelsenkrechten (vier Symmetrieachsen)

Raute

Ein Viereck mit vier gleich langen Seiten heißt Raute.

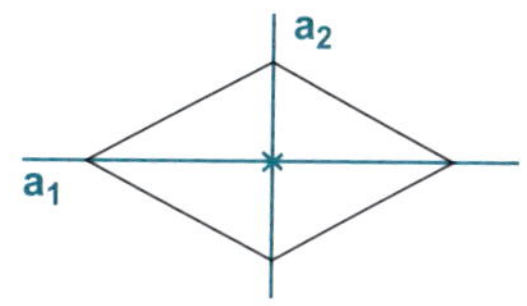

Eigenschaften:

- Gegenüberliegende Winkel sind gleich groß.
- Die Diagonalen stehen senkrecht aufeinander und halbieren sich gegenseitig.
- punktsymmetrisch zum Diagonalenschnittpunkt
- achsensymmetrisch zu den Diagonalen (zwei Symmetrieachsen)

Rechengesetze

Zuerst werden die Klammern berechnet, dann „Potenzen“ vor „Punkt“ vor „Strich“. Innerhalb der Punkt- bzw. Strichrechenarten wird von links nach rechts gearbeitet bzw. das Kommutativ- und Assoziativgesetz angewendet.

Kommutativgesetz (KG)

$a + b = b + a$ Addition

$a \cdot b = b \cdot a$ Multiplikation

Assoziativgesetz (AG)

$(a \cdot b) \cdot c = a \cdot (b \cdot c)$ Multiplikation

$(a + b) + c = a + (b + c)$ Addition

Distributivgesetz (DG)

$a \cdot (b + c) = a \cdot b + a \cdot c$ Multiplikation

$a \cdot (b - c) = a \cdot b - a \cdot c$

$(a + b) \cdot c = a \cdot c + b \cdot c$

$(a - b) \cdot c = a \cdot c - b \cdot c$

$(a + b) : c = a : c + b : c$ Division

$(a - b) : c = a : c - b : c$

Rechteck

Ein Viereck mit vier rechten Winkeln heißt Rechteck.

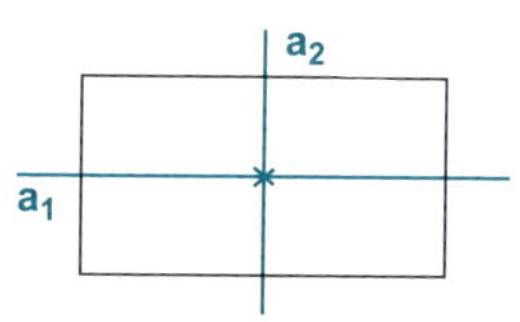

Eigenschaften:

- Die Diagonalen sind gleich lang und halbieren sich gegenseitig.
- Gegenüberliegende Seiten sind gleich lang.
- achsensymmetrisch zu den Mittelsenkrechten (zwei Symmetrieachsen)
- punktsymmetrisch zum Diagonalenschnittpunkt

Rechtwinkliges Dreieck

Ein Dreieck mit einem rechten Winkel heißt rechtwinkliges Dreieck.
Die dem rechten Winkel gegenüberliegende Seite heißt Hypotenuse, die an den rechten Winkel angrenzenden Seiten werden als Katheten bezeichnet.

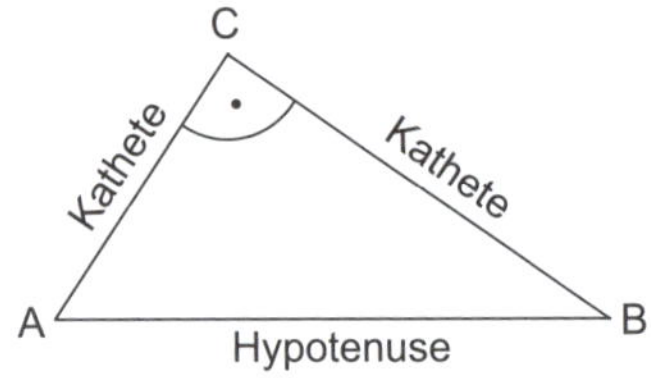

Satz des Thales und Thaleskreis

Wenn C auf dem Halbkreis über $\overline{AB}$ liegt, dann ist der Winkel bei C ein rechter Winkel.

Umkehrung:
Wenn das Dreieck ABC bei C einen rechten Winkel hat, dann liegt C auf dem Halbkreis über $\overline{AB}$.

Der Kreis mit dem Durchmesser $\overline{AB}$ heißt auch Thaleskreis.

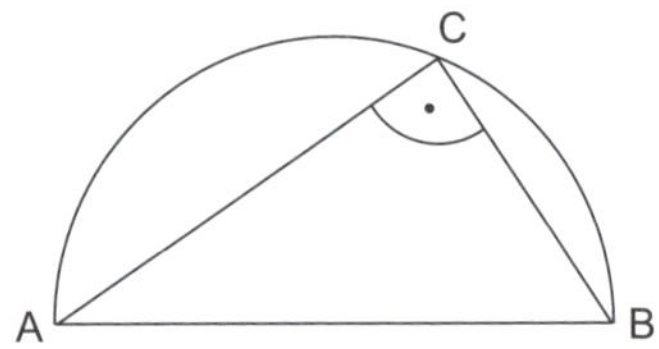

Scheitelwinkel

An einer Geradenkreuzung gegenüberliegende Winkel werden als Scheitelwinkel bezeichnet. Sie sind gleich groß.

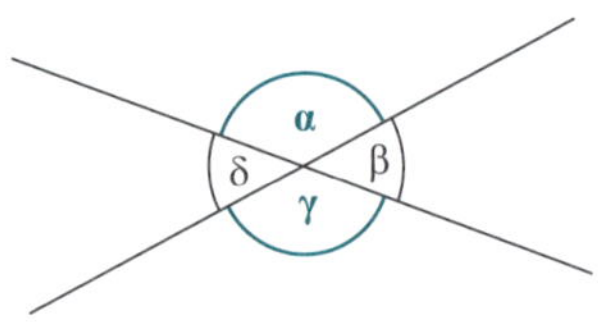

Seitenhalbierende

Als Seitenhalbierende eines Dreiecks wird die Strecke zwischen einem Eckpunkt und der gegenüberliegenden Seitenmitte bezeichnet.

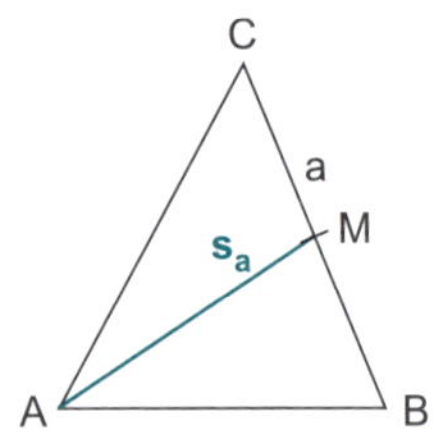

Strecke

Die kürzeste Verbindung zwischen zwei Punkten A und B ist die Strecke $\overline{AB}$.
Die Länge der Strecke $\overline{AB}$ wird abgekürzt mit $|\overline{AB}|$.

Stufenwinkel

An einer Doppelkreuzung sind die Stufenwinkel an parallelen Geraden gleich groß.

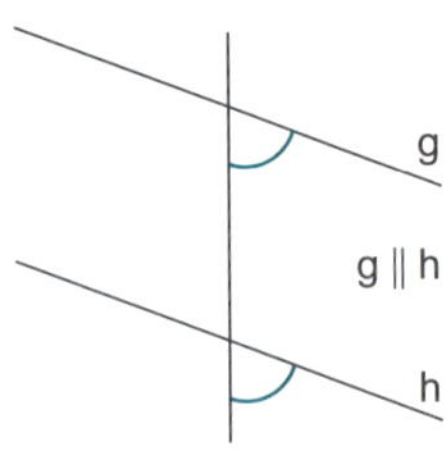

Relative Häufigkeit

Untersucht man n Objekte auf ein gewisses Merkmal, so berechnet man die relative Häufigkeit des Merkmals als:

$$\frac{\text{Anzahl des Vorkommens des Merkmals}}{n}$$

Subtraktion

Der Term einer Subtraktion heißt Differenz.
Minuend – Subtrahend = Differenzwert

Tangente

Eine Gerade, die einen Kreis in einem Punkt berührt, heißt Tangente. Dieser Punkt heißt Berührpunkt. Die Gerade durch Berührpunkt und Mittelpunkt steht senkrecht auf der Tangente.

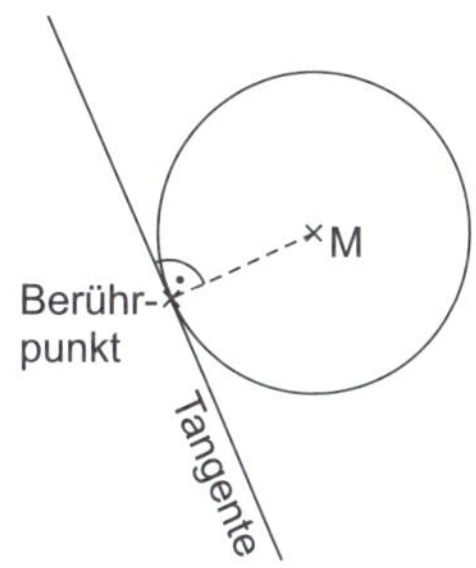

Term

Ein aus Zahlen, Variablen, Rechenzeichen und Klammern bestehender sinnvoller Rechenausdruck heißt Term.

Trapez

Ein Viereck mit zwei zueinander parallelen Seiten heißt Trapez. Die nicht parallelen Seiten werden als Schenkel bezeichnet.

Eigenschaften:
Die an einem Schenkel anliegenden Winkel ergänzen sich zu 180°.

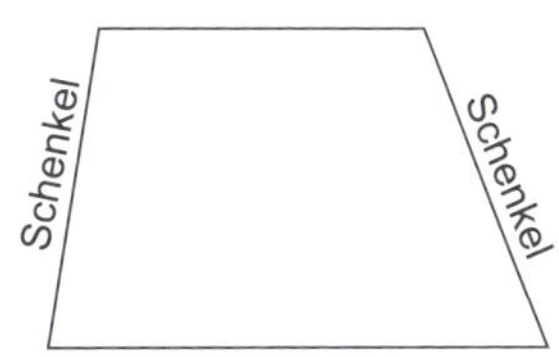

Umkreis

Der Kreis, auf dem alle Ecken eines n-Ecks liegen, heißt Umkreis des n-Ecks.

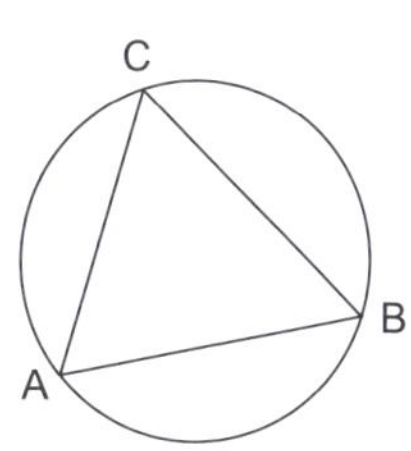

Viereck

Die gängigen Bezeichnungen im Viereck findest du in nebenstehender Abbildung.
Die Verbindung zweier gegenüberliegender Ecken heißt Diagonale.
Die Summe der Innenwinkel (hier: α, β, γ, δ) beträgt 360°.

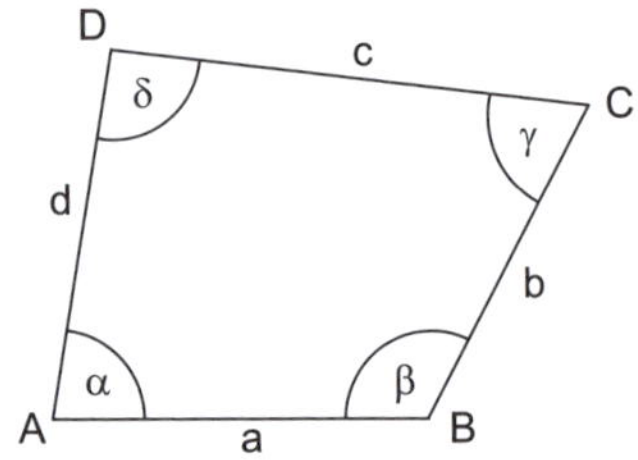

Besondere Vierecke:
Drachenviereck, Parallelogramm, Quadrat, Raute, Rechteck, Trapez

Volumen

Volumeneinheiten:
1 km^3, 1 m^3, 1 dm^3, 1 cm^3, 1 mm^3, 1 ℓ (Liter), 1 $h\ell$ (Hektoliter)

Umrechnung

$1\,000\ mm^3 = 1\ cm^3$

$1\,000\ cm^3 = 1\ dm^3$

$1\,000\ dm^3 = 1\ m^3$

$1\,000\,000\,000\ m^3 = 1\ km^3$

$1\ dm^3 = 1\ \ell$

$100\ \ell = 1\ h\ell$

Volumen eines Quaders mit Seitenlänge a, b und c:
$V = a \cdot b \cdot c$

Volumen komplizierter Körper lassen sich oft bestimmen, indem sie in Quader zerlegt oder zu Quadern ergänzt werden. Auch ein geeigneter Umbau kann hilfreich sein.

Vorzeichenregel beim Multiplizieren und Dividieren ganzer Zahlen

Rechne mit Beträgen und bestimme das Vorzeichen der Lösung nach folgenden Regeln:

$(+) \cdot (+) = (+)$ $\quad$ $(-) \cdot (-) = (+)$

$(+) \cdot (-) = (-)$ $\quad$ $(-) \cdot (+) = (-)$

$(+) : (+) = (+)$ $\quad$ $(-) : (-) = (+)$

$(+) : (-) = (-)$ $\quad$ $(-) : (+) = (-)$

Wechselwinkel

An einer Doppelkreuzung sind die Wechselwinkel an parallelen Geraden gleich groß.

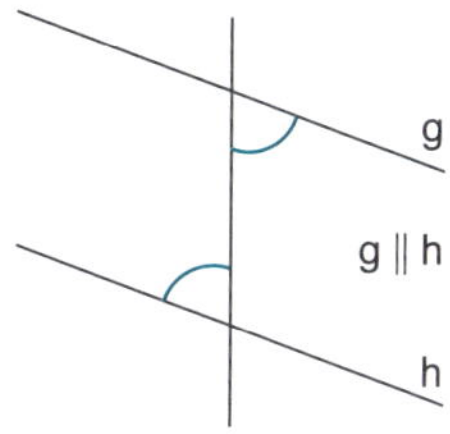

Winkel

Die Halbgeraden [SA und [SB bilden den Winkel α.
S: Scheitel des Winkels
[SA: 1. Schenkel
[SB: 2. Schenkel

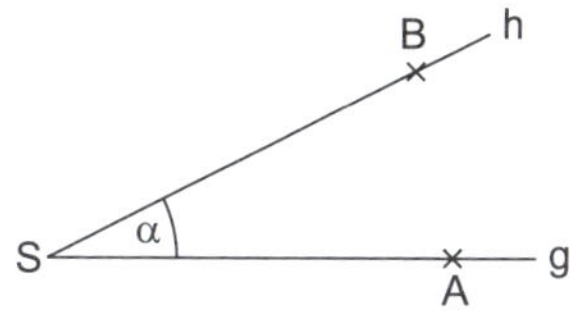

Es gibt unterschiedliche Bezeichnungen:

$\alpha, \beta, \gamma, \delta, \varepsilon, \varphi, \mu \ldots$	kleine griechische Buchstaben
$\sphericalangle ASB$	Punkt auf erstem Schenkel, Scheitelpunkt, Punkt auf zweitem Schenkel
$\sphericalangle(g; h)$, $\sphericalangle(SA; SB)$	Geraden oder Halbgeraden, die den Winkel einschließen

Besondere Winkel:

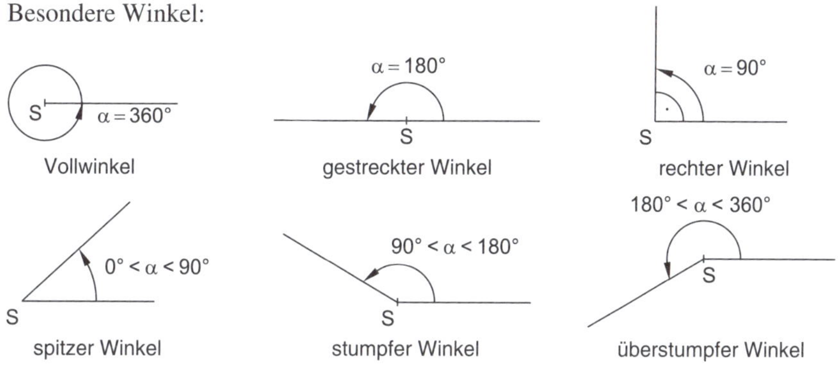

Winkelhalbierende

Die Winkelhalbierende w_α von Winkel α ist die Gerade, die durch den Scheitel von α verläuft und den Winkel in zwei gleich große Teile teilt.
Sie entspricht der Symmetrieachse der Schenkel von α.

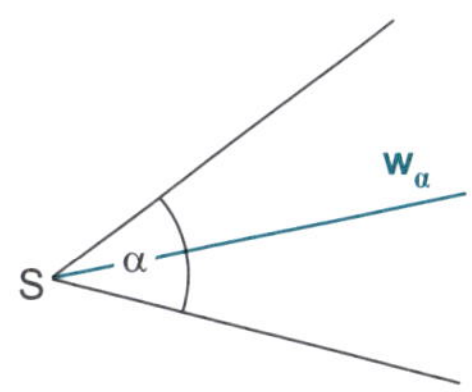

Würfel

Ein Würfel ist ein Quader mit gleicher Länge, Höhe und Breite.

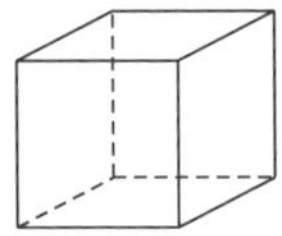

Würfelnetz:

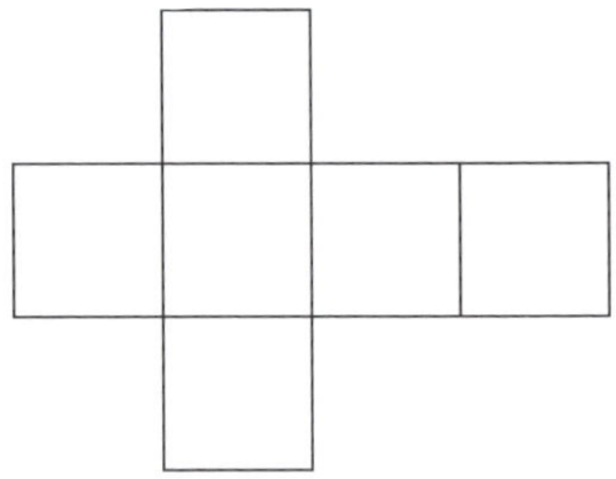

Zahlenmengen

$\mathbb{N}$:	Menge der natürlichen Zahlen	$\mathbb{N} = \{1; 2; 3; \ldots\}$
$\mathbb{N}_0$:	Menge der natürlichen Zahlen mit 0	$\mathbb{N}_0 = \{0; 1; 2; 3; \ldots\}$
$\mathbb{Z}$:	Menge der ganzen Zahlen	$\mathbb{Z} = \{\ldots; -3; -2; -1; 0; 1; 2; \ldots\}$
$\mathbb{Q}$:	Menge der rationalen Zahlen (Bruchzahlen)	$\frac{1}{2} \in \mathbb{Q}$; $\quad -5\frac{1}{3} \in \mathbb{Q}$

Zählprinzip

Multipliziert man die Möglichkeiten an den einzelnen Verzweigungen des Baumdiagramms, so ergibt das Produkt die Gesamtzahl aller Möglichkeiten.

Zylinder

Grund- und Deckfläche sind kongruente Kreise.
Die gekrümmte Mantelfläche lässt sich zu einem Rechteck „auseinanderrollen“.

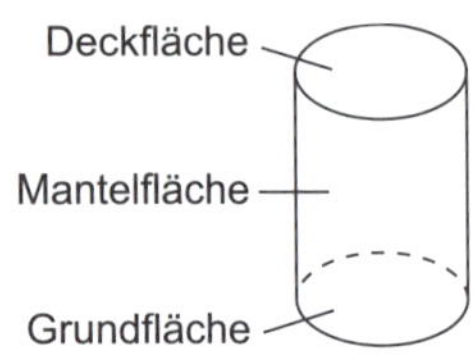

Zylindernetz:

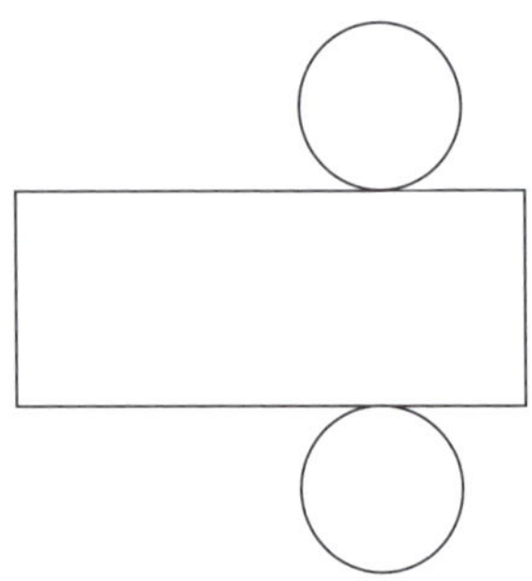

Bildnachweis

Umschlag: © Triff
S. 1: © Tatiana nikolaevna Kalashnikova / Dreamstime.com
S. 3:© Rohit Seth – Fotolia.com
S. 4: © Bruno Sinnah / Dreamstime.com
S. 11: © ullstein bild – Oed
S. 12: © Dario Lo Presti. 123rf.com
S. 15: © Mark Vorobev. 123rf.com
S. 16: © J. Helgason. Shutterstock
S. 17: © nata-lunata. Shutterstock
S. 29: © Henning Hraban Ramm / pixelio.de
S. 30: © Natalia Tiabina. Shutterstock
S. 35: © Hurst Photo. Shutterstock
S. 36: © andersphoto. Shutterstock
S. 39: © stockyimages. Shutterstock
S. 45: © Wieslaw Fila / Dreamstime.com
S. 46: © Vladimir Sazonov / Dreamstime.com
S. 49: Geschenk: © Scott Rothstein – Fotolia.com; Brötchen: © Wolf – Fotolia.com;
Stühle: © Alfred Wimmer / Dreamstime.com;
Kirchenportal: © Jitloac / Dreamstime.com; Teddy: © Max Paladii / Dreamstime.com;
Kirschen: © Ronald Van Der Beek / Dreamstime.com
S. 53: © Nerthuz. Shutterstock
S. 55: © Eric Isselée / Dreamstime.com
S. 63: © Vitaliy Pakhnyushchyy / Dreamstime.com
S. 64: © Rick Sargeant / Dreamstime.com
S. 77: © Winterberg / Dreamstime.com
S. 87: © Creation. Shutterstock
S. 91: © Yanik Chauvin / Dreamstime.com
S. 95: © Neha Saini / Dreamstime.com
S. 99: © James Steidl. Shutterstock
S. 100: © Craig Ruaux/Dreamstime.com
S. 101: Einkaufskorb: © YAKOBCHUK VASYL. Shutterstock;
Handy: © scanrail. 123rf.com; Schokolade: © vipman. Shutterstock;
Verkehrsschilder: © Stephen Rees. Shutterstock;
Hintergrunddiagramm: © Champ008. Shutterstock
S. 102: © Aki / Dreamstime.com
S. 105: © Roka Pics. Shutterstock
S. 106: © iriana88w. 123rf.com
S. 107: © fiphoto. Shutterstock
S. 111: © gabuchia. Shutterstock
S. 113: © Sofia Pereira / Dreamstime.com
S. 114: © Gino Santa maria / Dreamstime.com
S. 126: © PhotographyByMK – Fotolia.com
S. 132: © Alexandre Quillet – Fotolia.com
S. 133: © Ints Vikmanis. Shutterstock
S. 135: © Andy Piatt / Dreamstime.com
S. 136: © Solovyova Lyudmyla / 123RF Stock Foto
S. 142: © Elena Elisseeva / Dreamstime.com
S. 145: © Michael Kempf / Dreamstime.com

Notizen

PRÜFUNGS-
ANGST

STOPP DIE PANIK

Mit der Fußsohlen-Methode

Prüfungen können Angst- und Fluchtsituationen sein. Dein Körper schüttet Adrenalin aus und dämpft das Gefühl in den Füßen. Z. B. beim Weglaufen ist es gut, wenn man die Füße nicht spürt. Eine Prüfung ist aber **keine Gefahrensituation**. Signalisiere deinem Körper, dass du nicht weglaufen musst, und bring das Gefühl in deine Füße zurück:

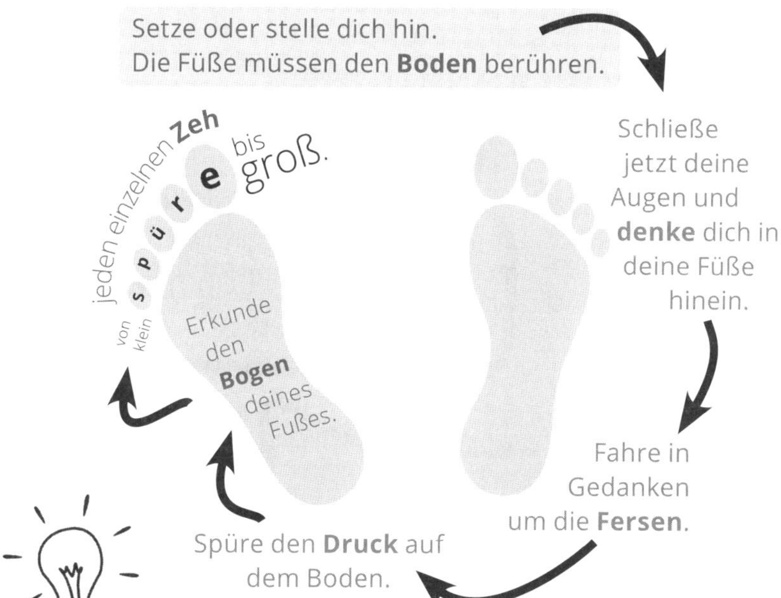

Dein Körper **fühlt** die Füße wieder und denkt, er sei in keiner Panik-Situation, sondern in **Sicherheit**.

www.stark-verlag.de STARK

Eure Lern**tipps** aus der Insta-Community

Chiara, 16

Verwendet Farben zum Lernen! Es wird viel übersichtlicher. Und wenn man den Lernzettel anschaut, ist man viel motivierter beim Lernen, weil er schön bunt ist.

Özgür, 20

Vergiss nicht, wie weit du bisher gekommen bist, und wie viel Potenzial in dir steckt.

Miriam, 18

Bewusst eine Auszeit zu nehmen ist effektiver, als alles nur aufzuschieben.

www.stark-verlag.de

Mehr Lerntipps findet ihr in unserer Instagram-Community: **@stark_verlag**

STARK

Bist du bereit für deinen Einstellungstest?

Hier kannst du testen, wie gut du in einem Einstellungstest zurechtkommen würdest.

1. Allgemeinwissen
Der Baustil des Kölner Doms ist dem/der ... zuzuordnen.

a) Klassizismus b) Romantizismus
c) Gotik d) Barock

2. Wortschatz
Welches Wort ist das?

N O R I N E T K T A Z N O

3. Grundrechnen
-11 + 23 - (-1) =

a) 10 b) 11 c) 12 d) 13

4. Zahlenreihen
Welche Zahl ergänzt die Reihe logisch?

17 14 7 21 18 9 ?

5. Buchstabenreihen
Welche Auswahlmöglichkeit ergänzt die Reihe logisch?

e d f f e g g f h ? ? ?

a) h i j b) h g i c) f g h d) g h i

Lösungen: 1 c; 2 Konzentration; 3 d; 4 27; 5 b

Alles zum Thema Einstellungstests findest du hier:

www.stark-verlag.de

STARK

Lernlücken schließen

Online-Diagnosetest für zuhause

5. – 7. Klasse
- Deutsch
- Mathe
- Englisch

Für alle Schulformen

www.stark-verlag.de/online-diagnose

www.stark-verlag.de

STARK